历史的注脚

档案里的四川秘史

封面新闻　编

四川文艺出版社

图书在版编目（CIP）数据

历史的注脚：档案里的四川秘史 / 封面新闻编. —成
都：四川文艺出版社，2020.7
　（《宽窄巷》人文书系）
　ISBN 978-7-5411-5768-4

　Ⅰ.①历… Ⅱ.①封… Ⅲ.①四川—地方史—史料Ⅳ.
①K297.1

　中国版本图书馆CIP数据核字(2020)第133820号

LISHI DE ZHUJIAO: DANGANLI DE SICHUAN MISHI

历史的注脚：档案里的四川秘史

封面新闻　编

出 品 人	张庆宁
责任编辑	王思鈜　燕啸波
封面设计	叶 茂
内文设计	史小燕
责任校对	蓝 海
责任印制	崔 娜

出版发行　四川文艺出版社（成都市槐树街2号）
网　　址　www.scwys.com
电　　话　028-86259287（发行部）　　028-86259303（编辑部）
传　　真　028-86259306

邮购地址　成都市槐树街2号四川文艺出版社邮购部　610031
排　　版　四川胜翔数码印务设计有限公司
印　　刷　四川圣雨金辰科技有限公司
成品尺寸　170mm×240mm　　　开　本　16开
印　　张　17　　　　　　　　　　字　数　280千
版　　次　2020年7月第一版　　　印　次　2020年7月第一次印刷
书　　号　ISBN 978-7-5411-5768-4
定　　价　46.00元

文化盛宴
宽窄风流

—— 序《〈宽窄巷〉人文书系》

何开四

　　成都有两个宽窄巷，一个在青羊区，一个在媒体。媒体云何？《华西都市报》是也。四川日报报业集团旗下的《华西都市报》是中国都市报系的开山鼻祖。二十多年来，该报一直秉承改革开放的精神，桴鼓大潮，锐意创新，引领风流。其品牌副刊《宽窄巷》就是一个经典的案例。大凡报纸都有副刊。一般而言，副刊只是"配菜"而已，并非主角，而副刊不副，直做到满汉全席的饕餮大宴，与新闻平分秋色而入云端，则是《华西都市报》的发明。

　　当然，这也有一个发展的过程。20世纪90年代《华西都市报》创刊时，就辟有以"大众化、通俗化、生活化"为主旨的《老街坊》的副刊，它虽然延续和拓展了传统副刊的内涵，但依然未脱出传统的窠臼。随着市场经济向纵深发展，它的式微不可避免，到2000年后，都市报基本上取消了副刊而衍化为专刊。《华西都市报》的专刊在最鼎盛时期，一天曾出版过一百五十多个版面。然而三十年河东，三十年河西，时代的急遽变化令人目眩。21世纪以来，随着互联网的横空问世、电脑和手机的普及，移动阅读成为时尚和不可阻挡的潮流，人们的生存方式和思维方式发生了巨大的变化，获取信息的手段由传统的历时性而变为现代的即时性，跋胡疐尾，纸媒处于一种尴尬的境地。

信息社会，信息爆炸，信息过载，而新闻的滞后和同质化，已经成为传统报纸的致命伤。如何化危为机，突出重围？这时人们开始重新思考副刊在纸媒中的地位和作用。而在这一点上，华西报人高瞻周览，可谓得风气之先。2014年初，华西都市报社开始深化"大众化高级报纸"办报理念，编委会审时度势重新重磅打造副刊，定位为"办一份有文化品位的副刊"，并取名为《宽窄巷》。2017年新年伊始，《华西都市报》再次改版。本轮改版最为抢眼的是，在报纸版面大幅减少不可逆的背景下，《宽窄巷》逆势大幅扩版，从周末两天的八个版，扩为每天四个整版。对此，华西都市报社负责人认为："报纸，尤其是区域报纸，是记录区域文化最好的载体之一。媒体的文化价值和都市话语体系表达，使其能面向基层群众，不管是对历史的记载还是对当下的反映，都是不可或缺的。所以一定要做文化副刊，记录城市的文化，这也是文化副刊能够有所作为的地方。""在移动互联碎片化阅读时代，追求人文价值弥足珍贵。华西都市报社提出做报纸要有做艺术品的追求，就是要用工匠精神打造精品报纸，因为人工智能时代，思想和情感不可替代。"这两段话讲得十分精辟，有战略预判的眼光，特别是其所强调的在高科技勃兴的时候"思想和情感不可替代"更是振聋发聩。

但这仅仅是问题的一个方面。子曰："工欲善其事，必先利其器。"在互联网、人工智能高度发达的今天，纸媒大刀长矛的冷兵器确实已成明日黄花。如果抱残守缺，就是死路一条。如何与时俱进，蜕变更新，让传统媒体搭上高科技的快车，进而将传统媒体和新媒体融合，开创一个崭新局面？在这一点上，华西都市报社再次承续了其黑马雄风的本色，勇于开拓，大胆创新，又一次在业界引领风流，一个颠覆性的变革和转型在华西都市报社启动了。2015年10月28日，由四川日报报业集团打造，承载《华西都市报》融合转型使命的封面传媒成立，致力建设一流互联网科技传媒文化企业。2016年5月4日，封面传媒旗舰产品——封面新闻客户端上线，以"亿万年轻人的生活方式"为定位，为互联网空间提供正能量、年轻态、视频化的信息。封面新闻突出技术驱动，坚持内容为王，强化资本支撑，打造"智能+智慧+智库"的智媒体。作为中国第一智媒体，封面传媒以"引领人工智能时代的泛内容生态平台"为愿景，秉承用户至上理念，深化开放合作，依托大数据、人工智能和区块链等前沿技术，构建跨媒体、电商和文娱的产业链，推动"影响、资本、产业"三环联动跨越发展，实现"重新连接世界"的使命。封面传媒的横空出世和封面新闻APP的上线，使华西都市报社的媒体融合发展之路高歌猛进，封面新闻以人工智能技术重构新闻信息生产与传播的全流程，打造"封面大脑"，建设"智能编辑部"和智媒云，《华西都市报》与封面新闻从相加到相融，至2018年底《华西都市报》整体并入封面新闻，报纸成为封面新闻24小时传播环节中的一环。业界称这是媒体融合"颠覆性变革"案例。

借助媒体融合大潮和插上封面新闻新媒体传播翅膀，《华西都市报·宽窄巷》"天天文化副刊"实现了"纸与端齐飞"的线上和线下同频共振，以端为先的内容生产方式又一次刷新了读者对人文副刊的认识。如今，封面新闻已构建起了全国一流的人文频道矩阵，《宽窄》《读书》《历史》《地理》《千面》《文娱》《新知》等七个人文频道，与《华西都市报》每天五个版的《宽窄巷》人文副刊，是全国唯一每天报端齐头并进的独特人文品牌，在全国媒体界引起瞩目，获得广泛赞誉。这抹与其他传统报纸迥然不同的亮丽色彩在于，当你翻开《华西都市报》，也就打开了封面新闻的一个入口。报纸副刊《宽窄巷》上的每一个二维码都指向连接云端的"封面"，相关海量的资讯扑面而来。另一方面，《宽窄巷》所有的稿件都来源于封面新闻，拓宽和提高了报纸的视野、深度，使得《华西都市报》的传播力、影响力持续增强。每天千万乃至上亿的阅读量，令人咋舌！这是足以载入中国报业史的辉煌篇章。开山鼻祖就是开山鼻祖，排头兵就是排头兵，《华西都市报》就是《华西都市报》！

反者，道之动。这是事物运行的规律。反是相反，是否定；反也是返，是回归。中国文字的这种歧出分训而又同时合训生动地诠释了辩证法的正反合。《华西都市报》的副刊创新之路，由《老街坊》到《周末专刊》再到《宽窄巷》，从纸端到云端再到智媒体的融合正是这一规律的生动体现。于是，我们在纸端和云端的《宽窄巷》上看到了一出前所未有、五彩缤纷的大戏！"名人堂""四川发现""城市笔记""口述历史""身边档案""当代书评""蜀境""华西坝""语闻成都""百家姓""图博志""浣花溪""阅微堂""大历史""看新知"等名牌栏目和版面次第上演，打通中西，勾连古今。它们独具风姿，化堆垛为烟云，化腐朽为神奇，以有思想、有情感、有温度的文化品位吸引了广大读者。尤其是对蜀地文化的爬罗剔抉、取精用宏，更是赢得了读者的青睐。这是对四川文化的深度挖掘和巡礼，也是有利于四川历史文化的大普及。它使昔日的高头讲章、象牙塔中的幽深玄奥不再小众而平易近人，让昔时王谢堂前燕，飞入寻常百姓家。

为顺应读者需求，由陈岚、李鹏主编，封面新闻编辑的"《宽窄巷》人文书系"一套五本出版问世，无疑是读书界的一件盛事。它荟萃了《宽窄巷》副刊的菁华，琳琅满目，美不胜收。其主旨就是要弘扬四川人文精神、传承文化遗产；同时它抢救性地留下本土文化的文脉，也是蜀中文化的一个积累性成果。这套人文书系图文并茂，装帧精美，蔚为大观。应邀作序，我不妨作一简评，有话则长，无话则短，管窥锥指，抛砖引玉而已。

《蜀地文心：四川文艺大家口述历史》

这是一本饶有文化底蕴的书，称之为"蜀地文心"，看得出它的分量。它囊括了蜀地文学、川剧、曲艺、导演、音乐界的众多代表人物，称得上是当代四川的艺文志、当代四川文艺大家的人物画廊。综核名实，有两点给人留下了深刻的印象。

首先，它采用了口述历史的方式，使人物的景深大大扩展。现代口述史中有一句名言："人人都是自己的历史学家。"这里的历史，在我看来是文含两义，它既是个体的私人历史，讲的是自己的故事，也蕴含了社会历史的内容。书中四川文艺大家们丰富的人生履历无不有血有肉、丰富多彩，而折射出的则是四川本土的人文精神内核和风云色变的社会变迁。如《马识途：我的生命当中，没有"投降"二字》一文，就回肠荡气，感人至深。马老是革命家，也是文学家。他的经历富于传奇的色彩，一生的跌宕起伏，波澜壮阔，无不牵连着风云色变的时代。共和国的百年剧变，历历在目。读之令人神往，消去鄙吝的心。

其次，正因为它采用了口述历史的叙事方式，以非虚构类报道为历史留档，彰显了文本的艺术特色。既然是口述历史，就蕴含了对话的主客体，在这种叙事语境中，虽然内容是前尘往事，但却有现场感。历史的过去时和口述的现在进行时，交替融合产生了奇妙的效果，这是单纯的历史教科书所不能比拟的。读《王火：名字是火，气质如水》，你就有温馨之感。老作家蔼然仁者的音容笑貌，春风风人、夏雨雨人的君子之风，跃然纸上，极具画面感，令人感佩不已。其他如《白航：诗意洒人生，掌舵〈星星〉诗刊》《阿来："乡村之子"攀登文学高峰》《张新泉：从铁匠到鲁奖诗人》等，也都是优美的篇什，值得反复玩味。

以上我仅仅选择的是文学大家的个案，但管中窥豹，可见一斑。其他艺术门类的人物也同样精彩，魏明伦、许倩云、沈伐、李伯清、金乃凡、黄虎威等等，群星荟萃，都是看点。

《你不知道的成都：一个城市的风物志》

这是一本当代的成都风物志。成都的风流偶傥，成都的风花雪月，成都的温柔富贵，早已享誉海内外。张艺谋的成都宣传片中"成都是一个来了就不想走的城市"、时下传唱的赵雷的《成都》，都是这个城市的真实写照。本书文章选自《宽窄巷》副刊"语闻成都""城市笔记"等品牌栏目，浓墨重彩讲述了成都新兴的人文生活方式，聚焦于本土特色人物和有个性、有品质的成都式人文生活样本，生动地反映了当下多元化社会所带来的不同生活类型、别样生活态度、趣味生活圈子等，活脱脱地通过城市与人的故事，从不同角度展示出城市文化生活、普通市民生活图景和新旧地域文化，真实细致而又活色生香地描摹出成都这座新一线网红城市的迷人魅力和城市文化的立体形象。对于这本书我不想作具体的评述，而是提供一种比较阅读方式。观今宜鉴古，无古不成今，从古代的成都看今日的成都。

古代典籍中描绘成都市井风流和成都物候的著作当推元代费著写的《岁华纪丽谱》。费著是成都人，该作即成都人写成都。姑引其开篇，以概其胜：

> 成都游赏之盛，甲于西蜀。盖地大物繁，而俗好娱乐。凡太守岁时宴集，骑从杂遝，车服鲜华，倡优鼓吹，出入拥导，四方奇技，幻怪百变，序进于前，以从民乐。岁率有期，谓之故事。及期，则士女栉比，轻裘丫服，扶老携幼，阗道嬉游。

这种繁庶燕乐之境，在书中得到淋漓尽致的展现。不唯如此，《岁华纪丽谱》还把成都的游赏之盛和成都的物候季节相融，以元日为始次第其事，而终于冬至。一年四季，春花秋月，无不扫而包之。凡事都有其源，万物都有其根。探源溯流，对认识今日成都大有裨益。有趣的是，该书的主要内容"成都人的风花雪月"及"成都物候记"，和《岁华纪丽谱》并无二致，风流繁华，古今一揆。然"吾犹昔，非昔人也"。今日成都的风花雪月是现代都市的风采，已为古人所不及；何况本书还有《岁华纪丽谱》不可能有的内容，如"老外蓉漂系列"等。但总的来说，把《你不知道的成都：一个城市的风物志》和《岁华纪丽谱》参照阅读，你一定兴味多多，别有一番风趣。

《历史的注脚：档案里的四川秘史》

这是一本丰富多彩、兴味无穷的奇书。四川从来就是一个神奇的地方。复杂的地形地貌、瑰丽的民族文化、扑朔迷离的古蜀文明、虚无缥缈的仙道文化、沧桑巨变的历史演化，说不完，道不尽。其中蕴含了众多的不解之谜。行走天下，破解未知，是人类的天性，也是认知的重要内驱力。所以密中有奇，奇中有智，于人大有裨益。

书中所述，主要来源于《宽窄巷》副刊的"身边档案"和"四川发现"两个栏目，包括了"蜀地宝藏""老成都记忆""大师云集的华西坝""晚清十大四川总督""老照片背后的故事""大西王谜档"等系列报道中本土文化历史的内容。在我看来，既是四川秘史，也是四川的探奇觅胜和四川的揭秘、解密。以下试做分析。

本书的"黄虎秘档"部分，颇能吸睛万千。张献忠是家喻户晓的历史人物，历来为人们关注，传说多多。其内容包含了《张献忠的百亿财富谜局》《为张献忠造天球仪的洋人》等。这些内容包含了很多以前为人所不知的信息，颇能满足人们猎奇的心理，全可作茶余饭后，消痰化食的谈资。但是我认为最有价值的则是《神经大王随心所欲的杀人哲学》一节。它对张献忠作了理性的分析。作者从权力的异化导致的人的疑心病、黄虎性格的极端性、幻觉的妄想症及多重病态作了弗洛伊德式的精神解析，真正从心理上挖掘了张献忠的行为动机和行为方式，洞烛了张献忠的内心世界，可谓别开生面。

类似的文章还很多，也同样令人兴味盎然。如《十节玉琮　三千年前的"进口古董"》《东汉养老画像砖的蜀风汉韵》《二十四伎乐　雕像里的亡国之音》《骆秉章与石达开的生死赌局》《朱自清的背影　消失在成都》，这些文章值得向读者推荐。其故事的神秘性和解读的科学性，既有妙笔生花的文学斑斓，也有逻辑缜密的条分缕析，皆有可观者。

《人文蜀地：一份记者的行走笔记》

人文地理学是当今的显学，它有众多的分支。在我看来，本书大略可归为区域人文地理学。它关注的是人文现象的地域分布空间，以及与地理环境的相互关系。自古江山不负人，四川历来山水甲于天下，人文鼎盛古今，有得天独厚的人文地理资源。随便行走，三里有奥迹，五里见奇踪。散布川中的古镇子、古战场、古村落、古驿道、古宅院、古碉楼、古官寨、古作坊、古寺院星罗棋布，触目皆是。这些深深烙上"四川人文地理"元素的地方，既是远足的胜地，也是发思古之幽情，寻觅江山代谢、人事兴衰、商业沉浮和众多人类文化遗产的重要场所。《人文蜀地：一份记者的行走笔记》据此发扬，广采博收而匠心独运，融以百花而自成一味，虽然都是蜀中的文化景观，但是作者能以一方而窥天下之大，形成宏大的历史气象，蔚为泱泱大观之势，读之有开拓心胸、益人神智之慨。我略加理董，拈出两点略做评述。

此书有独特的学术品位。它破除了单纯的"以书考地"的路径，把古文字、历史文献、古器物、现场勘探融为一体，交互对照印证，还包括了民俗学、民族学和人类学的内容。在一定意义上而言，契合了徐中舒先生的多重论据法和任乃强先生的比较研究法，并非牛溲马勃，拉杂成篇，看得出作者是下足了功夫。像书中的《郫江：巴蜀古国的另一"高地"》《德格印经院的雕琢时光》《马湖有个孟获岛》《巴塘关帝庙：汉藏交融"大庙会"》等篇什都是典型的代表，其学术性由此可见。

另一方面，此书又具有很强的文学性。如果是一本正儿八经的历史人文地理学专著，它固然也有相应的读者，但圈子很小，不可能走进千家万户。而本书则以游记出之，进入了文学的范畴。文学是思想和情感的体现，具有感性的色彩，它有温度，有画面，有感受。在审美观照下，万物都焕发出异样的光彩。本书的四十篇深度游记，图文并茂，文笔优美，视角独特，有我之境与无我之境兼而有之，既有金戈铁马的铿锵之声，又有散文小品的灵秀和隽永，发人深省，耐人寻味。科学认知和艺术熏陶如"水中盐，蜜中花，沉灌融合，无分彼此"，是值得一读的作品。

《祖辈的荣光：四川百家姓故事》

"百家姓"是《宽窄巷》的一个名牌栏目，长期连载，至今不辍，现在结集成书，可喜可贺。人是符号的动物，人类构建的符号系统是人类最伟大的成就之一。如果没有这个系统，人类早就崩溃了。钱锺书先生甚至提出"未名若无"的观念，可谓发唱惊挺。圆颅方趾的人类，千奇百怪，形形色色，但都有一个共同的特征，就是每个人都有姓有名。没有姓名的世界，只能是蛮荒混沌。而姓名对于中国人尤其重要。中国拥有世界上最悠久的姓氏文化，这是因为农耕文明是以血亲为纽带，瓜瓞绵绵就靠此维系。所以姓氏家谱与方志、正史构成了完整的中国历史，成为中国珍贵文化遗产的不可或缺的部分。四川是一个移民的省份，五方杂处，八面来风，很容易数典忘祖。现在好了，一册《祖辈的荣光：四川百家姓故事》在手，四川的赵钱孙李周吴郑王们都可以心满意足。移民的后裔是怎么修撰家谱的？蜀中如今现存的宗祠、老宅院，背后都有着怎样的故事？吾蜀历史上有哪些著名的名门望族和名人？他们对历史有着怎样的贡献？都可以在书中找到答案。所以此书服务大众，是有功德存焉。如果略做评述，以下三个方面不妨注意。

一是本书有完备的编排，有一定的系统性。它从移民有谱、宗祠宅院、名门望族、蜀地名贤四个方面着手，梳理出了四川百家姓的脉络和空间分布，线索清楚，便于查检。就陋见所及，也许是四川姓氏文化全方位概述的第一次，有开创之功。

二是它讲好了四川百家姓的故事。当然，四川百家姓的故事也是中国故事，算是满满的正能量。如《资阳黄氏宗祠：祠堂藏着族人迁徙密码》《新都刘氏宗祠：鼓励子孙读书，先祖立毒誓》《青白江刘家老屋：两百年老祠堂是座土墙房》《龙泉驿刘氏宗元祠：家训家风融在字辈中》等，都是叙事有方，行文波澜起伏，颇能引人入胜。而在"名门望族""蜀地名贤"两个栏目中，更是把祖辈的荣光发扬踔厉，为后昆树立了学习的榜样。

三是作者探赜索隐，钩深致远，发掘出了不少众所不知而又非常重要的文史资料和饶有情趣的人物行状。如大家都知道历史上的湖广填四川，却不知道历史上的四川"填山东"。而明朝初期，"四川曾经'填山东'"和"四川填山东移民传说中的'铁碓臼'真相"两节文字就生动地还原了这一深埋的历史。至于人物行状的发掘在书中更占据了相当的篇幅。如《何武：西汉政权职能改革"第一人"》《赵抃：铁面御史四次入川治蜀》《蒲宗孟：备受争议的北宋另类名臣》《清初移民傅荣沐：四川烟草引种第一人》等等，不胜枚举，相信读者在阅读中都会有浓浓的兴趣。

现在，正是我们民族文化复兴的伟大时代。"《宽窄巷》人文书系"为我们的价值阅读提供了一个范本。中国历来重视历史文化的传承，甚至提高到了治国经邦的高度。清代诗人龚自珍在《定庵续集》里说："欲知大原，必先为史，灭人之国，必先去其史。"这句话至今令人警醒。这里的"史"，其外延也包含了文化，可见历史文化对我们的重要性。历史文化就是我们的根系，就是我们的精神家园，就是我们民族生生不息的凝聚力。由是"《宽窄巷》人文书系"的出版不仅适得其时，而且很有意义。枕藉观之，不亦宜乎，不亦乐乎！末了，还有几点建议，这套书系应该继续出版下去，品牌报纸，品牌书系，一定会得到读者的长久欢迎。另外，它还可以作为乡土教材或课外读物进入学校。再者，在文创事业勃兴的当下，它应该衍生出自己的产业链。

我是《华西都市报》和封面新闻的老读者和老作者，我对这张报纸和新闻客户端深有感情。谨祝《宽窄巷》副刊越办越好，更上层楼！谨祝《华西都市报》永葆青春，其命维强，其命维新！

2020年5月28日　成都

目 录

第一编
◇

蜀地秘藏

海内孤本《草堂先生杜工部诗集》

北京，1964年夏。

川籍老革命家李一氓先生走进"中国书店"，他没有想到，会在这里遇见一件世界级的珍宝。

他像往常一样在书店里翻阅书籍，忽然，一本古朴的《草堂先生杜工部诗集》引起他的注意。

凭着多年与古籍打交道的经验，李一氓知道这是一本难得的珍贵本子，遂买了下来。

如今，走进成都杜甫草堂博物馆的恰受航轩（古籍版本陈列室），古籍的仿本静静地躺在那里，似乎在诉说着那一段故事。

"这部古籍，是国家一级文物，也是海内孤本。它对我们研究杜甫意义重大，是草堂的'镇馆之宝'。"成都杜甫草堂博物馆陈列研究部副研究员彭燕表示，这部《草堂先生杜工部诗集》是南宋淳熙刻本，其珍贵程度不言而喻。

而鲜为人知的是，这部古籍在五十多年前，差点与杜甫草堂失之交臂。

"草堂先生"归草堂

成都与杜甫的缘分，要追溯到1000多年前。

杜甫为躲避"安史之乱"，辗转来到成都，在浣花溪畔修建茅屋，先后住了近4年，在此期间创作诗歌240多首。

此后，杜甫草堂经历数代修葺扩建，成为人们缅怀杜甫的胜地。

1952年，成都市政府对杜甫草堂进行了修葺整理，并正式对外开放。与此同时，杜甫纪念馆筹备委员会成立，杜甫草堂的文物征集工作随即展开。

1954年，杜甫草堂派专人到全国各地搜集杜集版本、文物资料。次年，杜甫纪念馆（今成都杜甫草堂博物馆）正式成立。

在收集的文物中，南宋淳熙刻本《草堂先生杜工部诗集》被视作"无价之宝"。它之所以能来到杜甫草堂，背后有一位关键性的人物——李一氓。

李一氓，1903年出生于四川彭县（今成都彭州市），是老一辈无产阶级革命家，也是诗人和书法家。早年赴法国勤工俭学，追求革命真理。中华人民共和国成立后，曾任中国驻缅甸大使、国务院外事办副主任、中联部副部长、中纪委副书记、中顾委常委、国务院古籍整理出版规划领导小组组长、中国国际交流协会会长。

作为生于彭州的四川人，李一氓对家乡充满了热爱和眷恋之情。他一直关心杜甫草堂的发展与文物收集，并身体力行，一直为草堂留意和代购与杜诗相关的古籍版本和外文杜诗等相关文物资料。

"1964年，李一氓先生在北京的中国书店替我们'代购'了这个本子。当时他看到这部杜集后，非常惊喜。发现这个本子有些错乱，请人将其重新装订。1965年，这部珍贵的古籍送到了杜甫草堂。"彭燕说。

当然，如此难得珍贵的古籍孤本，自然会引人瞩目。

彭燕讲道，当时的北京图书馆（今国家图书馆）得知此本之后，曾经找到李一氓，希望能将此本保存到北京图书馆。

作为一名四川人，又在年少时期多次流连于杜甫草堂的景色中。可以猜想，无论是出于对家乡的热忱，还是对这部古籍的考量，李一氓都希望它能回到风景如画的成都浣花溪畔。

朱德题跋

李一氓获得此本后，请了当时的四川同乡和北京文化名人在上面题跋，包括朱德、陈毅、郭沫若等。

朱德在古籍上写下："成都杜甫纪念馆得此书，可为所藏杜诗带头。"后有"朱德"印。

郭沫若题写："草堂诗先生杜工部诗集，素所未见，殆是海内孤本，虽残卷，良可珍惜。藏之草堂，尤得其所，可谓草堂先生重归草堂矣。"

有了名人题跋，也指明了《草堂先生杜工部诗集》的归处，"草堂先生"归成都杜甫草堂所有，就显得顺理成章了。

"寸纸寸金"的海内孤本

多年来，文博界有着一种流传很广的说法，"纸一千，绢八百"。意思是，以纸为载体的文物，可以保存的年限不过一千年；而以绢为载体的文物，最多保存八百年。

这部南宋淳熙刻本《草堂先生杜工部诗集》，流传至今已有八百多年，难能可贵。

"在李一氓先生发现这部古籍的年代，宋代刻本就已经是'寸纸寸金'了。到了现在，这部书的价值是无法用金钱来衡量的。"彭燕说。

其实，早在明清时期，宋版书就是藏书家竞相搜求的宝贝了。"一页宋版，一两黄金。"这句老话曾流布坊间。为何宋版书会珍贵至此呢？雕版印刷业在宋代的繁盛，为书籍的广泛流传和普及创造了条件。但处于承前启后位置上的宋版书因其刻印精工和流传稀少，呈现出独具的文献学价值。

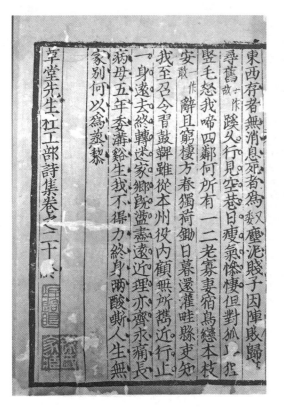

南宋淳熙刻本《草堂先生杜工部诗集》

不少藏书家认为，世界上最昂贵的书籍，并非金箔、银箔甚至镶嵌珠宝的印刷品，而是中国久负盛名的"宋版书"，这种珍奇的版本几乎可以用"价值连城"形容。

南宋淳熙刻本《草堂先生杜工部诗集》的珍贵之处，并不仅局限于此。这部"存书无卷首，无序目可查，不知何人所辑。书体甚奇，虽有编年，不以年次"的古籍，并不见于海内外公私目录著录。

这就意味着，它是名副其实的"海内孤本"。普天之下，仅此一本，这部古籍作为杜甫草堂的"镇馆之宝"，可谓实至名归。

在颠沛流离的岁月中，杜甫是怎样写下那些不朽的传世名篇的呢？杜甫又是怎样来到这风光旖旎的浣花溪畔的呢？在享受"老妻画纸为棋局，稚子敲针作钓钩"的闲适生活时，杜甫的心境又怎样呢？

也许，在如织的人群中，只有那本摆放在古籍陈列室中静默无声的《草堂先生杜工部诗集》才能做出回答。

（本文原载于2018年7月16日《华西都市报》
封面新闻记者：李雨心　摄影：李雨心）

十节玉琮
三千年前的『进口古董』

青色的玉上，泛着温润而幽暗的光芒，静默无声中又像有千言万语；

神秘而沉默的人面纹雕琢其中，似乎在默默注视着数千年来的悠悠岁月；

阴刻在其上的神人纹，头戴冠饰、双臂平举，仿佛正在跳着舞蹈……

走进成都金沙遗址博物馆"千载遗珍"展厅，就能看到这件名动天下的"十节玉琮"。

在同一展厅金沙遗址出土的精华之最的三十多件文物中，它耀眼而夺目。

金沙遗址一共出土了两千多件玉器，类型丰富、形制多样，这件珍贵的十节玉琮无疑是最引人注目的。

文物鉴定时，专家们发现，它的玉质与金沙其他玉器的玉质相比，有显著的差别，造型上更是有所不同。

这意味着，十节玉琮可能不是本地所产。这样精美异常的玉琮，到底从何而来？

它的到来，对神秘的古蜀国产生了怎样的影响？

在金沙遗址博物馆研究员、副馆长王方的讲述中，可以窥见这件珍贵文物在数千年前的那段历史。

玉琮上四十个完整的人面纹

十节玉琮

2001年，成都西郊一片繁忙的工地现场，一个沉睡了三千多年的文化奇迹——金沙遗址，从昏暗的尘土里醒来。

它的出现，震惊了海内外。金沙遗址被称为中国进入21世纪的第一项重大考古发现。

金沙遗址出土了两千多件精美的玉器，是中国同时期考古遗址中出土玉器最多的遗址之一。

玉琮，是金沙玉器中数量较多、加工精细、形制多样的一类器物。

玉琮，中国古代重要的礼器之一。在记载商周祭祀活动的《周礼·春官·大宗伯》一文中，详细写到了关于玉琮的用途："以玉作六器，以礼天地四方。以苍璧礼天，以黄琮礼地……"并解释道："琮，八方象地者，天圆以对地方。地有四方，是八方也。"可以说，这里明确记载阐述了玉琮的象征意义。

"这件十节玉琮，可以看作是一件通天的法器，也是与神沟通、进行天地交流的神器。它代表着一种宗教观念，古人用来与神灵交流和沟通。"王方解释说。

同时，十节玉琮也证实，玉琮是原始社会时期人们祭祀活动中的重要礼器，它的外形更是体现了远古人类原始的宇宙观。"玉琮的外形，呈现的是'外方内圆'的形状，象征了古人'天圆地方'的宇宙观。玉琮的中间是空的，则是象征与天地相沟通的寓意。"

走近十节玉琮，隔着透明玻璃细细观之，会发现镌刻在十节玉琮这件玉器上的深奥语言——人面纹。

如果以四个转角为中轴线，左右为眼，上下为五官，那么每节角上两侧的两个凸面，就组成一个完整的简化人面纹。十节玉琮上，有四十个完整的人面纹。

"玉器上人面纹的存在，其实代表了神面人是神和人的结合体。早期玉琮的纹饰多为细腻繁复的神人兽面纹，晚期简化为人面纹。这件十节玉琮上的纹饰，就是简化后的人面纹。"王方说。

跨越千年时空的"进口古董"

从玉质上分析，可以认定，十节玉琮的玉料不是源自本地；从纹饰上解读，也与金沙同期出土的玉琮有很大区别。

那么，这件十节玉琮到底来自哪里？

从文物的蛛丝马迹中可以看到，这件玉器早在无言中指明了一个方向——良渚文化。

"从十节玉琮的风格特征来看，我们认为，它与长江中下游浙江一带的良渚文化有着千丝万缕的联系。这件玉器从良渚文化发源地，经过一千多年的辗转流离，跨越一千多公里的时空距离，最终来到四川盆地。其实，这件十节玉琮来到金沙遗址时，在当时都算是一件古董了。"王方说。

为什么会把十节玉琮与良渚文化相联系呢？

从材质上看，这件文物不像金沙遗址出土的其他玉器是由来源于汶川的龙溪玉所制成的，而是与已发现的良渚文化遗址中的玉器有着异曲同工之感。

其次，从十节玉琮的形制上而言，每节转角处刻画的简化人面纹，也是典型的良渚文化晚期玉琮的形制纹饰特点。"从它的造型、纹饰、装饰风格来看，都是良渚晚期的作品。"

良渚文化有着距今五千三百年到四千五百年左右的历史，它与金沙文化之间，有着一千多年的时间断层，以及上千公里的空间距离。十节玉琮是怎样跨越如此广阔的时空距离，跋山涉水来到蜀地的呢？

在王方看来，随着晚期良渚文化的逐渐消亡，玉器也慢慢流失，最后传播到了全国各地。

"夏末商初，有大批外来人到了四川盆地，这件玉器可能随着外来人群的迁徙来到了四川。这件玉器的到来，对当时蜀地的宗教祭祀产生了一定的影响。与此同时，良渚人还带来了一些精神上的东西和一些常用的物品。"

良渚人对玉琮礼器的观念，对金沙文化和三星堆文化，都产生了深远的影响。

"在金沙遗址出土的其他玉琮中可以看到，即使一千多年过去了，古蜀人还在沿袭良渚人的这种观念。除了沿袭外，古蜀人还对良渚文化进行了升华和发展。所以说，这不仅仅是一种信仰的传播，更是一种文化的交流与传播，继承和发展。"

"君住长江头，我住长江尾。日日思君不见君，共饮长江水。"位于长江上游的古蜀文化与位于长江下游的良渚文化，虽相隔一千多年、上千公里，但因为滔滔不尽的长江水，两种文化有了交流和碰撞。

就像这件十节玉琮，跨越千年、千里的时空距离，在蜀地绽放了最夺目的光芒。

（本文原载于2018年7月19日《华西都市报》

封面新闻记者：李雨心　摄影：李雨心）

东汉养老画像砖的蜀风汉韵

当你老了，头发白了，选择如何养老？

全国老龄办公布的数据显示，截至2017年末，我国60岁及以上老年人口有2.41亿人，占总人口的17.3%。

在古代农业社会，朝廷对老人有什么优待？盘点历朝历代，最有特色的是"以孝治天下"的汉朝。养老，得先领取"老年证"。

汉代"老年证"可不是小本本，而是一种叫"鸠杖"的实用物。存放于四川博物院的东汉养老画像砖，就是汉朝优待老人的真实写照：画像砖上一个跪于粮仓前的老者，肩头扛了一根鸠杖。

东汉时对老人格外照顾，70岁以上的老人地位比肩"六百石"官员。他们持鸠杖免劳役赋税、享有政府所发粮食酒肉，自由出入官府不必小步快走。

巴蜀汉砖上的鸠杖及其实物

川博里的东汉养老画像砖，1956年出土于彭州市太平乡，是四川地区目前出土文物中唯一的一块养老题材的画像砖。由于题材稀有，画面保存完整，被定为国家一级文物。

这块画像砖的正面有一座粮仓，建在台阶之上，以防粮食潮湿。台阶前有踏道上下，便于运输粮食。仓房开两门，门闩在外，房顶上有两气窗，用于通风。仓房前左侧铺一席，上坐一戴冠长服之人，两手伸出似做指挥状，面前还放着大小两个量器。有趣的是，仓房前右侧有一老人持鸠杖跪在地上，在他面前，一名仆役正用量器往地上的容器中放入粮食。

研究者根据汉代文献中关于鸠杖的记载，推测这是一方养老画像砖。

成都博物馆藏有一块曾家包汉墓出土的画像石，囊括了庖厨、汲水、饲养动物、弋射收获等生产生活百态，当然也包括养老。画面左边也是一座库房，库房前有一人手捧器皿，正向画面右边树下手执鸠杖的老人走去。两块石刻中的鸠杖如出一辙。

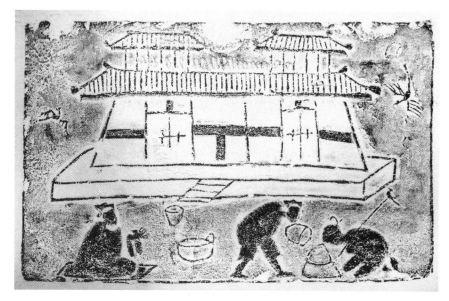

东汉养老画像砖拓片

类似的养老图并不鲜见，1958年河南省荥阳县出土的东汉陶仓上有一幅彩绘养老图。这个明器四壁都有彩绘图像，养老图的中间跪坐者是老者，左边两人为朝廷官吏，右边两个侍从中有一人手提粮袋，描绘的是朝廷赐给老者粮食的场景。

尽管同样是养老图，但在四川博物院文博副研究员何先红看来，川博养老画像砖上的粮仓建筑特点、官吏宽衣大袍的服饰风格，都蕴藏着巴蜀味道，是四川地区养老敬老的真实写照。她大胆推测，墓主人可能是享受了鸠杖特权的高寿老人，或者是在四川推行养老政策的官员。

考古发掘中，除了汉画像砖、石的画面上出现之外，亦有鸠杖实物出土。

《甘肃武威磨咀子汉墓发掘》报告中说："鸠杖，墓18出有二根，长1.94米的木杆，圆径4厘米，一根已残，残长40厘米，杆端以母叩镶一木杆。"这是鸠杖实物在考古发掘中第一次出现，与四川发掘的老人所执鸠杖相同。

此外，连云港出土的西汉墓中，棺盖板上放置了一件完好的鸠杖，长约两米，杖首鸠鸟做工精致。此外，由河北博物馆收藏的汉代铜鸠杖首、湖北江陵张家山汉墓出土的有关赐杖内容的竹简，足见鸠杖在汉代风靡一时。

鸠杖，又叫"王杖"，顾名思义是帝王赐予老人使用的拐棍，它是一种特殊权力的象征。从史料和考古发现来看，给老人"赐杖"的制度在汉朝被正式确立，汉高祖刘邦曾做鸠杖赠送高龄老人，开了汉朝赐杖的先河。

东汉学者应劭在《风俗通义》中记载："俗说高祖与项羽战，败于京索，遁丛薄中，羽追求之。时鸠正鸣其上，追者以为鸟在无人，遂得脱。及即位，异此鸟，故作鸠杖，以赐老者。"

刘邦和项羽在楚汉之争时，刘邦兵败，项羽穷追不舍。在万分紧急的情况下，刘邦躲藏在树丛中。当时正好有一只斑鸠鸟落在树上，而且不断地鸣叫。项羽的追兵赶到，理所当然地认为树下无人，就没去树那边搜查。有了斑鸠的掩护，刘邦这才化险为夷。等他当了皇帝，为纪念这只与众不同的鸟，就做了鸠杖赐予老人。

汉宣帝刘询建立了高年受王杖的制度，规定凡是八十岁以上的老人由朝廷授以鸠杖。东汉继承了西汉的做法，《后汉书·仪礼志》记载："仲秋之月，县道皆案户比民。年始七十者，授之以王杖，铺之以糜粥。八十九十，礼有加赐。王杖长（九）尺，端以鸠鸟为饰。"意思是说，秋天的第二个月，朝廷就要入户调查，对古稀老人授予玉杖，并给老人送饭；对于耄耋之年的老人，朝廷还要赠送礼物，在九尺玉杖的顶端加一个鸠鸟的装饰。

中国最早的《老年人保护法》

汉代养老的一大亮点，就是在传承养老敬老美德的同时加以法制化，出台相应的法律法规来保证鸠杖的权威性。

1959年至1981年，甘肃武威汉墓先后出土了八根鸠杖，还有《王杖十简》和《王杖诏令册》木简。由此得知，汉朝的养老、敬老法规始终一致，从未间断，而且每隔一段时间，皇帝就要将敬老养老的法令诏告天下，从法律制度的层面上督促家庭敬老爱老。

《王杖诏令册》全文近六百字，规定了七十岁以上老人应该享受的生活和待遇，有学者称其为中国最早的《老年人保护法》。其中一条规定，不赡养老人者，要被处弃市之刑，即在闹市执行死刑并暴尸街头。对父母、祖父母等长辈不敬也是重罪，子女杀父母或祖父母，即使没有成功，也要被判处弃市之刑，殴打长辈同样要遭受弃市之刑。

诏书还明确规定，各级官府严禁对高龄老人擅自征召、系拘，也不准辱骂、殴打，"吏民有敢殴辱者，逆不道，弃市"。由此可见，在死刑罪名不胜枚举的汉代，有一种大逆不道的死罪，就是殴打、辱没了持有鸠杖的老人，各级政府官员也不例外。

诏书中还记载了一些行弃市之刑的具体案件。汝南郡男子王安世"击鸠杖主，折伤其杖，弃市"。汝南地区云阳白水亭长张熬仗势欺人，不仅殴打了持有鸠杖的老人，还"抓壮丁"般拉老人去修路。这件事影响非常恶劣，太守无所适从，廷尉也难断决，只好奏请皇帝定夺。皇帝毫不犹豫："对照诏书，就该弃市。"张熬因此暴尸街头。

此外，南郡亭长司马护、长安东乡啬夫田宣、陇西田子张汤都因为殴打辱骂持有王杖的老人而被判死刑。从文献记载看，当时因此罪被判死刑的人很多，"亭长二人、乡啬二人、白衣民三人，皆坐殴辱王杖功，弃市"，说明不管是什么身份，殴打辱骂受杖老人，其下场都是弃市。

陕西学者、陕西师范大学教授于赓哲，对古代养老话题颇有研究。谈及"古代哪个朝代的老人最幸福"，他毫不犹豫地回答："汉朝老人最幸福，能活到汉朝政府规定的七十岁的老人很少，所以待遇很优厚。"

汉朝很重视孝道，汉文帝为薄太后亲尝医药传为美谈，而独尊儒术之后更是大力提倡孝道，举荐人才有一科就是"举孝廉"。

汉代对老人实行"五十养于乡，六十养于国，七十养于学，达于诸侯"的政策。从一些文字记载来看，汉代的养老敬老非常务实，七十岁以上老人可以获赐王杖，免劳役赋税，政府定期赐粮食、酒肉、帛絮，此外还享有"入宫廷不趋"等特权。八十岁以上的老人，每月赐米一石、酒五斗、肉二十斤；九十岁以上的老人，每人加赐帛两匹。由此可见，老人在汉代的生活很有保障。

何先红进一步将汉代养老敬老的福利政策，归纳为政治、经济、刑罚等方面。

汉成帝刘骜元延三年（前10）正月壬申下制诏御史，"年七十以上杖王杖，比六百石，入官府不趋"。意思是说，古稀老人的待遇相当于"六百石"的官员，可以自由出入官府、郎第，也不必迈小步疾走。当时的"六百石"官职为卫工令、郡丞、小县县令，相当于现在的处级干部。

其次，在重农抑商的汉代，王杖主享受经济优待，有免税经商的特权。孤寡老人到市场上做买卖，规定免缴纳租税。酒是国家专卖品，但为了照顾孤寡老人，政府允许其卖酒。

此外，王杖主享有免刑优待，古稀老人即使触犯刑律，只要不是首犯就可以免予起诉，这继承了先秦时期老人"虽有罪，不加刑焉"的制度。这虽有悖于"法律面前人人平等"的原则，但却体现了朝廷对高龄老人的人文关怀。

值得一提的是，汉代老人还能"行驰道旁道"。驰道是专为天子驰走车马的，禁止他人行走，即便是皇子也不例外，可见汉代老人享受何等殊荣，甚至凌驾于皇子之上。

乾隆是鸠杖的拥趸

为古稀老人赠杖的遗俗一直延续到了明清。清代的文献中就有对玉鸠杖首的记载，例如《清高宗御制诗文集》中："铸铜及削玉鸠首杖头为养老，汉朝制贡珍西域驰因他食甚譬，启我教民，思设曰资扶策，将留待异时。"

"十全老人"乾隆是鸠杖的拥趸，他在位时，不仅令清宫收藏了许多汉代的青铜和玉的鸠杖首，还命工匠用玉石仿制鸠杖。据清宫内务府造办处档案记载，乾隆时期曾大量制作鸠杖，用上等白玉、碧玉，甚至将上好的玉质工艺品改制为鸠鸟做成鸠杖。

毛宪民在《清宫里的手杖》一文中，详细记载了乾隆皇帝的爱物——一根长118厘米的玉鸠杖："杖身紫檀木质圆形，直径2.5厘米。杖首镶嵌一只乳白色玉鸠，鸟翅合拢于背，尾翅张开如扇，嘴喙紧闭，眼睛圆睁。虽雕琢纹饰不多，但形状姿态极富动感，惟妙惟肖。使用时，手心扶抓鸠背，大拇指与食指相握则恰好在鸠颈处，握感细滑无障，凉爽宜人，适宜夏日使用。"

为了打造这根趁手的鸠杖，"不差钱"的乾隆皇帝煞费苦心，亲自参与设计。熟悉历史的朋友都知道，清代古玉收藏之风盛行，尤以乾隆帝为甚。特别是其晚年，大发好古之兴，不仅广为搜罗古玉，还命玉匠制作仿古玉。他嗜古玩玉的个人癖好，直接导致了玉器行业的灾难，他称之为"玉厄"，并作诗批判"玉厄疾其俗样深"。乾隆四十年（1775），"玉厄"之风愈演愈烈，从题材庸俗、偷工减料到繁冗炫技，玉器市场乌烟瘴气。

这件玉鸠杖正是乾隆帝为修正"玉厄"乱象而提出的"仿古"因应之道，是以《西清古鉴》卷三十八收录之"汉鸠首杖头"为蓝本，宫廷工匠受命悉心打造的一件玉器。

乾隆皇帝八旬寿诞时，有大臣献上的寿联就引用了鸠杖作典："鸠杖作朋春宴饮，莺衣呈舞嘏词新。"所以民间给老人做寿时，也有"坐看溪云忘岁月，笑扶鸠杖话桑麻"的寿联。为何从刘邦到乾隆，都对鸠杖情有独钟，要在王杖上装饰鸠鸟呢？除了前文提及鸠鸟令刘邦化险为夷的传说，四川博物院文博副研究员何先红还有几种推测。

我国的崇鸠观念由来已久，古人视鸠为春鸟、善鸟，象征着生命和慈祥。

周代就有"献鸠养老"的风俗，据《周礼·罗氏》记载，国家专设罗氏（主管捕捉飞禽的官员），"中春罗春鸟，献鸠以养国老"。

《后汉书·礼仪志》记载："鸠者，不噎之鸟也，欲老人不噎。"也就是说持杖在手，时时防噎，以保长寿之意。

此外，从说文解字的角度而言，"鸠"与"九"同音，而"九"乃数之极，又称天数，象征极高极深极多极长极大极广，按《易经》之说具有"吉祥"之意，蕴藏着对老人"寿元无量"的美好祝愿。

（本文原载于2018年7月21日《华西都市报》

封面新闻记者：曾洁　摄影：曾洁）

二十四伎乐
雕像里的亡国之音

"锦城丝管日纷纷，半入江风半入云。"公元761年，流寓成都的杜甫听到蜀地的丝竹之声甚为惊讶。这说明，早在唐代，天府之国的急管繁弦之音就已绕梁不绝了。

如今，繁华的盛唐已无踪可寻。当人们走进成都永陵博物馆的王建墓中，棺床束腰部位的二十四个眉眼含笑的美人，正将晚唐宫廷宴乐的场景徐徐铺开，穿越时空般地呈现在人们面前。

生前爱极了靡靡之音，身后又与二十四伎乐长眠墓中。这个王建，到底对乐舞痴迷到了何种程度？不只是王建，连他的儿子、前蜀后主王衍，也继承了这种基因。前蜀的覆灭，也与此有着千丝万缕的联系。

自创乐舞　亡国于靡靡之音

王建是何人？《新五代史·前蜀世家》中说，其

"少无赖，以屠牛、盗驴、贩私盐为事，里人谓之'贼王八'"。

就是这么一个人，在天复三年（903）被唐昭宗封为蜀王，成为当时最大的地方割据势力之一。唐朝灭亡后，他自立为帝，国号大蜀，史称前蜀。

从王建的出身来看，可以算是一个粗人，但他任贤用能，"虽目不知书，而好与儒生谈论，颇解其理"。

他不是文人雅士，但对乐舞的喜爱和推崇，从一定程度上促进了蜀地音乐舞蹈的空前繁荣。

"王建应该是很喜欢音乐的。在入蜀前，他曾是唐僖宗的贴身侍卫，在宫廷中长期浸淫，肯定在无意中欣赏了不少宫廷乐舞。所以，他成为蜀王，到了四川后，就带了很多音乐舞蹈过来。"永陵博物馆讲解员蹇明静解释王建为何偏爱乐舞。

王建虽为草莽，但在称帝后却想事事仿效唐天子，所以按照当时唐代宫廷的规模组建宫廷乐队，也在情理中。

虽在史书典籍上，王建沉溺歌舞的明确记载极少，但从一些蛛丝马迹的记载中，仍可窥得一斑。

王建的心腹之臣唐道袭，就是舞童出身，后官居高位，备受宠信。

古籍记载，唐道袭"以舞童事高祖，美眉目，便佞有心计"。舞童出身能官至高位，不难看出王建的偏好。

人们都说"死后万事空"，王建病逝后，自然不知陵墓究竟是何许面貌。至于为何会选择将二十四伎乐雕刻在棺床上，还得将目光放在王建之子、前蜀后主王衍身上。

这位贪图享乐又荒淫无道的君主，最终将前蜀王朝葬送在了自己手中，落得被后唐灭族的悲惨下场。

抛开其身世命运，不得不说，王衍在音乐舞蹈上的造诣，远远高于其父。

王衍即位后，前蜀的宫廷乐舞之风更盛，后宫长期管弦声不断，一派歌舞升平的景象。

王衍不仅爱看、爱听，更是一位"创作型人才"，往往亲自参与词谱创作，以致"蜀主王衍颇有宫戏"。

在王衍创作的众多宫廷乐舞中，最著名是《蓬莱采莲舞》（又称《折红莲队》），将演出场地搬到了山水之间。

史籍有载："王建子偕嗣于蜀，侈荡无节。庭为山楼，以彩为之，作蓬莱山。尽绿罗为水纹地衣。其间作水兽菱荷之类，作《折红莲队》。"

这样看来，王建墓中的二十四伎乐雕像，很难说不是王衍在为其父主持修建陵墓时嘱咐工匠所为。

唐代宫廷舞与《霓裳羽衣曲》

成都永陵博物馆，前唐高祖王建墓，二十四伎乐。一阕晚唐的盛世欢歌，一代君王的起伏潮落，在此体现得淋漓尽致。

长袖轻舞的舞伎和演奏着不同乐器的乐伎，王建棺床束腰部分的二十四伎乐雕像，定格了千年前晚唐宫廷乐舞的繁荣景象，从中也能发现唐代宫廷乐舞的发展脉络。

唐朝，历经贞观之治后，中国迎来政治清明、经济繁荣、国力昌盛的太平盛世。唐太宗曾说："天下无事，方欲建礼作乐，偃武修文。"

唐朝的乐舞，在这样的环境下，胸怀博大又兼收并蓄，达到了一个高峰时期。

"千歌万舞不可数，就中最爱霓裳舞。"唐代的宫廷歌舞高度发达，《霓裳羽衣曲》无疑是其中的集大成之作，至今仍是音乐舞蹈史上一颗璀璨的明珠。

难怪连著名大诗人白居易都写下《霓裳羽衣歌和微之》一诗，细细描述此乐舞演出时的盛况。

《霓裳羽衣曲》为何能达到如此的高度？这也许跟唐玄宗有着极大的关系。

关于《霓裳羽衣曲》的来历，一直流传着许多说法。

一是说玄宗登三乡驿，望见传说中的仙山，触发灵感而作。

也有一说，开元中期，河西节度使杨敬述将印度《婆罗门曲》献呈宫廷，唐玄宗在此基础上润色加工而成。

可以肯定的是，《霓裳羽衣曲》确为唐玄宗最得意的作品。

《古今宫闱秘记》记载，唐玄宗召见杨贵妃时，令乐工奏此新乐，赐以金钗钿合，并亲自插在她的鬓发上。杨贵妃也以善舞《霓裳羽衣舞》闻名于世。

《霓裳羽衣曲》在开元、天宝年间曾盛行一时，可惜的是，"安史之乱"后，唐王朝逐渐衰落，《霓裳羽衣曲》"寂不传矣"。

永陵博物馆学者秦方瑜曾提出观点：二十四伎乐所演奏的乐舞，正是《霓裳羽衣曲》。事实是否如此，学界至今没有明确论断。

长袖拂垂翻飞时，舞姿翩然，再加上纤柔轻婉的腰身，唐代"软舞"的神韵之美，跃然眼前。

王建墓中雕刻的二十四伎乐里的两名舞伎，表演的正是这种舞蹈。

"从舞伎的形态来看，她们所跳的是唐代极具代表性的舞蹈——软舞。"永陵博物馆讲解员蹇明静说。

击羯鼓

吹大觱篥

弹筝篌

唐代将舞蹈分为健舞与软舞，两者风格迥异。

凡劲健矫捷、洒脱明朗、快速有力的，统称健舞；凡婉曲柔媚、温馨雅致、曼妙舒缓的，被归入软舞。

唐代健舞节奏活泼，舞步刚健明快。据《教坊记》《乐府杂录》记载，《柘枝》《剑器》《胡旋》等都是健舞名目。其中，最有名的莫过于《胡旋》，杨贵妃与安禄山都是胡旋舞的高手。

与之相反，软舞则节奏舒缓，优美柔婉。舞长袖、运纤腰，是软舞中最富特征的动作。《霓裳羽衣曲》中所采用的舞蹈，就是软舞，这也是杨贵妃的拿手舞蹈。

白居易《长恨歌》中有："缓歌慢舞凝丝竹，尽日君王看不足。"这从侧面表现了杨贵妃高超的软舞技术。

永陵发掘之始末

永陵博物馆坐落于成都金牛区永陵路，馆内的永陵墓是五代十国时期前蜀国开国皇帝王建的陵墓（又叫王建墓），是第一批全国重点文物保护单位，也是目前中国唯一一座地上皇陵。墓内石刻精美绝伦，出土玉器、银器巧夺天工，堪称文物精品，其最负盛名的便是它的镇馆之宝——"二十四伎乐"。这样一幅典型的演奏唐大曲的乐舞图，成为音乐学、考古学、历史学等各学科研究唐代音乐的重要图像资料。

1940年秋季某天，为躲避日机轰炸，天成铁路局在成都西郊五里铺的"琴台"遗址下挖建防空洞，工人在土丘西北侧掘开一洞，深至四米余时，发现一面砖墙，开始认为是汉时琴台遗存，便报告给当时西南地区最具声誉的考古学家、时任四川大学历史系教授的冯汉骥。通过现场考察，冯汉骥认定此遗存为一座墓葬，从砖的形制上推断，时代不会太早。但当时无力展开发掘，遂将此洞回填封闭。

1942年9月，由四川博物馆主持的考古队正式成立，冯汉骥任馆长。王建墓第一阶段的考古发掘提上日程。冯汉骥找到时任四川省教育厅厅长郭有守，最终由四川省教育厅拨出教育经费支持发掘工作。

永陵于1942年9月开始正式发掘，由冯汉骥主持，参加人员有郑德坤、林名均、苏达文、刘复章和英国学者苏立文等。

冯汉骥依照近代科学考古中墓葬发掘方法，对整个墓葬及附近环境进行详细地测绘。进入墓室时，采取传统的"掏洞直入"法，从墓葬北墙（即后墙）正中打开高两米、宽一米的洞门进入地宫后室。由于墓葬在历史时期就被盗掘，地宫内部填满淤土，冯汉骥沿洞门方向开一探洞进入地宫，期间探洞还发生过坍塌，幸无大碍，反而在掘取淤土时清理出大量文物。在整个发掘清理工作中，考古队运用当时最先进的考古工作设备，如经纬仪、子午、平板、水准仪等测绘仪器；按照国民政府中央古物保存委员会的要求填写出土文物登记表，并由省政府派监察员按时将发掘情况向四川省政府汇报。

11月底，第一阶段的发掘整理工作结束，发掘出土石像一座、玉册一百零六片、谥宝玉璧各一件、破损铜器两件，根据出土文物确定该墓系前蜀开国皇帝王建的陵墓。当考古队员清理完棺床积水和泥沙后，刻在棺床束腰上的"二十四伎乐"便露出了它的真面目，所有在场的人都惊异于其精美绝伦的石刻。

"伎乐石雕刚出土的时候，覆盖的鎏金和颜色都还没脱落，呈现出流光溢彩的耀眼光泽。"永陵博物馆的讲解员塞明静介绍，当年的发掘工作引来了很多群众围观，看到了发掘工作人员中有一名老外（苏立文），周边不明真相的群众就传言："洋人在偷我们的金娃娃了。"

随后，冯汉骥将清理出来的文物公开展览。这无疑是颗重磅炸弹，震撼了当时中国文化界考古界所有学者。当时中国考古学者发掘对象大多是史前文化遗存、先秦文化遗存、历史时期小型墓葬等，而对明确记载于文献中的皇帝陵墓进行考古挖掘实属首例。

（本文原载于2018年9月10日《华西都市报》

封面新闻记者：李雨心　摄影：李雨心）

彩绘童子抱鞠俑与北宋球赛

2012年的一天，成都体育学院博物馆接到一个电话。电话那头，一位自称民间收藏者的人说明来意："我这里有一个'抱球小孩儿'，你们有兴趣吗？"当博物馆的两位工作人员赶到这位收藏者的家里时，立即意识到，对方口中所指之物，绝非"抱球小孩儿"如此简单，这是一件宋代彩绘童子抱鞠俑，如今已是成都体育学院博物馆的"镇馆之宝"。

童子坐地裸头，身着圆领宽袖罗衫，左脚着靴，右脚光脚，双手抱鞠。彩绘童子抱鞠俑是一件十分珍贵的宋代蹴鞠文物，其身上蕴含了丰富的历史文化信息，是研究中国古代体育史的重要文物材料。

但令人奇怪的是，童子虎口上还卡拿着一长条形物件，左腿上也放置有一类似之物。童子为何一只脚光着？虎口和左腿上的长条形物件是什么？如此特殊的造型表现的是什么情景？

比赛间隙　童子匆忙换内胆

西汉人刘向说："蹴鞠者，传言黄帝所作，或曰起于战国之时。"

也就是说，在两千多年前，中华大地上就已经出现了"踢足球"这项古老的运动。

《史记·苏秦列传》说："临淄甚富而实，其民无不吹竽鼓瑟，弹琴击缶，斗鸡走狗，六博蹴鞠者。"《战国策·齐策》中，也有同样的记载。

自战国伊始，至清代，蹴鞠经历了从萌芽、鼎盛到衰落的不同阶段。经济发达的唐宋时期，称得上是蹴鞠发展史上的一个重要节点。

成都体育学院博物馆副馆长宋秀萍介绍，从战国到汉代，人们所踢之"鞠"，是外以皮革制作，内以毛发一类轻柔物质填充做成的实心球。

但这一形制，在唐代发生了改变，"唐代，鞠的制作工艺发生了重大变革，出现了充气球"。

充气球的发明，引起了蹴鞠技术和规则的革命。这种鞠外层以多片熟皮缝制而成，以嘴或工具充气（打揎）后，以丝绳系住气孔，则可踢玩。

《全唐诗·答皮日休字诗》中写道："八片尖裁浪作球，火中燖了水中揉。一包闲气如长在，惹踢招拳卒未休。"

这首诗反映出，至少在中晚唐时，熟皮制作的八瓣球已经普及。

到了宋代，鞠的制作更加成熟，"宋代鞠的外壳制作有六瓣、八瓣、十二瓣之分，使用最广泛的，看来是六瓣球和十二瓣球"。

宋秀萍说，当初第一眼看到这件宋代彩绘抱鞠童子俑时，便注意到小孩手中抱的球是"有瓣儿"的，"这个特点让我意识到，这个球就是蹴鞠，而且是'充气球'"。

较之以往的实心球，充气球的最大变化在于球体轻，弹性好，可以踢得既高而远，也可以踢出很多技巧花样。

这直接促使汉代以来"法月衡对，二六相当"的六人双球门制蹴鞠，演变成为唐宋盛极一时的单球门比赛和"白打场户"比赛。

宋代彩绘童子抱鞠俑有一细节引人关注：童子右手扶球，虎口上还卡拿着一长条形物件，童子的左腿上也放置有一类似物件，这到底是什么呢？

宋秀萍认为，这两个物件应是宋人所说的"香胞"，也就是鞠的内胆。

原来，气球制作的关键，是在熟皮制作的外壳内嵌入动物（一般是猪或牛）膀胱制成内胆。虽有能工巧匠精心制作，但踢球时鞠胆在外力作用下也较易破损，须备用内胆及时更换。

尽管更换内胆是蹴鞠比赛中经常发生的事情，但令人奇怪的是，以往文献与文物均未有关于鞠胆破损更换的记载或替换鞠胆的图像。千年前的古人究竟是如何更换蹴鞠的"香胞"，成为一个谜团，直到这件宋代彩绘童子抱鞠俑的出现。

"你看这个小孩儿，坐在地上，双手抱鞠，虎口处拿着一个楔形的东西，左腿上也有一个。我们推测，这应该是发生在一场激烈的蹴鞠比赛的间隙。这名队员发现球没气儿了，掉的鞋子还来不及穿好，便坐在地上，一手卡住气嘴子，腿上放着置换的内胆，头微微一侧，仍然紧张关注着场上的形势。这是我们在以往的文献和文物资料中所没有看见过的。"

儿童蹴鞠　有"德体"教化的功能

蹴鞠运动至宋代就十分普及了。在这一时期，竞赛体制、组织体系、活动体系、章程规则、运动伦理等都极为成熟完整，其社会影响与普及程度，也使其堪称该时期的第一体育运动。

著名的《宋太祖蹴鞠图》，描绘了宋太祖赵匡胤、太宗赵匡义和近臣赵普等一起蹴鞠玩乐的情景。

北宋著名诗人梅尧臣的诗篇中，有"蹴鞠渐知寒食近"的句子，从而可知，"寒食蹴鞠"是民间的一项春日活动。当时，上至皇室贵胄，下到市井百姓，都以蹴鞠为乐。

更有意思的是，就目前发现的宋代时期关于儿童蹴鞠的文物，远较成年人丰富。

除宋代彩绘童子抱鞠俑外，故宫博物院藏宋磁州窑蹴鞠瓷枕，以及河南博物院藏白釉黑彩孩儿鞠球纹枕等文物，皆表现了宋代儿童蹴鞠的情形。

在经济富足、城市繁华、市民文化兴盛的两宋时期，儿童蹴鞠缘何得以发展？这和当时的社会风气、宋人的教育理念有什么样的直接关系？

从已有的文献资料里，我们可以得知一部分缘由。

宋彩绘童子抱鞠俑

"夫气球者，儒名蹴鞠，社曰齐云。乃昔世壮士习运之能，王朝英杰游戏之学。士夫所喜，子弟偏宜。能令血气调和，顿使身心软美。虽费衣而达食，最灭强而欺村。体虽肥胖，敬此而举履如飞，年乃隆高，频踢则身轻体健。"这段话出自《蹴鞠谱》的《齐云理赋》。

意思是说，蹴鞠这项运动有益于身体健康，身胖者可以借此练就轻盈的体态，年长者亦可保持健壮的体魄，士夫子弟皆宜。

又如《西江月》："健体安身可美，喜笑化食堪夸。更言一事实为佳，肥风瘦痨都罢。"

再如《须知》："古之齐云，义礼无忘于圣贤之所置也。原神人用于军垒操集武士……运动肢节，善使血脉调和，有轻身健体之功，胜华佗五脏之戏。"

从上可见，宋人认为，蹴鞠可使血脉畅通，有轻身健体的功效。放到今天来说，偶尔踢踢球，可以减肥塑形，保持身材。

可以推测，宋人爱好蹴鞠，以此为健身之道，极有可能会影响到他们的下一代。

少年儿童处于身体发育成长的阶段，从事蹴鞠活动，应该是受到父母鼓励的。

另一方面，宋人的孩子不仅要求"体美"，更要"德美"。在当时，能够进入到圆社（宋代的一种踢球团体）踢球的孩子，必须有良好的道德修养。

《蹴鞠谱》记载了宋代圆社严格的社规和道德人品要求。

入社蹴鞠之人，必须有教养，尊礼法，守社规，用现代语言来说，就是要具备良好的体育精神与道德。

如《十紧要》："要和气，要信实，要志诚，要行止，要温良，要朋友，要尊重，要谦让，要礼法，要精神。"

《十禁戒》："戒多言，戒赌博，戒争斗，戒是非，戒傲慢，戒诡诈，戒猖狂，戒词讼，戒轻薄，戒酒色。"

以上表明，宋人蹴鞠并非视之为单纯的娱乐游戏，也将其视为一种人格和道德的修养手段。

宋人普遍将蹴鞠视为一种健康的教育方式，在儿童成长的家庭和私塾教育中，不但不会加以排斥，反而会鼓励和支持儿童蹴鞠踢球。宋代彩绘童子抱鞠俑，便是这一理念的见证。

（本文原载于2018年9月3日《华西都市报》

封面新闻记者：钟雨恒　摄影：关天舜）

九节铜杖与彝族毕摩法器玄机

并不是所有的文物都会被委以重任，得到专家学者的研究，挖掘背后的历史人文。但总有些出土的器物，带着它自身散发出的光芒和非凡气质，脱颖而出，比如，鱼纹立鸡首九节铜杖。它能够成为盐源青铜文化的典型器物，除了它为盐源青铜文化的研究工作带来了特殊的影响，还因为它为我们解读了两千多年前，盐源成为西部少数民族最重要文化技术交流中心之一的漫长历程。

前世：精湛的镀锡工艺
填补东北至西南的文化传播路线缺环

九节铜杖，是被公安部门追缴回来的一件出自盐源的宝贝，年代在战国至西汉年间。铜杖通长134.8厘米，由九节直径相同的圆管组成，每节长短不一，管与管之间用木棍连接，最顶部的圆管上是一个圆盘，圆盘上站着一只巨喙高冠翘尾的雏鸡。由于杖身满饰阴刻的小鱼纹，考古人员给了它一个形象的名字——鱼纹立鸡首九节铜杖。

深埋地下两千多年，出土时居然依旧闪着银光，鱼纹立鸡首九节铜杖的特殊让人无不惊叹。究竟是什么工艺？古人又是如何做到？这是凉山州博物馆的考古人员在看到铜杖时所产生的疑问。

为了找出答案，考古人员对九节铜杖进行了科学验证，分析其表面的主要成分。

各项实验结果显示，九节铜杖是使用铅锡青铜铸造成型的，我们所看到的外表的银白色，则出于古人使用热镀锡技术装饰的原因。

提到此，就不得不说说古人的人工镀锡工艺。历史上出土的文物中，早已有了人工镀锡技术的痕迹。例如云南晋宁出土的青铜小斧、吴越地区出土的铜剑、峡江地区出土的巴蜀兵器等等。但在盐源出土的青铜器中，发现镀锡技术的文物，九节铜杖乃第一件，它也因此成为凉山州博物馆藏品中的又一件国家一级文物。

锡的熔点为232摄氏度，达到这个温度，对于古人来说并不难，锡熔化后，工匠再用擦镀、浸镀、浇镀的方法，给青铜表面镀锡。

战国至西汉年间，盐源盆地的笮人能工巧匠颇多，有专家推测，九节铜杖便是出自笮人之手。那么，镀锡技术是笮人的创新还是由外传来的呢？

凉山州博物馆馆长唐亮表示，从镀锡层厚度、镀锡温度等方面来看，盐源青铜文化的这种热镀锡技术更接近滇文化对一些青铜器表面的热镀锡处理技术，因此推测"笮都"和"滇"的镀锡工艺有相同的源头。

许多学者在对滇文化镀锡工艺来源的探讨中，都指出北方的鄂尔多斯青铜文化应该是滇文化镀锡技术的源头，但这两种文化的地域相对遥远，中间没有发现太多的支持这种技术传播的证据。

1987年，我国著名的考古学家童恩正先生曾提出我国的"东北-西南边地半月形文化传播带"的概念，之后诸多考古发现也不断印证着这条文化传播带的存在。而九节铜杖的出现，正好填补了这两地"热镀锡技术"传播路线的一个缺环，除了说明笮人的镀锡技术来自北方草原文化，也再次说明盐源地区在古代应该是我国西部少数民族最重要的文化技术交流的中心之一。

与盐源盆地相邻的蜀国，自古就有用杖的习俗，它是古蜀宗教的重要组成部分。而西南地区发现的其他民族的用杖习俗，受着古蜀国的影响，在西南地区发现的蜀式三角形援青铜戈、直銎铜钺、大石崇拜等，都证明了蜀文化确实曾向南传播。蜀国的文化传入盐源，不是没有可能的。

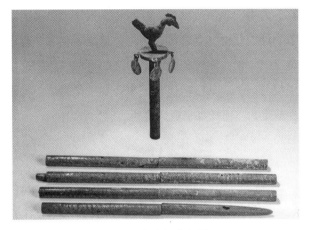

鱼纹立鸡首九节铜杖

杖的字面意思是手中拿着的棍子。在社会的不断演变过程中，杖在保留其实用功能的同时，艺术性也日益凸显，例如杖首的装饰、杖身的纹饰等等，其意义也发生了变化，更倾向于权力的象征，例如古蜀国的蜀王就集王权与神权于一身，他是最高级别蜀杖的拥有者。我们在影视剧作品中看到的西方的权杖、王杖也是同样的道理，这是人类历史发展的一个必然阶段。

目前，"蜀杖"是西南地区发现的年代最早的杖，在三星堆和金沙文化中，便能看到用杖习俗的存在，但权杖代表着最高宗教和世俗权力，所以只能集中在极少数人手中。而在云南的滇文化和盐源的青铜文化中，杖的出土数目较多，有别于古蜀的神秘宗教色彩，而充满写实色彩，其实，它们之间存在着必然的联系。

纵观历史，杖的拥有者一般都是古代部落的首领、巫师等拥有较高地位的人。但在"西南夷"时期，随着无数大小部落的崛起，西南地区出现了若干部落联盟，部落首领（即"君长"）的增多也导致了杖的数量增多。且有别于蜀国森严的宗教等级，"西南夷"的社会中存在着一些等级不高的巫师，且数量较多，这也解释了西南地区为何会出土数量众多的杖及杖首。

此外，虽然用杖习俗源自蜀国，但九节铜杖又与蜀国的杖有着不同之处。蜀杖上的人物动物造型充满神秘气氛，且风格迥异，而盐源盆地出土的铜杖杖首的人物、动物造型都十分写实，人物都充满生活情趣，动物皆栩栩如生。九节铜杖的杖首，立着雄赳赳的公鸡。还有三女背水杖首，杖端铸三位少女，背负水罐，相向而歌，充满了浓浓的生活气息。这也说明笮人不单是接受了蜀的用杖习俗，而且已经使其成为自身文化的一个组成部分，并用来自北方草原的高精工艺，让杖有了更完美的展现。

今生：惊人的神似
彝族祭祀木杖竟是写实版的九节铜杖

世界上任何一种古文明，都有共通性。同样的，对杖的使用，也是一种世界性的文化。鱼纹立鸡首九节铜杖自两千年前被掩埋于黄土之下后，便没有了踪迹。

然而，在另一个被人们所熟悉的场合，一种木杖的形态，竟然和九节铜杖惊人相似。

2017年的美姑羊毛节上，一场祭祀活动庄严而隆重地展开，几个毕摩双眼微闭，嘴里念着经文。他们的面前，是一根插入地里的细长木杆，木杆顶部横架着一根短短的木棍，木棍上面，站着一只雄赳赳的白色公鸡。

是不是像极了九节铜杖呢？只是在材质上有所区别。

其实这是彝族毕摩的法器之一，彝族唤名"纽尔瓦布曲"。纽尔代表着咨询、道理，瓦布翻译过来是公鸡的意思，曲是白色的意思，连起来大意为用白色公鸡向神灵祈愿。

在很多地方出土的文物中，都曾出现过公鸡的造型。这也说明了对公鸡的崇拜，无论是彝族还是汉族，是自古就有的。

东汉时期的画像石，便有鸡首人身的守门神；唐代十二辰中的鸡，也是鸡首人形。除此之外，鸡在盟诅活动中也必不可少。歃血为盟用鸡，古代帝王大赦天下有时也采取"金鸡赦"的形式。以金鸡设于高午之上，表示赦宥。特别是威武的公鸡，雄鸡一声天下白，证明了公鸡是告别黑暗迎来曙光的吉祥物。

而在彝族的历史文化中，对鸡的崇拜一直以各种社会形态存在于人们生活中。鸡，是祭祀活动中必不可少的家禽。

彝族人相信，白色公鸡，乃神鸟、天鸟，能通神灵、避鬼邪、驱妖魔。在彝族史诗《勒俄特依》中，就记载了这样一个故事，相传人间出现九个太阳和七个月亮，草木被烧焦，河流干枯，人类生存面临巨大的危机。英雄支格阿龙拉弓搭箭射掉了八个太阳和六个月亮，只留下一日一月。由于日月躲进天，不敢出来，人间一片黑暗，支格阿龙只好又呼唤日月，请求日月出来。第一次支格阿龙在觉上木古山山脚用牛献祭日月，赔礼道歉，日月不肯出来。第二次在山腰用羊进行献祭，日月还是不出来。第三次，当支格阿龙准备在山顶用白公鸡进行献祭时，白公鸡劝支格阿龙不要莽撞行事，它可以借助自己与日月之间的友好关系，用叫声呼唤日月出来。经白公鸡和日月的谈话沟通，日月终于答应出来。但是为了防止支格阿龙变卦，日月要求订立盟约。于是白公鸡用刀将自己的红冠子刻了九刻，滴了九滴血在九坛酒之中，歃血盟誓。

从此以后，歃血为盟的习俗便一直传承至今。同时，彝族毕摩把白色公鸡用于各种祭祀中，特别是举办大型祭祀、驱灾避难祭祀时，都会用到"纽尔瓦布曲"这件法器。

那么，"纽尔瓦布曲"究竟和鱼纹立鸡首九节铜杖有没有必然的关联呢？中国美姑彝族毕摩文化研究中心的工作人员为我们解答了这个疑问。

"为什么一定要用白色公鸡？"

"公鸡是神鸟、天鸟，白色代表纯洁。"

"为什么公鸡要站在木杆上？"

"长长的木杆更接近天，更接近神灵，用洁白无瑕的公鸡向神灵祈祷，也是对神灵的尊重。"

"这种毕摩的法器，是什么时候有的呢？"

"自古有了战争开始，就有了这件法器。"

"为什么是战争开始的时候就有了？"

"战争不断的古代，部落之间无论是结盟或是统治，都需要立下盟约，许下承诺，天神为证，天神如何为证？人们用白色公鸡向天神祈愿。另外，部落在攻打其他部落之前，也会用纽尔瓦布曲举行祭祀活动，意为召唤千军万马的天兵天将前来助阵，以取得战争的胜利。"

"如今，纽尔瓦布曲还在广泛应用吗？"

"是的，在彝族地区，一些大型的祭祀上都会有纽尔瓦布曲的身影，只是随着各个地方的生活习俗改变，纽尔瓦布曲也顺应时代发生了一些演变。例如，人生病了，彝人认为这是妖魔鬼怪在作祟，毕摩就会用纽尔瓦布曲来驱赶妖魔。"

"盐源出土的一件两千多年前的文物九节铜杖，和纽尔瓦布曲很相似，它们之间是否有关联呢？"

"并没有听说过，也暂时没有研究过这方面的历史文化。"

虽然外形极为相似，但目前仍没有权威的相关研究结果给出肯定的答案。当然，盐源的青铜文化从来就不是一个孤立的文化，它与其他的古老文化有着千丝万缕的联系。杖与杖之间的若干文化要素，也随着民族迁徙、贸易往来相互传播、相互影响。

鱼纹立鸡首九节铜杖和"纽尔瓦布曲"之间的相似究竟是机缘巧合还是暗藏玄机，还有待专家考证。

（本文原载于2019年8月14日《华西都市报》

作者：李晓超　凉山州博物馆供图）

蛇蛙铜案
一个尚巫民族的信仰神话

　　1995年3月，凉山州公安处缉毒队向凉山州博物馆移交了一批从盗墓者手中追缴回来的文物。

　　凉山州博物馆馆长唐亮第一眼就觉察出蛇蛙铜案的与众不同。

　　经过仔细研究和推敲，这还真是一件当之无愧的精品。然而，这件精品的命运是波折的。它作为一件祭祀中重要的法器，集天地灵气于一身，却最终成了陪葬品，未能延续使命。就在它安心被掩埋于黄土之下，陪着主人沉睡千年之后，又遭盗墓者的洗劫，成为一件没有灵魂的交易品。

　　一波三折，蛇蛙铜案从一系列追缴盗墓者的案件背后，慢慢浮出水面，有了最后的归属，也是最好的归属。与此同时，更多的谜题却摆在了考古人员的面前。

铜案：造型怪诞的法器

20世纪80年代，盐源盆地出土了不少战国至西汉时期的青铜器，其中，蛇蛙铜案是最具代表性的亮点文物之一。

蛇蛙铜案，也称蛇蛙铜俎，俎是古人用来盛放祭品的器具。长方形的案面四周边缘立有三十二只立体的蹲蛙，案面两端，有两条阳线蛇纹，蛇头上昂，口中衔着一条鱼，蛇身盘桓于案之中部。案脚由两片栅栏形铜片构成，案脚上铸有鱼纹，鱼的骨骼毕露，蛇和鱼的鳞片也都十分清晰。

在当时，盐源最负盛名的要数以老龙头墓地为代表的青铜文化，被认为是三星堆和金沙之外，四川的第三大青铜文化。一时间，盐源名声大噪，被大批盗墓者光顾。

特别是老龙头，几乎十步之内必有盗洞。盗洞小到让考古人员惊讶，这群所谓的"摸金校尉"，难道会缩骨功？否则他们又是怎样通过这么小的盗洞进入墓室呢？更匪夷所思的是，有的盗墓者竟然使用的是考古人员发掘古墓的手法，先在墓室旁边开一道沟，辨认清楚墓室的方位再下手。

最让考古人员痛心的是，有的盗墓者把带不走的文物直接砸烂，让原本可以展示在世人面前的珍宝就这样成为一堆残品。他们不仅仅是将一座座墓室破坏，更是给考古研究工作带来了重大的损失。

就是在这种背景下，蛇蛙铜案也难逃被盗的命运。

它是怎样被盗？在哪里被盗？墓主是谁？它又有怎样的来历？蛇蛙铜案的背后，是一连串有待解开的谜团。

蛇蛙铜案的身世之谜，难倒了经验丰富的考古人员。就连博物馆馆长唐亮，也为此头痛。公安局在缴获文物时，由于数量众多，并没有一一记录每件文物的出土地点，有的文物在倒过几次手之后，更没有了身份信息。

离开了墓室的蛇蛙铜案，使原本完整的故事，变得不完整了。

考古人员只能从后期的研究中，运用科学手段，慢慢寻找突破口。

终于，细心的考古人员从这件造型怪诞的文物身上，发现了一丝蛛丝马迹。经过反反复复地对比，唐亮判断出，这件蛇蛙铜案的材质与盐源出土的青铜器如出一辙，是盐源出土的战国到西汉年间的东西，而从其独一无二的外观造型也可以推断出，这是一件古代部落巫师所用的宗教法器。

盐源青铜文化是西南地区重要的考古发现之一，且老龙头墓地发掘出的七座墓葬中，就有巫师墓穴，巫师们会用各种奇形怪状的法器来祭祀天地祖宗神灵，以法器陪葬也是很合理的。由于年代和地缘上的相同，很多新闻媒体报道时，都会把老龙头和蛇蛙铜案相提并论，那么，蛇蛙铜案是否出自老龙头呢？

唐亮认为，从整体的发掘和研究工作结果来看，蛇蛙铜案并非出自老龙头，只是因为都是来自盐源，都具有代表性，都属于同一个时期，所以才会在各种报道中同时出现。

既然不能从老龙头的巫师墓穴找到更多的身份信息，那么从年代上能不能有什么新的发现呢？

从各种文献史书上可以查证到，在战国至西汉时期，盐源盆地生活着笮人。他们擅长修桥，并因手艺精湛得名。而从记载中不难发现，笮人有着巧夺天工的青铜工艺，创造出了无数堪称奇绝的青铜精品。

所以，蛇蛙铜案出自笮人之手的推测，并不是没有根据的。

凉山州博物馆的考古人员趁热打铁，继续抓住一丝一缕的线索追寻相关的历史故事。

笮人：骁勇善战的影子武士

笮人是一支尚武的民族，据史籍记载，最先居住在川西北岷江上游地区，后来逐渐向南迁徙，秦汉时期雅砻江下游地区成了笮人的聚居之地。

在盐源出土的大量青铜器中，武器几乎占了百分之六十。光是青铜剑就有数种之分，还有各式三角援铜戈，锋利无比的青铜镞，镂刻有精美花纹的铜臂鞲，还有种类繁多的铜钺与铜矛等精致的武器。

很明显，这群骁勇善战的武士，为守护领土，一度过着金戈铁马、烽烟滚滚的日子。

笮人是一支开放的民族，笮文化是一种兼收并蓄的文化。他们利用当地盛产的铜、铁、丹砂等矿产资源，一方面与其他部落交换所需，一方面凭借丰富的想象力和精湛的手工艺，制作出生活中、战斗中一切用品。他们的青铜造型艺术堪称奇绝，既有对于生活的写实，也有独特的宗教色彩，既有自己民族的东西，也不乏北方鄂尔多斯草原文化的风格，这些诡异的造型，有着匪夷所思的神秘含义。

当然，他们也有着自己的审美，例如，三女背水的青铜杖首，少女们头戴尖顶小帽，身着齐膝筒裙，背水罐的皮带勒在额头，把笮人少女天真烂漫的形象表现得活灵活现。

从老龙头发掘的墓葬中，考古人员发现，笮人的丧葬与宗教习俗充满了神秘感。他们的竖穴土坑墓墓顶全用巨石覆盖。这些每块重达数千斤的巨石来自距墓地数公里的地方，笮人不辞辛劳将这些巨石从远处搬来建构墓葬，必定受到某种意识形态的驱动。

"国之大事，惟祀与戎"，笮人也不例外。他们的巫师常常拄着杖举行仪式，面前的蛇蛙铜案上，盛放着贵重的祭品，巫师的诚心祈愿，带来了丰收和战捷。远古时代的巫师，总是神通广大，能通神，能同鬼神通话，能上达民意、下传神旨；可预知吉凶祸福，除灾祛病；还能从事征兆、占卜，施行招魂、驱鬼等巫术。他们是人与神之间的桥梁和媒介。

笮人把巫师奉为神明的通灵者，对巫师十分敬重。

巫师地位的提高，离不开宗教法器，而蛇蛙铜案因为有了巫师，在宗教仪式上有了举足轻重的分量。巫师和蛇蛙铜案的关系正是如此密切，才会在去世时，把蛇蛙铜案带在身边。

西汉时期，中央王朝在盐源设置了县一级行政机构，当时盐源的名字叫"定笮"。从县名上看，生活在盐源盆地的就是笮人，"定笮"就是平定笮人之意，这背后，是无数个笮人为了家园披荆斩棘战死沙场的英勇画面。

笮人的神秘，又何止如此，西汉之后，笮人渐渐淡出了所有史册，消失在历史画卷中，他们的遗迹遗物也在西汉末至东汉初基本消失。

信仰：用青铜铸就史书

笮人是一个没有文字的民族，但他们的工匠最终用青铜铸就了一部史书，写下了他们的战争、祭祀、外交、贸易，乃至远去的传说。

蛇蛙铜案讲述的，则是其中的祭祀。

西南地区巫风昌炽且历史悠久，有"巫风野火出西南"之说。史称南中夷人"一切信使鬼巫""好诅盟"。

青蛙和蛇能够登上巫师的铜案，必然也与当时笮人的宗教信仰有着千丝万缕的联系。

在古代的青铜器上，青蛙和蛇的出现，并不是偶然。广西出土的铜鼓上鼓面边缘就围着青蛙，云南出土的古滇国文物也发现了青蛙、蛇头。

由张朝霞、章军华两位教授撰写的《交感巫附——从江西金溪青蛙崇拜的起源折射南方古代民族青蛙信仰的交感点》中曾提到，中国南方民俗中有关青蛙信仰与崇拜的起源说法较多，大致可归纳为三种：一是稻作祈丰收，二是生殖崇拜，三是戏剧之神，其中的稻作祈丰收说与生殖崇拜说得到较普遍的认同。

两位教授认为，青蛙信仰起源于原始巫祭祈雨，至今仍盛行的江西省金溪县青蛙崇拜现象，折射出南方古代民族青蛙信仰变迁过程中，由巫师对"奎星"崇拜而附会为青蛙神的交感点，从而提示南方古代民族青蛙信仰由"理

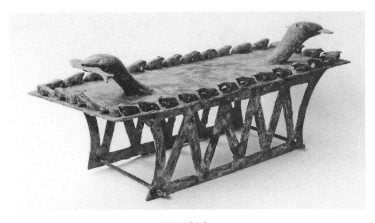

蛇蛙铜案

念"嬗变为神祇的"神化"过程。

图腾崇拜，在古代，是有着超脱意义的。

盐源出土的巫师法器，还有一种呈"干"字形的杖形器，主干上满饰云雷纹，枝干上饰以若干回首张望的老虎。

巫师的法器上，动物形象常见，而且与日常用具的造型并不相同，有人曾指出，这能增加巫术的神秘感，族群成员也愈加感到巫师的法力强大。

在笮人的遗物中，除了精良的武士装备和巫师法器，马具也是一个亮点。

笮人是驯马好手，他们的马称为"笮马"，善于爬山，与他族皆不相同。盐源出土的青铜马具十分丰富，是西南地区青铜文化中出土马具最为丰富的区域，出土了马衔、马节约、马头饰等，有的马具还鎏了金，能配上鎏金马具的马匹，身份也不一般。

笮人对马的挚爱，还处处体现在青铜器上所铸造的马的形象，如枝形器和盒形器上栩栩如生的奔腾双马，还有墓葬内放置的肢解了的马头和马的四肢。用马陪葬，证明了笮人与马之间深厚的情谊。

尚武、尚巫、尚马，笮人的青铜器在考古人员的手中苏醒，为我们复原出两千年前他们的信仰、战争、贸易、灭亡的故事。让我们有幸了解到这个古老又神秘的民族。研究工作还在继续，未来还有多少关于笮人的故事被发掘，有多少谜团被解开，我们拭目以待。

（本文原载于2019年7月31日《华西都市报》

作者：李晓超　凉山州博物馆供图）

马边明王寺
彝族悬托石佛之谜

天下名山僧占多。马边民建镇永乐溪村可谓风水宝地。据《马边厅志》载，始建于永乐溪村的一座普通寺庙，地处"盖其山、五马岗、为瑶坪、水派岗、黄茅埂"五山簇拥之中。《马边县志》曰："五山环抱，争奇夺险，状若龙形，称之为五龙奔江。"在"五龙向东"之间奔流、汇聚的这段马边河称之为官帽舟，东岸有一座山，称之为官斗山。民间有称誉，名曰"吉祥三地"。

2001年，这座寺庙里发现了十七尊悬托石佛，全国罕见。更为令人惊异的是后来发现这些悬托石佛，居然是彝族石佛。这座寺庙，当地人称之为明王寺，距马边县城六公里。从此，明王寺以崭新的形象，呈现于世人面前，明王寺的来历考究以及无数虚妄的传说，渐渐浮出水面。

传说建文帝在此避祸

　　明建文四年（1402），"靖难之役"之后，燕王朱棣夺得皇帝位置，并欲置建文帝于死地。在这紧要关头，太监王钺捧出御匣说："当年太祖（朱元璋）升天之前秘赐，面谕不到万分危急，不得开启。"建文帝遂启匣，但见一袈裟，一伽蓝，一剃刀，一度牒。建文帝领悟了太祖旨意，带着近臣，逃出皇宫，剃度为僧。并按照伽蓝图指引方向，躲进云南、四川、贵州等地。

　　然而，夺了皇位的朱棣仍然不放心，将建文皇帝视为心病，一直派人追杀。传说建文皇帝一行化名逃到偏僻的马边永乐溪，但见群峰耸峙，苍翠如黛，山峦起伏，云烟滚涌。五龙山脉相连峨眉，逶迤盘旋而至。此处紫气东升，灵气暗涌，真乃仙山福地。遂捐白银三千两，托随行"金海和尚"主持在宝地上修建寺庙，名曰牛王寺，寓意"朱"失去左右手，为"牛"，"朱王"失去文臣武将遂为"牛王"。直到明弘志年间，重修此寺，当地人为纪念建文皇帝在此隐居避祸，便把牛王寺改为明王寺。

　　建文皇帝落难的版本很多，争议也很大。根据史籍中的线索，建文帝逃出京城后流落在西南地区为僧，曾到过湖北、湖南、四川、云南、贵州一带。查询《马边县志》等相关资料，马边明王寺始建于明成化年间，始称牛王寺。后在明正德年间增修三清殿、东岳殿，并打造石神佛，始改称明王寺。历史是真，传说是虚妄，历史与传说，产生了惊人的吻合。

　　掩埋在岁月里的神秘真相，渐渐揭开神秘的面纱。几百年来深藏偏僻山区的普通古刹，居然与明朝皇帝有关。

　　明王寺作为马边唯一从明朝至清朝的古老建筑，有珍贵的文物价值。据省内专家考察，明王寺的建筑多为单檐歇山顶抬梁穿斗结构。飞檐琉瓦，画栋雕梁。大雄宝殿中三尊三身佛和十八尊罗汉都是明朝正德年间的文物。1989年，明王寺被马边县人民政府公布为县级文物保护单位；1998年，被乐山市人民政府公布为市级文物保护单位；2012年被四川省人民政府公布为省级文物保护单位。明王寺珍贵价值日益呈现。

　　明王寺大雄宝殿和三清殿共有十七尊石佛，都是悬挂在穿斗结构的竖柱上。其中大雄宝殿有四尊，三清殿有十三尊。将这些造型奇特的石佛悬挂在寺

悬托石佛造像

庙的梁柱上，这在全国佛教寺庙中极为罕见。多年来曾经引起过业内人士的种种猜测和遐想。

由于这些石佛悬挂半空，人的视力很难看清，加上岁月的剥蚀，石佛像显得很模糊，很难辨别。后来，三清殿的悬托石佛被偷，警方将这些石佛追回后，文物工作者在清洗佛像时，无意之间发现其被掩盖了几百年的"庐山真面目"。这些悬托石佛像与其他的佛像有几点不同：其他的佛像都戴冠穿靴，身着铠甲，而这些佛像只有头前方蓄有一小撮头发，酷似彝族男人头顶的"天菩萨"。佛像服饰的花纹图案，极似彝族男人服饰的花纹图案。石佛像的左耳上戴有一个耳坠，也正与彝族男人自出生后，长者会在其左耳垂处穿个孔，稍长一些后便会戴上耳坠的风俗不谋而合。

2001年，马边县委宣传部组织撰写的《马边发现彝族悬托石佛群》一文在当地媒体发表后，引起巨大反响，新华社还发布了《十一尊彝族悬托石佛惊现四川马边》的文章："就在海内外把关注的目光投向刚刚结束第一阶段维修工程的乐山大佛时，四川省乐山市所辖的马边彝族自治县明王寺新近又发现十一尊彝族佛像。这种悬托于大殿半空的佛像，在佛教寺庙中极为罕见。"

总在柳暗花明中破案

　　明王寺彝族悬托石佛横空出世，惊讶了世人。当地人重新审视这座形象普通的寺庙的前世今生，许多让人百思不解的问题纷至沓来。当地有传说，当年明王寺香火旺盛，香客云集，人群中有一位得道高僧，高举铜镜来到明王寺后山，但见金光万丈，瑞气氤氲。高僧急呼，永乐溪要出"狠"人，至少要出二品以上官员。有个居住对面官斗山的地主知道了这件事，便请来高人给他指点，在官斗山向永乐溪后山方向修建一塔，修造一桥连接永乐溪，"桥是弯弓，塔是箭，箭箭射翰林"。目的是希望将永乐溪的风水，改转到官斗山上来。他希望这个二品"狠"人是他的子孙后代。

　　由于风水先生水平不高，技术有限，把永乐溪的风水改到官帽舟去了。果然，官帽舟出了个贺昌群，学贯东西，才高八斗，是中国史学界屈指可数的人物。他先后与郑振铎、沈雁冰、叶圣陶、周建人等杰出人物交往甚密，互视知己。他潜心研究宋元戏曲、敦煌学、简帛学、汉唐历史等，成一家之言，在中国史学界独领风骚。

　　更让人津津乐道的传奇发生在现代，由于明王寺地处郊外，管理难度较大，明王寺的悬托石佛多次被盗。可是，每次石佛被盗，在民警破案无望的状况下，石佛被盗案都会在一个很凑巧的机缘中冒出端倪，提醒公安干警通过蛛丝马迹成功破案。失踪的石佛终会现身，重回明王寺。2006年，悬托石佛再一次被盗，民警费尽心血，却没有任何线索。山穷水复疑无路，柳暗花明又一村。一起摩托车被盗案中，作案人员心虚，在交代中暴露出盗窃石佛的信息，民警乘胜追击，成功追回石佛。

　　彝族悬托石佛的面世，与小凉山千百年来彝族构筑的信仰体系、文化体系的变化有什么千丝万缕的联系？

　　历史专家李方认为，悬托在佛殿里的不是彝族石佛而是彝族石像，原因有三：首先，多年来石像悬于半空，且周围没有供台，显然悬像不是供人参拜，所以说不是佛。其次，石像头上的发型似彝人男子头上的天菩萨，左耳有耳饰，彝族男子的耳饰一般都穿左耳，忌讳穿右耳，这与彝族男子的装饰一致。其三，彝人日常生活中总是将祖先的灵牌或神的牌位悬挂在楼上的屋梁上，而

维修前的明王寺

陌生人和妇女是不能到楼上去的。他们将最珍贵的东西悬挂起来，这一点似乎和将石像悬托有异曲同工之妙。

查阅《马边县志》，历朝统治者对少数民族地区在政治上皆实行羁縻统治，在边疆少数民族地区实行了不同的管理体制和统治策略，即少数民族"以其首领为都督、刺史，皆得世袭"，尊重其政治基础和文化习俗，不干涉其内部事务。明王寺放置有彝人特点的悬托石像，或许正是以这种时代背景下的羁縻统治为背景。但问题是彝人不信佛教，为什么要塑造有彝人特征的悬托石像置于寺庙中呢？

另一位历史专家姚军来马边考察后，意见却大相径庭，他认为大殿里悬托的佛像不是彝族形象，而是四尊童子像。

查阅有关童子像的资料，最明显的标志就是童子像都要打胎记，有打在头上、手上、脚上……但明王寺的悬托石佛像几乎都找不到标志性胎记。再从形象上来看，其体貌、体型都是成人状，没有孩子的童真意趣。同时，悬佛不止是在大雄宝殿中有四尊，在后面的三清殿里还有十三尊，一座小小的寺庙里，为什么要悬挂这么多的童子像？其包含着什么深刻寓意？

历史光怪诡谲，现实扑朔迷离。无数的悬念弥漫，几百年来的谜团至今仍等待着答案。

（本文原载于2018年5月17日《华西都市报》

作者：夏书龙 张三才 摄影：易永燕）

第二编
◇

黄虎秘档

张献忠的百亿财富谜局

石牛对石鼓，金银万万五。谁人识得破，买到成都府。

民谣真伪，三百年来无从破解。"大西王"的神秘宝藏，到底在何处？到底有多少？随着彭山江口沉银地实物出土，虎钮金印、五十两金锭、金封册、蜀世子宝陆续出现……"黄虎"张献忠的宝藏之谜，如拨云见日般显现。

有历史学家粗略估算，张献忠至少拥有白银数千万两。按明末一两白银折合现在的六百元人民币购买力计算，他在当时拥有相当于现代数百亿财富。多数史学家认为富可敌国的张献忠所获财富是"不可计量"的。

敛财之道　抢王宫掠州郡

明朝末年，四川成都，柳家大院。

"家门外的地值多少钱？"张献忠手下大将冯双

礼瞪圆了眼睛问。

"万两银子。"柳老爷"扑通"一声，跪在地上。

不满，冯双礼别过头去，手下的士兵朝着柳老爷一阵拳脚相加。

"到底值多少？"冯双礼提高了音量。

"十万两。"柳老爷声音颤抖起来。

"嗯！"冯双礼拍了拍腿，"就按这个数字，如数上交，可保你土地不减。"

搜出家中所有字画、宝玉，柳老爷将其换成银两，还四处借债，将银两一担担送往大西王府。

这个历史切片，反映了史料中对张献忠的评价，一是"嗜杀"，二是"掠财"。

张献忠的"宝藏"传奇，来自于他的掳掠手段。彼时的成都，富有之人无不胆战心惊，因为，等待他们的将可能是杀身之祸。张献忠从湖南湖北一路劫掠而来，搜刮财主的财富，清空官府的银库。最终，张献忠逼死蜀王后，独享着比肩紫禁城的蜀王府，一度奢华。

史料记载：张献忠攻下武昌后，"尽取王宫金银上百万，载车数百辆"；在四川掠取各州郡的富商大贾，少则数千两黄金，多则上万两黄金。他对抢掠所得财产进行严格控制，立下规矩：部下若私藏金银一两，斩全家；藏十两，本人剥皮，斩全家。

四川博物院研究员、四川省文物局文博专家陈志学认为，张献忠一路杀抢，特别是对于大户人家，搜刮抢尽，一路下来钱财数量惊人。张献忠进入成都后，财富更是到达一个峰值。"明末时期，成都一直比较稳定，经济情况比较好。张献忠当时占领了四川大部分地方，从这个角度讲，张献忠就是当时的四川'首富'"。

张献忠的财富累积，据史料记载有三个来源：其一是攻城略地后从明王朝的国库或藩王手里获取的；其二是从占领的地盘上征收的；其三是从民间搜刮抢夺的。

在眉山市彭山区，保存着自2005年以来不断出土的文物。其中有十多个刻有文字的银锭，上面刻着制造地点、工匠名字、制造年代等信息。银锭来自江西、湖南、湖北、四川等地。这与张献忠行军路线一致，能够从侧面证实当年张献忠一路抢杀富人的事实。

一个五十两的银锭，证实当年张献忠曾在眉山收过税。银锭上有"大西眉州征完元年分半征粮银五十两一定，银匠右闵季"的字样。"从字样内容来看，说的是在眉山征收的粮税，打造这个银锭的工匠叫右闵季。"彭山区文管所所长吴天文说，彼时一两大概三十七克，五十两相当于现在三斤多。"我们还发现了不少碎银，其中有些是平常百姓所用。以此推断，当时张献忠也抢过老百姓。"

"明末藩王，待遇都很好，不仅皇帝给得多，还有其他收入，都很有钱。当年李自成攻打开封，周王马上就筹集了五十万银两，赏赐下属。"中国社科院历史研究所研究员周远廉认为，张献忠沿陕西，过河南、河北，入湖北、湖南，再进四川，一路抢杀达官显贵，所获财富不可计量。

曾有这样的说法：张献忠曾在成都举办斗宝大会，得意扬扬地炫耀自己的财富——二十四间屋子摆满奇珍异宝、金锭银锭，令人瞠目结舌，而崇祯皇帝和张献忠相比也只能算是"小户"。

要进一步搞清张献忠财富之谜，彭山江口的重大发现，可能提供佐证。

1646年，张献忠带上大部分金银财宝，从成都启程沿锦江南下。然而，在彭山区江口境内时，张献忠部却遭到明将杨展部队伏击，几乎全军覆灭。张献忠只带少数亲军败归成都，而许多载满金银的木船沉入江底。至于这些金银到底有多少，谁也说不清，只留下千船沉银之谜。

巴蜀文化专家、《张献忠传论》作者袁庭栋，曾专门研究过张献忠沉银之谜。他认为，彭山"千船沉银"的传说可能性不大，更靠谱的推论，应该是张献忠兵败后，少部分财富丢在了彭山江口："张献忠终究是个流寇，四处行军打仗要钱，虽然是兵败回成都，肯定要把军费带走。所以沉入江底的宝贝，应该是少部分，是没办法挽救才放弃的。"

史料记载，杨展得胜后，一开始并没有意识到沉船里装的是金银财宝，后来从逃脱出来的船夫口中得知此事，才开始组织士兵在江口打捞遗金。针对木鞘装银的特点，杨展采用的打捞方法是用长枪"钉而出之"，所获巨大。得益于这一笔飞来横财，杨展"自是富强甲诸将"。

此后，江口沉银一直被各方人士觊觎。据《彭山县志》记载："乾隆五十九年（1794）冬季，渔者于江口河中获刀鞘一具，转报总督孙士毅，派员赴江口打捞数日，获银万两并珠宝玉器等物。"

咸丰三年（1853），翰林院编修陈泰初说，他亲眼看到彭山、眉山居民捞到江中银子。当时正值太平天国起义、清廷财政困难之际，咸丰皇帝下旨给成都将军裕瑞，让他"悉心访察，设法捞掘"，但最终也是空费心机，毫无结果。

最大悬念　江口埋了多少财富？

张献忠到底有多"壕"？彭山当地曾流传着一个未经证实的传闻：靠张献忠沉银致富，成为百万富翁的不下百人。2016年彭山破获的全国文物第一案，缴获文物上千件，涉案资金三亿多元，张献忠的财富，终于露出冰山一角。江口沉银大案发生后，一位曾参与鉴定的中国钱币博物馆专家说，涉案文物十分珍贵、数量较大，历经五次鉴定，才完成最终鉴定工作。

彭山警方所缴获的千余件文物，其中一百件珍贵文物被鉴定为国家级文物、八件为一级文物，两件是国宝级文物。除了在黑市上以八百万天价交易的"虎钮金印"外，另一件五十两金锭也能印证张献忠的富有。

这坨金锭拳头大，表面錾刻有铭文"长沙府天启元年分岁供王府足金伍拾两正，吏杨旭，匠赵"。

长沙府天启元年伍拾两金锭

西王赏功金币

吴天文解释，长沙府天启元年伍拾两金锭，是1621年长沙府上供藩王王府的岁供黄金，是已知的明代金锭中的最大锭型，存世稀少，价值极高。

四川省文物局文博专家陈志学印象中，五十两金锭不仅是明代以来发现的最大锭型，明代之前，也没有这么大的金锭。"至少在四川范围内，没有发现过这么大的金锭！"张献忠所在的年代，一两银子足够一个普通家庭一个月的开销，这个金锭足够一个普通家庭四十多年生活开支！

最大谜局　张献忠剩余财富在哪儿？

2017年5月12日，四川彭山江口明末战场遗址第一期考古工作结束，出水文物三万余件，初步发现直接与张献忠大西国相关的文物上千件。2018年4月，第二期考古发掘再次出水各类文物一万二千余件。

目前，四川彭山江口明末战场遗址第三期考古发掘文物一万余件，其中重要文物两件。发现了一枚断裂成四块重约十六斤、含金量达95%的金印，方形印台、龟形印钮，印面铸有"蜀世子宝"四字。"蜀世子宝"是国内首次发现世子金宝实物，也是目前唯一的一枚。

发掘出这样庞大的宝藏，这是不是张献忠的全部财富？作家蒋蓝研究称，面对敌军，张献忠曾选择将财富埋藏。一处埋在青城外山，一处埋在龙泉驿百工堰。随后，张献忠载着上千艘宝物离开成都。在江口，杨展得到了张献忠的多数宝物，只有少数沉入江底。除了江口，张献忠沉银地还在成都九眼桥一带1.5米河床下。

这个说法的源起在哪里呢？

《明史》记载，张献忠在被迫撤离成都前，让部下在锦江筑堤，抽干江水，在堤坝下游的泥

发掘出水的"蜀世子宝"金印

沙中挖出数丈深的大坑，将劫掠来的财宝倾倒其中，再重新决堤放水，将大坑冲平、淹没，以此掩人耳目。后来的史书《明纪》也一字不易地抄录了这条史料："（张献忠）又用法移锦江，涸而阔之，深数丈，埋金宝亿万计，然后决堤放流，名'水藏'，曰：'无为后人有也。'"

陈建生在《张献忠"宝藏"传奇》一文中称，至于张献忠埋宝的时间说法则不一而足，有人认为是发生在"江口沉银"之前，也有人认为是发生在"江口沉银"之后，各有各的理由。长期以来，这事儿不过是说说而已。但到了抗战时期，真有人成立了锦江淘金公司，在锦江上轰轰烈烈开展了一番打捞事业。这里的核心人物，是抗战时期曾任四川省府秘书长的杨白鹿。

1937年的冬天，杨白鹿拿出了一张藏宝图。关于这张图的来历也有很多说法，最有戏剧性的说法是：民国时期，一位姓杜的清朝遗老因犯案走投无路，受到杨白鹿接济，在杨家一住就是几年。为报恩，临别前，杜将多年来随身携带的一个檀木匣赠与杨白鹿，并说，匣内所藏是张献忠埋银的地点图样，由当时参与埋银的一名石匠偷偷绘制，几经辗转流落杜家，希望杨白鹿能"善为运用"。此后多年，杨白鹿一直珍藏木匣，从未向任何人透露。

川军将领们被这张图深深打动，出资组建了锦江淘金公司，准备把"宝藏"打捞出来献给国家，以为抗战所用。而作为川军师长的幸蜀峰，被推选负责整个工程。他们照原图纸方位丈量、细密探索，终于推断出埋藏金银的地点是望江楼下游对岸原石佛寺下面三角地段的交叉点左侧接近江心的地方，于是在1938年冬季趁河水较小时，加速开挖，结果一无所获。第二年秋水退后又继续，经上百人前后历时十多个月的辛勤劳动，果真挖出一个大石牛，还挖出了大石鼓！打捞主办方宣称："石牛、石鼓都出来了，'万万五'还跑得脱吗？"不久，又传来特大"喜讯"：坑旁安置的金属探测仪"突突"直响。没有金银，哪来的响声？旋即，狂热的淘金浪潮席卷整个成都。然而，张献忠其实是和川军将领们开了个大玩笑：工人们奋力挖出来的不是金银，只是三大箩筐小铜钱！轰轰烈烈的挖银事件，最终成了一场闹剧。

（本文原载于2017年1月12日《华西都市报》

作者：李庆 毛玉婷 摄影：李庆 毛玉婷）

兵临城下
强抱美人归

刀枪在手，美女都有。

这是大西王张献忠的名言。做不了皇帝，先称霸一方，后宫佳丽没三千，至少凑成三百。

张献忠一生册封了四个皇后，拥有三百名嫔妃。张献忠威猛有余，柔情不多。作家郑光路和蒋蓝对其的评价不谋而合："长相不好，人又粗鲁，女人都不会喜欢。"

总会有个浪漫故事吧？郑光路摇摇头："他少有怜爱之情，是个淡漠的人。"

强取豪夺、霸占王妃、淫人妻女，张献忠的生活相当糜烂，所历女人都对其愤恨有加。据多处史料记载，刚刚还在侍寝的女人，他转身就可以命令人将她杀掉。无论是替夫复仇的蜀王妃，还是被风光迎娶的陈皇后，抑或是假意承欢的歌女曼仙，都成了刀下亡魂。

妃子笑　暗里狠手报夫仇

崇祯十七年（1644）八月初九下午，成都蜀王府内，一阵"轰隆隆"的爆响声，打破了往日的宁静。

蜀王朱至澍无心舞笔弄墨，神色张皇，蜷缩在承运殿内，由着原配邱妃和一名宫女紧挨身边。

不一会儿，五个妃子和一群宫娥彩女惊惶地跑来。

"贼入宫城了？你们张皇至此。"年仅十七岁的宠妃许若琼问道。

老太监王宣、小太监李娃子一齐奔来，哀叫："不好了，献贼兵马已杀进王府来了，各人快逃命吧！"

朱至澍慢步挪到王府社稷坛八角井侧，邱妃紧挨上前，矮胖的朱至澍闭上眼，跳入井中，邱妃随后。

蜀王既死，王府中不少人选择归顺。老太监王宣率宫中杂役、太监、宫女数千人，来到金水桥侧，跪迎张献忠。

张献忠命王宣搜索宫中。片刻，两个王妃被带到张献忠面前。

张献忠见两个女人姿色艳丽，背手走近细观。左边，蜀王嫔妃李丽华，秀雅绝俗，美目含泪、含辞未吐，说不尽的怜爱可人。再看右边的蜀王遗妃许若琼，张献忠竟感到难以呼吸，她肌肤胜雪，双目犹似一泓清水，顾盼之际，自有一番清雅华丽，让人为之所慑。

许若琼，蜀王生前最爱的宠妃之一。一直以来，过着珠玑美玉的日子，不曾遭遇这等剧变。

虽然眼前大汉威势惊人，许若琼没有半点恐惧，傲气站立，冷冷地盯着这个传说中异常凶悍的大贼。

多年戎马生涯，张献忠睡过的美人成百上千，但这次，面对如此高雅的许若琼，他竟手足无措，一时柔情起。

顺利攻占蜀王府后，天色已晚。睡前宴饮，张献忠大醉，举止愈发乖谬。

"好好伺候我老张，封你当皇后！"张献忠喝道。许若琼面露难色，与温情的蜀王比，眼前的张献忠实在粗暴。她挣扎片刻后，转而脸现喜色，举杯，"谢大王，臣妾再敬大王一杯！"

推杯换盏间，张献忠沉醉在美人的轻颦浅笑里，没了防备。许若琼快速拿起桌上盛酒银瓶，朝着他的头，猛地砸去。

冷不防被偷袭，张献忠清醒过来，瞬间，拔刀在手，怒斩若琼右臂。许若琼痛叫着，仍以左手乱打，左手再被砍，许若琼倒在地上，骂声不绝，"报王仇，恨没杀贼。"屋外卫士冲进来，一阵乱刀后，许若琼惨死在地。

"蜀中女人如此可恶！来人，把这蜀王府中女人杀光！"张献忠大骂。于是，宫中老弱女人遭军士遍杀，年轻漂亮的则被赶到"婆子营"，成为随军的妓女。

妃子亡　吞金自杀不欢颜

一同被献给张献忠的蜀王嫔妃李丽华，在许若琼被带走后，回到了自己的寝殿。作家郑光路研究了《明史》《蜀碧》《锦里新编》，还原了另一个节烈的嫔妃。聪慧的她曾是蜀王对诗作画的知音，如今，却要伺候一个粗莽野夫，绝食五天，却没死掉。李丽华吞下一块金币，皱着眉痛苦死去。

正是，宁当血刃死，不作衽席完。从今后，断魂千里，空留烈女恨。

张献忠的军队以流窜劫掠为目的，闯入各地。因此，百姓多有不服，骂他们"流贼"。

崇祯十六年（1643），张献忠破荆州后，本想来场庆功晚会，不想碰了一鼻子灰。

召惠府乐户十多人，一个个妆容精致的歌女入座，拨琴献唱，张献忠咧嘴开怀。热闹中，一女子却神色坚决，闭口不唱。

"停！"张献忠对女子问道，"你是谁？怎如此大胆？"

"小女琼枝。"

"何故不乐？"

"我虽贱，岂肯歌酒陪反贼！"琼枝把琴重重地砸在地上。

"你敢不陪老子？"张献忠拔出了剑。

琼枝冷笑："你不过就会杀人罢了，我不怕死！"

张献忠怒极，令人刀剐琼枝。

另一歌女曼仙却刻意逢迎，张献忠大喜，宠幸无比。

一天，张献忠像往日那样，睡前豪饮，曼仙趁他不备，悄悄在酒中下了毒。

"你先饮！"不知情的张献忠想要调情，便手挽其颈，强灌曼仙。

曼仙立饮而毙，张献忠恍然大悟。

张献忠在败逃的过程中，又反感起女人，认为她们减慢了行军速度。命令营士杀掉自己的妻女，最后，连自己的妃子们也不放过。据记载，张献忠遍杀后妃，幸存者只有几十个。

张献忠如此带头，下面将官、兵卒更乱来，其手段残暴，甚至专立名目："妇人奸淫后即以试刀"，称为"砺石"；"剖孕妇之腹"叫作"接宝"……

妃子冷　草头皇帝杀机毕现

在成都建立大西政权后，张献忠的荒淫梦越发膨胀。他学起明朝后宫设置，礼册妃嫔。据传教士记载，张献忠耽酒好色，共纳妃嫔三百名。

刚进入成都时，张献忠本已有皇后刘氏，但他不满足，前后又迎娶了四名新皇后。皇后丁氏、白氏、刘氏出身较为低微，远不如陈氏（陈演之女）尊贵。

陈演是四川井研县人，崇祯十三年（1640），由礼部左侍郎兼东阁大学士入相，次年，晋升为吏部尚书。十六年（1643），代周延儒为明朝首辅。

陈演的地位就相当于宰相，一人之下，万人之上。正是因此，张献忠娶他女儿，会有一种格外的成就感。

张献忠入川后，右丞相严锡命见许多前明降臣丢了命，害怕了。他揣摩起来，这个张献忠既好色，又喜欢耍帝王排场。脑壳滴溜一转，来到张献忠面前献媚："微臣恨不披肝沥胆，为老万岁效犬马之劳！微臣已上条陈甚多，微臣今又想：老万岁继嗣不广、龙子不多，皆由民间所掠女子不足以配圣德。今有前明首相陈演之女，老万岁可娶之为皇后！"

张献忠果然很高兴："严先生，应当怎样行册封皇后之礼呢？"

见张献忠和颜悦色了，严锡命胆子大起来，引经据典，大谈册封皇后之礼仪。

半个时辰过去了，严锡命还在滔滔不绝。张献忠听腻了，拍桌而起，勃然大怒："皇后何必仪注！只要噌（咱）老子毬头硬，养得他快活，便是一块皇后矣。要许多仪注何用？"（《明季南略》）

张献忠言语粗鄙，这段记载生动再现了他的粗俗特质。

很快，大西军攻取井研县，夺走陈演之女。

想起金屋藏娇等动人故事，张献忠也想逗女人乐一回，他命令道："咱老子讨皇后，要风光！架彩桥、铺彩路，直到老子的皇宫！"

《蜀碧》等史料记载这天的繁华场景，十数丈高的彩桥从成都南门五里外架起直达蜀王府皇宫，大道的左右栏槛上，上结绵棚、络以明珠，象征着星辰；首尾悬着水晶灯笼，象征日月。一眼望去，如长虹亘天，迷离夺目。

走进这五彩缤纷的梦幻婚礼场景中，张献忠仰面大笑，"老天爷让老子讨皇后，哪能不热闹热闹！封皇后之兄为国舅、翰林学士！陈娘娘要斋僧，大和尚赏银十两、小和尚赏银六两！"

太监们以黄纸封银，用柜子抬入寺中，诸僧皆喜。有穷光蛋去求和尚："愿割发暂当个小沙弥，得六两银子后，以一半谢你！"

令张献忠失望的是，让他满心期待的陈皇后却待他冷淡，不愿逢迎。父亲被李自成杀害，自己又落到这个草头皇帝手里，她怨恨。

十天后，张献忠不耐烦了："摆啥首辅千金臭样？来人哪，拖出去勒死，把封翰林学士的国舅一家，通通杀光！"

一代名门闺秀，就此香消玉殒。

（本文原载于2017年1月19日《华西都市报》

作者：毛玉婷）

为张献忠
造天球仪的洋人

关于大西皇帝张献忠的史料颇多，但多为稗官野史，道听途说，良莠不齐。因为绝大多数作者，并没有亲见过张献忠本人，更没有置身大西宫廷领教"黄虎"的喜怒无常与歇斯底里。因此，法国传教士古洛东1918年整理印行的《圣教入川记》就凸显出无与伦比的价值。这是第一部也是唯一一部关于张献忠以及大西政权的非虚构之书。

《圣教入川记》记录了利类思、安文思在四川的经历，尤以两人在张献忠阵营所待两年多时间的亲历为重，惊心动魄，九死一生。

利类思与安文思

利类思，意大利西西里岛人，贵族出身。1636年抵澳门，取名利类思，1637年来到内地，在江商二年后，赴北京助修历法，1640年入川，创建成都教堂。这是天主教进入巴蜀的滥觞，异域的教堂也随之在天府之国相继建立。利类思汉语造诣颇深，所遗著作、译作达二十余种。利类思于清康熙二十三年（1684）十月卒于北京，赐葬栅栏教堂墓地，位于利玛窦墓附近，墓碑上刻有康熙皇帝的谕旨。

安文思，葡萄牙人。1640年来华，先住杭州，后入川，明崇祯十五年（1642）八月到成都。

1644年张献忠起义军再度入川，攻克成都，两位传教士于城陷前逃到山区避难，不久即为张献忠手下所获，遂在起义军中为大西政权制造天文仪器。清顺治三年（1646）张献忠在西充县被一箭穿胸毙命，利、安二人又为清军所获，被肃王豪格留在军营，后随军到西安，到北京后，先后受到顺治、康熙皇帝的优待。豪格死后，利类思和安文思获得自由，参与天文台的工作，皇室赐给两人一座宅院，他们在此修建了一座教堂，被称为东堂，坐落在北京王府井大街76号。

安文思具有一流工匠技艺，善于制造机械，先后为张献忠和清朝政府制造过许多仪器，康熙帝称赞其"营造器具有孚上意，其后管理所造之物无不竭力"。除了制造机械，他还于1668年以葡萄牙文写成《中国的十二特点》一文称颂中国，后以《中国新志》为名刊行于巴黎。

安文思在北京期间著有《张献忠记》一书，叙述他和利类思在张献忠大西宫阙当中的经历和见闻。安文思逝世后，赐葬滕公栅栏教堂墓地。在北京市西城区北营房北街（马尾沟）教堂，保存有清康熙十六年（1677）四月六日树立的"安文思墓碑"。

两位洋人的贵人

1640年，意大利人利类思受东阁大学士刘宇亮之助，入川来到刘宇亮在绵竹的老家传教。刘宇亮为明万历四十七年（1619）进士，后迁吏部右侍郎。崇祯十年（1637）八月，擢礼部尚书，与傅冠、薛国观同入阁。

刘宇亮体格短小精悍，善击剑。居翰林时，常与家童角逐为乐。性不嗜书，馆中纂修、直讲、典试诸事，皆不得与。但刘宇亮声望极高，热心天主教，在他的影响下，利类思在他老家住了八个月。他的家院里，"为利君将中堂装饰一新，堂中悬救世主及圣母像，设祭台，上置黄蜡烛台及各花草，宛如圣堂然。利司铎常在此处，不独向各绅宦讲论圣教道理，而各等人民来游玩者亦为之讲道（成都人士从未见经堂，闻风来观者殊不乏人）。听者皆乐而忘倦。于是进教者实繁有徒"。

崇祯十七年（1644）八月初九，张献忠率领起义军攻破成都城池，蜀王朱至澍走投无路，带妃妾自沉于蜀王府内的"菊井"，太平王朱至渌也赶紧自杀。四川巡抚龙文光、巡按御史刘之渤、按察副使张继孟等明朝派驻四川的主要官员因拒不投降，均被农民军处死。

张献忠分军四掠，迅速控制四川大部分地区的州、县。崇祯十七年农历冬月十六，张献忠据蜀王府宣告建立大西国，改元大顺，称帝，以成都为西京。

此时，躲避在绵竹县刘宇亮老家的利类思与安文思，在见到了从成都逃出来的教堂执事安当先生，听他讲成都屠杀惨状后，几乎是面无人色。估计绵竹县也即将成为瓦砾，他们连夜坠城逃跑，来到几百华里之外的雅安天全县。

封洋人"天学国师"

《圣教入川记》没有交代清楚的是，两人是如何返回成都的？他们之所以要返回成都，在于曾经担任成都县令的吴继善，已摇身一变，升任大西国的礼部尚书了。

这个吴继善是何许人也？他为什么要推荐两位司铎？出身江苏太仓的吴继善，乃写《圆圆曲》和《绥冠纪略》的著名诗人和历史学家吴伟业（梅村）的族兄。崇祯十一年（1638）进士，后在翰林院任庶吉士，认识被崇祯帝重用的德国传教士汤若望。吴继善奉命到成都做县令，离京前他与汤若望告别，汤若望请吴继善给利类思带了一封书信，吴继善到成都接印视事后即拜见利类思，"畅谈间，殊为相得"，遂成为朋友。

吴继善向张献忠大力推举两位洋人，称其是不可多得的人才。张献忠早已知道意大利传教士利玛窦与万历皇帝的交往，进呈自鸣钟、《圣经》、《万国图志》、大西洋琴等贡品，加上崇祯皇帝重用教士汤若望，顺势而导之，奇技淫巧，令人脑洞大开。对此，张献忠也渴望一睹为快。他下令，派遣礼部尚书立即请两位洋人出山觐见。

见到礼部来人，不得有误，他们星夜从天全县赶往成都。当日黄昏，入住成都光禄寺署，受到御宴款待。次日一早，他们来到蜀王府，见到了高高在上的张献忠。

当时，这两个人都还算年轻，毕恭毕敬，他们看上去精神很好，身材高大。两人穿着传教士的黑袍，胸口挂十字架，手里还捧西文版《圣经》。一名传教士自我介绍道："我是天主教的耶稣会士，中文名叫利类思，是意大利人。"

另一名传教士也自我介绍道："我是葡萄牙人，中文名叫安文思。"两人的汉语都说得不错，他们下过很大的语言功夫。利类思道："我们在澳门学了两年的汉语，风闻皇帝雄才大略，所以我们就来了……"

那天，大西皇帝心情很好，他希望给洋人留下好印象。这两人胆子够大，可以说是明末最有冒险精神的两名传教士，这让久经沙场的张献忠暗暗称奇。

张献忠放低身段，"问泰西各国政事，二位司铎应对如流。献忠大悦，待以上宾之礼，请二位司铎驻成都，以便顾问。并令遵己命，同享国福。且许将来辅助教会，国家太平之后，由库给赏，建修华丽大堂，崇祀天地大主，使中国人民敬神者有所遵循云云。二司铎唯唯而退"。

张献忠是最求立竿见影的人，不喜欢口惠而实不至。两位洋人前脚回光禄寺署，他后脚已经派人送来了各色点心、数匹绸缎、六十两白银，朝袍各两件。两人受宠若惊，翌日上朝拜谢。

一见洋人没有穿中国式朝衣朝冠觐见，张献忠有些不悦，洋人解释说早已绝世俗荣华，张献忠对此发表了一通宏论："吾固知尔等是传教司铎，已绝世荣世爵。吾赐袍之意，是出自爱慕之诚，非有任官赐爵之心。然按中国风气，凡入朝见君者，非朝衣朝冠不能入朝，若用小帽素服入朝者，是亵渎至尊，乃有罪之人也。且尔等深通天文地理，又知各国政治，又是西国学士，吾当屡次请见。若衣素服在王前往来，与朝臣不同，令人诧异，非吾尊敬贤人之心，亦非顾问员之所为也，尔等勿得推却。"

这是一番入情入理的话，思维严密，滴水不漏。两位洋人理屈词穷，只得领受了大西国的重礼——朝服。张献忠见目的已经达成，不禁龙心大悦，封洋人为"天学国师"。每人获得每月十两银子的俸禄。

张献忠"君子上进"

张献忠经常在金銮殿求学问道，涉猎天文地理，表达出了好学上进的君子势头。洋人老实，岂能探之水深。

转眼就到了1644年冬至日，在成都民间，传统意义上的春节是指从腊月初八的腊祭一直到请春酒的正月十七，其中以除夕和正月初一为高潮。据元代费著写的《岁华纪丽谱》记载，南宋时的成都冬至日，毫无例外地成为一个宴乐的由头，当时成都地方长官，在冬至日要在大慈寺设宴。

张献忠决定不能一味追求花天酒地，而是要过一个"有意思"的冬至日。他在蜀王府大宴官僚与宾客，"列筵丰美，堪比王家，宾客众多，难以尽计"；宴会设在"宫内正厅，此厅广阔，有七十二柱分两行对立，足壮观瞻"。这表明此时明蜀王府宫殿虽然经过政权易手，依然蔚为大观，宏丽雄伟。

张献忠下令，请两位洋人升坐。张献忠首席，阁老次席，洋人竟然位列第三。张献忠的老丈人列第四，余下才是文武百官。

酒席开始，张献忠嘘长问短，首先问及天主教以及传教事情。他关心的是"西学"，问及算学之事甚多。更有意思的是，张献忠每每听完洋人的答复，转身就与左右辩论，舌灿莲花，出天文进算数，似已经颇有心得。洋人不得不承认"其智识宏深，决断过人"，他们暗暗称奇，进而忘情山呼万岁，认为皇帝"天姿英敏，知足多谋，其才足以治国"。

张献忠重用传教士的动机，首先在于铸造天象仪、地球仪。这极大地满足了他好奇心。

西汉时，蜀地奇才落下闳就提出了"浑天说"，是极富想象力的天文理论，他认为整个天体浑圆如一个巨大的蛋，天如同蛋壳，而地就像蛋黄。天上的日月星辰，每天都绕着南北两极不停地旋转。其可贵处在于承认宇宙是运动变化的，而且这种运动和变化是有规律的。他发明制作了浑天仪，用来证明"浑天说"。肉眼能看到的星座，都被精确地标刻在他的仪器上，仪器的转动，能演示出它们在天空运行的轨迹。

张献忠同样渴望上知天文，下知地理。

1645年，张献忠给两位天学国师下令：制造天球仪与地球仪。二司铎接旨，立即绘制设计图并指挥数十名工匠费时半年用红铜铸成，另造日晷配合。成都周边彭州以及荥经县、瓦屋山历来产铜，但他们使用的铜应该不是来自铜矿，而是直接用抢劫而来的铜器皿、佛像熔铸而成，这与大西国铸造"大顺通宝"和"西王赏功"近似。

对"天"极度痴迷

经历八个多月的奋战，两个铜质仪器完工。

"按二球之大，须二人围之。天球有各星宿及其部位，七政星宫环列其上，配以中国天文家所演各畜类；又分二十八宿，以合中国天文家之天图。而地球分五大部洲，国名、省名、城名及名山大川历历可数；经线、纬线、南北两极与黄道、赤道、南北温道无不具备。至于日晷，列有黄道午线及十二星宫与各度数，日月轨道如何而明，岁时因何而定，了如指掌"。完成后，"见者莫不称奇，献忠尤为称羡，视若异宝。饬令将天、地球仪排列宫中大殿上，以壮观瞻。又令厚赏司铎"。"献忠深赞二司铎之才能，尤加敬重。不独厚爱司铎，即司铎之用人亦均赏赐"。

张献忠不但睁眼看清了世界，而且还可以伸手抚摸宇宙。他终于发现"老天"的权力构造了。那么，剩下的事情，就是寻找上天入地的路径。

既然自己拥有了地球与宇宙，已经是"天子"，那么天子的言论，就是"天言"，汇而成书，就是"天书"。张献忠立即下令把自己的语录编为《天书》一册，"谓此书所言无人得知，惟天子独知，因天子奉天之命，独能解释故也。此书多隐语，乃献忠伪作"。

《天书》的本质是预言之书，预示大西国未来诸事。著名民族史学家任乃强先生指出，张献忠"初通文墨"，但他有意回避了《天书》的写作，"张献忠语录"才是其本体论到方法论的集成。

张献忠迷信甚深。他热衷"天文"，主要是渴望在"天象"的指掌图里，看到对于大西国运、个人气数的预兆。他经常围绕铜球逡巡，忽然背手狂笑，忽然又陷入忧思。

自从拥有了天球仪与地球仪，张献忠经常站在空旷的坝子里独立向天。某天，他似有所悟，发出圣旨：自己亲眼在天上看到了弓、看到了箭、看到了刀、看到了矛。"自己奉上天之命，不特为中国之皇，且将为普世之帝。随令百官仰视天空，百官等一无所见。献忠谓今日天不清朗，故尔等未能见之，且其中亦有天意存焉。天显奇异，只令天子独见，以便将来代天行之"。

由此可见，张献忠极可能与后来的洪秀全一样，陷入了对"天"的极度痴迷与虔信之中。

天球仪、地球仪存列于皇宫大厅，宛如天外来客，凡人不可靠近。某天，忧思多日的张献忠向两位国师提出了"何以天圆地方"这个形而上的问题。

洋人详细阐释地方天圆之理，并引多方证据："地球非方形也。"

久走山路的张献忠心目里的"地理"，就是草蛇灰线，羊肠小道。他回答："地球浑圆之说，吾亦信之。然据中国天文家之理想，地系方形，中国在中央，四方为外国，故名中国，其坚稳可知。当有八百年之久长。"这段话表明张献忠并非一无所知，他承认西方的科学知识，但又要维护国粹。

洋人造出红夷大炮

张献忠重用传教士的动机，其次在于铸造大炮。这极大地满足了他的实用心理。

张献忠从两个铜球的制作工艺上，看到了洋人的工匠精神，他又命二司铎造一尊红夷大铜炮。所谓红夷大炮，乃是荷兰人发明，原名叫"荷兰雷"，因中国人称荷兰为红毛国，故称为红夷大炮。

利类思说："这种大炮的优点是炮管长、管壁厚，而且从炮口到炮尾逐渐加粗，符合火药燃烧时膛压由高到低的原理。在炮身的重心处两侧有圆形的炮耳，火炮以此为轴可以调整射角，配合火药量改变射程。设有准星和照门，依照抛物线来计算弹道，精度很高，威力巨大，一发炮弹可伤人无数。西洋人的海军横行海上全靠此炮，我虽多次见过，但未学过制造之法。安文思是葡萄牙人，精习算术物理，或许可以帮助你们制造。"

安文思承认："本人没有学过制造军火之术。但军火也是根据物理学原理制造出来的，要认真研究的话应该可以找到其方法。"

当时成都尚有遗存的明军火炮，两位洋人依葫芦画瓢，摸索出红夷大炮的原理，绘出了图纸。原来那帮协助铸造天球仪地球仪的工人已经熟门熟路，按图施工，先铸炮管，再造炮弹，最后将炮身装载在炮车上。两个月内，红夷大炮铸造成功。

事有巧合。彭县（今彭州）传来急报：彭县民众造反，叛民与南明残军聚结于关口（丹景山）、海窝子一带的山寨，抗税抗粮，抵抗大西军。张献忠决定牛刀小试，让红夷大炮大展神威。炮车轮子大，加上车轴宽，一般道路根本无法通行。张献忠命令沿途的乡镇修运车道，与成都街面同宽，直达彭县。但两位洋人毕竟不是军人，由于没有造好炮架子，发射时要把沉重的大炮抬到地面操作，操作费时费力。他们来到了一处地主山寨之前，那是对抗大西政权的一处山坡上的坚固堡垒。因需要仰射，操作更为困难。最终是连炮带骡子滚落下山沟，这是一次颇为丢脸的科学实验。但张献忠没有重责洋人，他自有他的金算盘。

铸造之外，张献忠得陇望蜀，更希望洋人把他平时讲述的"箴言"翻译为西文，寄望在西方传播，以扬其聪慧。

张献忠说："天造万物为人，而人受造非为天。"张献忠又说："造天之神，即造地之神也。"张献忠还随口吟诵："高山有青松，黄花生谷中。一日冰雹下，黄花不如松。"张献忠口述完毕，"请洋人语速寄欧洲，使文人学士先睹为快"。

被俘四年后获释

1646年7月，为了北上陕西抗击南下的清军，张献忠决定放弃成都，"尽杀其妻妾，一子尚幼，亦扑杀之"。大西军兵分四路，并命令四位将军，各率兵十余万向陕西进发。9月间，张献忠率部离开了化作焦土的成都。由于沉重物件无法带走，他下令把皇宫里的石犀等掀翻下埋。那两个红铜仪器或许也一并埋入了地下。

驻扎在南充军营之后，张献忠似乎并没有如史家们所鼓吹的那样全力准备"抗清"。他念念不忘的是大西宫廷中的天球仪等物事，遂下令："劳役二位司铎，令造天球一具，与前日在成都宫中所造稍为较小，凡各经星部位须按次排列，赶急造作，不分昼夜，不得有误。"铜材、制造设备、人工，一时间就调度妥当。

天球仪的重要性之所以超越了一切，是张献忠急于从中窥视自己的劫数与宿命，窥破天机，从而找到破解之道。

两位传教士采取的办法是，一人在帐篷里读经，一人去作坊铸造赶工，轮流工作。好不容易赶制出来，张献忠叫来了一位中土的堪舆先生，他以老江湖的眼光，严厉审视这一作品。堪舆先生必须显示自己的门道与精湛法力，他指出，这个天球仪制作完全不对路，甚至没有显示太阳赤道，这是故意淆乱国家大运所为。天球仪预示着大西朗朗国运，而大西国眼下出现这么多乱子，显然是这两个洋人予以加害昌盛国运……张献忠一听，怒不可遏，吼声如雷，他终于认定，洋人故意胡乱制作，闹乱国运，犯此滔天大罪，不唯害国，且害己身。判决：将两个洋司铎处以极刑。

回到杀人上，他的思维是严密的，考虑的是如下几道身体工艺：时而欲活剐司铎；时而欲鞭死司铎；或以炮烙全身，不使流血出外；或以毒刑致死，以致肉尽骨消……洋人陷入巨大的恐惧里，闪电雷霆加身，气都不敢出了。但张献忠大喊：且慢，姑且留下尔等狗命。

这些事情，一直到二位司驿随军到达西充县也未消停。张献忠令二人就住在献忠凤凰山的老营（司令部）附近，说是以便顾问，实是监督。张献忠的老营附近天天有人被杀，二司铎"饱受惊惶，坐卧不安"，决定上书陈情，请求让他们离开部队，返回澳门。"献忠阅书，疑为讽己"，他决定找一个出气筒，认定这些上书之举，出自仆人之计和老岳丈支持，下令将其岳丈还有川籍仆人六名一起逮捕处死，只留下澳门人安当未杀，但须受鞭刑一百……

有俗语云："天欲其亡，必令其狂。"古希腊历史学家希罗多德说过："神欲使之灭亡，必先使之疯狂。"这个道理，饱读中外典籍的张献忠，应该懂吧。这一切，距离那一支直插皇帝胸口的利箭，仅有几个时辰了。

1647年，利类思与安文思为清军所俘，次年被押至北京，1651年获释。两人一直在北京生活至终老。

（本文原载于2018年6月14日、6月21日《华西都市报》
作者：蒋蓝）

神经大王
随心所欲的杀人哲学

流流贼，贼流流，上界差他斩人头。

若有一人斩不尽，行瘟使者在后头。

西大王张献忠一再称梦中得天启，上天赐天书命他杀罪人。但有研究称，张献忠的暴行源于跟李自成争夺天下失败，心态失衡，激起无限杀戮。

对曾经富甲安逸的四川人来说，张献忠的到来，就是川人噩梦，听闻西大王，小儿不夜啼。砍下女人小脚，堆成"笋山"告上天；开科取状元，爱了四天就洗白。对于张献忠的种种骇人暴行，巴蜀文化专家郑光路提出，张献忠具有反社会型人格，可能患有精神疾病。

夹江县令差点脑袋搬家

2017年1月中旬，郑光路再次来到眉山彭山江口镇，现实与传说中的张献忠沉银地。"那是个触目惊

圣谕碑位于广汉房湖公园内，为张献忠攻克成都建立大西政权后扬威所立。碑正面上方镌刻精美龙纹和"圣谕"二字，下为阴刻"天有万物与人，人无一物与天；鬼神明明，自思自量"字样。落款为"大顺二年（1645）二月十三日"。 广汉房湖公园供图

心的时代。"那时，这里水位更高，岸上有一片茂密的树林，张献忠率军在树枝后躲避、打仗……江水滚滚，郑光路的眼前浮现出一幅幅画面，令人唏嘘。

崇祯十七年（1644），成都南门外"中园"，蜀王曾经的行宫，张献忠捋捋大胡子，沉吟片刻，令人按他口述原文，写下一道粗俗诏书。

当天，张献忠盘腿端坐在龙椅上，面对众臣，心潮澎湃，"咱老子当大西皇帝三个多月，称孤道寡忸忸怩怩。你们成天供奉泥菩萨，三拜九叩，好生麻烦，看得老子实在难受！今天开始，老子命令：各种诏书、公文，今后只用口语书写！"

"不可！"右丞相严锡命抗议，"陛下以九五之尊，岂可不行朝廷礼数？按照《大明会典》……"

严锡命正要侃侃而谈，张献忠早已厌烦，"严先生不必话多！"突然，他厉声道，"今后还有人跟老子引用《大明会典》的，痛打一百军棍或砍头！老子最讨厌读书人陈词滥调，吊文冒酸。"

他顺手拈起一颗荔枝塞到嘴中，嚼了半天，吐出，说："咋和咱关中老盐菜一样咸？"

左丞相汪兆龄解释，夹江县令王某将新摘荔枝上贡陛下，为保鲜，用盐

浸泡。

张献忠却说："去，去，把谋害老子的夹江县令头砍了！"

安西王李定国站出来说句公道话："王县令是本乡人，他用四川的土方法保存食物，让老万岁不舒服了，但罪不至死。"

听罢，张献忠改变主意，说道："严先生，马上按咱说的原话写圣旨，不要文绉绉！"

随后，严锡命一字一字写下："奉天承运，皇帝诏曰：王珂你回来，饶了夹江那个鬼知县罢。"

郑光路认为，张献忠创下了"史上最怪诞诏书"的纪录，一道"骂娘"诏书如此写道：奉天承运，皇帝诏曰：咱老子叫你不要往汉中去，你强要往汉中去，如今果然折了许多兵马。驴屎子，入你妈妈的毛！钦此。

此外，张献忠上朝时，经常取下皇冠，顶在脚上高高跷起，有时让人把太监帽子外戴头上，哈哈大笑。文武百官面面相觑，不敢笑也不敢言。

武状元四天"洗白"

刚到四川，张献忠想得到士绅和读书人的拥戴，便"喻礼部开科举"。四川人认为张献忠来路不正，是为"贼"，徘徊不前，张献忠便通过恐怖手段，强迫大家参加科举考试。

其中成都华阳人张大受一举考下武状元。据记载，此人年龄不满三十，身长七尺，弓马娴熟。张献忠见张大受仪表丰伟，器宇轩昂，甚是喜欢，立马赐给刀马、金币十余种。

第二天，张大受入朝谢恩，左右文武都赞赏他的聪明学问和诗文字画。张献忠高兴，召入宫中赐宴，结束时，将席间金银器皿全部赏赐给张大受。

第三天，张大受再次入朝，大臣们贺道："天赐贤人辅佐圣明，陛下当画其形象，传播远方，使知我国得人如此奇异，则敌人可不战而服矣！"张献忠大喜，大宴群臣，赏赐张大受美女四人，住宅甲第，家丁二十人。

第四天早上，张献忠坐朝，传奏官禀报："新状元入朝谢圣恩。"就在张大受准备入朝时，张献忠忽然变了脸，"这驴养的！咱老子爱得他紧，一见他，就满心欢喜。咱老子又有些怕他。来人，拖出去收拾了。"

诸臣不敢违命，把张大受绑起来杀了，先前所赐美女家丁，也杀得一个不剩。

张献忠喜怒无常，对知识人才既想利用，又严加防范。据《蜀碧》《平寇志》等史料记载，张献忠在四川搞过两次科考，同时对考生大肆杀戮，两万五千多名考生成了牺牲品。

张献忠砍小脚抛上"笋峰"

裹小脚之习俗，据一些学者考证，始于北宋后期，兴起于南宋，终于民国。

苏东坡曾写《菩萨蛮》描述三寸金莲："涂香莫惜莲承步，长愁罗袜凌波去。只见舞回风，都无行处踪。偷穿宫样稳，并立双趺困。纤妙说应难，须从掌上看。"

张献忠也爱妇人小脚，但爱得血腥残暴。作家蒋蓝讲述，占据四川后，张献忠偶染疟疾，望着天空说："等老子病好了，一定要朝天贡上蜡烛两盘。"当时，众人非常困惑，不明白他在说什么。

张献忠病好后，一拍桌子，一声令下，命令士兵去收集女人小脚。

士兵无奈，闯入千家万户，拉出家中妇女，一人抱住，一人持刀，一双双纤纤玉足被砍下。一时间，城中不少女人成了残疾，一些想不开的干脆投河自尽。几天后，一双双带血的小脚在殿中摆出，张献忠哈哈大笑："来人，摆峰。"士兵们将残足堆积，形成两座金字山峰。

张献忠邀来爱妾，一同酌饮欣赏，突然，张献忠说："方缺一足尖，置之会更好看。"爱妾也有几分酒意，伸出三寸金莲，笑言："此足如何？"张献忠仔细将爱妾的小脚放在手中，细细观察，说道："甚好！"

爱妾还在高兴中，张献忠信手拿来刀剑，一刀割下爱妾香足，抛于足堆之上。

爱妾小脚恰立于足堆之尖，张献忠美其名曰：笋峰。作家蒋蓝说，"笋"

意指女人的小脚白嫩如竹笋。

有观点认为，张献忠仇恨女人小脚，是认为小脚不能干活，没有用。当时，许多女人脚被砍下后，川中增添了许多卖假脚的商贩。

此前，张献忠陷襄阳时，还曾捉男子断其臂，抓女子断其足，运往山坡，将断臂堆成一块，取名"玉臂峰"，又把断足堆在一处，命名"金莲峰"。

发誓"复来时尽杀尔等"

暴力的形成，往往要追溯其根源。

《圣教入川记》记载："其智识宏深，决断过人，二司铎亦暗暗称奇。献忠天姿英敏，知足多谋，其才足以治国。然有神经病，虎威大作、势若癫疯、残害生灵，不足以为人主。"

郑光路在其所写的《张献忠剿四川真相》中提出，按现今世界卫生组织在世界疾病分类中，将"反社会型人格"作为精神病的一种。产生这种病态人格的主要原因有：恶劣的社会环境、家庭环境和不合理的社会制度的影响，以及中枢神经系统发育不成熟等。张献忠的残暴，或源于童年时期的心理阴影。

明万历三十四年（1606），张献忠出生在陕西延安卫一个名叫柳树涧的小村寨。关于他父母的记载，有说他父母织卖草鞋草席，也有人说他父亲务农兼小贩，还有人说，他父亲当过杀猪匠，母亲沈氏则早逝。

张献忠少年时是跟着先生读过书的，只是文化程度不高。年轻时，张献忠当过延安府小捕役，常受上司欺侮，曾经拍着大腿叹气说："嗟！大丈夫安能久居人下耶！"

张献忠也曾在延绥镇当兵吃粮，在军中犯法当斩，主将陈洪范觉得这小子相貌威武，可能以后有用，请总兵官王威饶恕，张献忠趁机逃走。

后来，张献忠做铁匠，为官府"承造军器"，但受到官吏的陋规剥削。有人向他吃回扣，他愤而造起反来。

据野史记载，张献忠少年时读书没读出个名堂、长大也没混出个前程，才去当强盗。他曾跟随父亲到内江卖枣，将驴子系在富绅门坊旁，不料，驴粪弄脏了石柱。仆人看见了，破口大骂，鞭打张献忠的父亲，还命令他父亲用手捧起驴粪。张献忠看在眼里，却不敢争辩。离去时，发下誓言："我复来时，尽杀尔等，方泄我恨！"

在张献忠南征北战的日子里，童年的梦魇，令他难以挣脱。某日晚，他的一个幼子经过堂前，张呼唤，子未应，即下令杀之。第二天晨起后悔，召集妻妾责问她们昨晚为何不救，又下令将诸妻妾以及杀幼子的刀斧手悉数杀死。

大顺三年（1646），为了北上陕西抗击清军，张献忠决定放弃成都，并"尽杀其妻妾，一子尚幼，亦扑杀之"。他对孙可望说："我亦一英雄，不可留幼子为人所擒，汝终为世子矣。明朝三百年正统，未必遽绝，亦天意也。我死，尔急归明，毋为不义。"

就死后的名声而言，张献忠唯一的盾牌就是还有一点良心：宁做前朝遗民，不做当世傀儡。

归顺南明、抗击清廷。张献忠四大义子孙可望、李定国、刘文秀和艾能奇，按照大西王的遗愿，率部南下云南，与南明政权会合，拥立永历帝，共同抗击清军。

从清顺治四年（1647）到顺治十五年（1658），孙可望、李定国、刘文秀率大西军与清军进行了大大小小上百场拉锯战，掀起过两次抗清高潮，其中李定国纵横数省，收复湘、桂，击败清军数十万。明末清初名士黄宗羲曾称赞说："逮夫李定国桂林、衡阳之战，两蹶名王，天下震动。此万历戊午以来全盛天下所不能有。"

《明朝的灭亡 孙可望与李定国》一文指出，孙可望本是个权欲熏心的人，李定国立下赫赫战功之后，更引起他的嫉恨。他擅自改变作战计划，与李定国处处作梗。孙可望的野心逐渐膨胀，不仅自称秦王，还改云南为云兴省，铸铜币"兴朝通宝"。李定国对此很不满。

经过几年的内部争斗，孙可望于清顺治十四年（1657）以十余万大军进攻李定国，但广大将士临阵倒戈，投向李定国。孙可望日暮途穷，投降了清军，于清顺治十七年（1660）十一月在狩猎途中死去。

清顺治十五年（1658）正月，清军攻陷昆明，永历帝朱由榔逃入缅甸，李定国退至孟艮（今云南边境），继续坚持抗清斗争。当时，清朝命吴三桂等人统兵入缅。清康熙元年（1662），缅甸人将朱由榔献于吴三桂，后来被吴三桂绞死于昆明篦子营。李定国得知朱由榔被俘，回兵勐腊，仍遣人往车里借兵，以为持久抗清之计。但营中人马死者相继，李定国亦病，复闻朱由榔凶信，更加愤懑，于六月二十七日死于勐腊，临终时遗命其子："任死荒徼，勿降也！"

（本文原载于2017年2月16日《华西都市报》

作者：毛玉婷）

飞向张献忠的死亡之箭

在西充县西街，与三义祠一墙之隔的肃王庙位于西街尽头，耸立着全国唯一的一座纪念清朝名将豪格的肃王庙。里面的大堂曾经供奉有肃王豪格的彩色塑像。他一身戎装，是清朝武官的打扮，相貌堂堂，威风凛凛。据当地老人回忆，这是专为纪念豪格在多扶镇凤凰山下太阳溪边，射杀黄虎张献忠而修建的肃王庙，以供人们凭吊瞻仰。

九十四岁的守护者

西充肃王庙，原为四合院布局，坐东南向西北，占地350平方米。现存大殿建于1米高的基座上，座宽20米，深14米，周围用条石包砌，大殿为穿斗式梁架，面阔五间16米，进深三间10.4米，八架椽屋，分心柱高9.2米。梁架上有清光绪六年（1880）修建时留下的墨书题记。屋顶为重檐歇山式铺简瓦。

肃王庙里的雕花斜撑 蒋蓝摄

伴随清朝的垮台，有关清朝的礼仪迅速在民间土崩瓦解。肃王庙里的诸多设施被人拿走，房屋开始被一再占用。

抗战时期，川军中的西充籍"八百壮士"冲锋在前、奋不顾身。1943年，"西充县抗敌救援会"就在肃王庙立了一块木质纪念牌，表达家乡父老对"八百壮士"的怀念。按照规定，每牺牲一个西充籍士兵，肃王庙的木质纪念牌上就用红字记下他的名字，到1944年，纪念牌上写满了五百多人的名字！可惜的是，这块纪念牌毁于20世纪60年代晚期。

1945年7月1日，西充县卫生院成立，院址就在晋城镇大西街肃王庙里，大庙陆续被改造为病房，至今可以看到分割病房的木条和纸板。

1950年以后，肃王庙逐渐成为居民的大杂院，老建筑被损毁，目前仅最后一重大殿建筑完好，另外两重已经消失。至今还有不少老年人居住于此。

今年九十四岁的任之俊老人和七十四岁的李国玉婆婆，已经在此居住多年。因为那块西充县人民政府所立的"县级文物保护单位"的红字石碑早已漫漶不清，他们只好用毛笔重新描了一遍。有人看护着，不至于被文物贩子随意盗窃。

大殿四周，保留着精美的斜撑木雕，多为历史故事画面，刀法细腻，木质细密。走廊上还残留着几根木栏杆，均有惟妙惟肖的寿桃雕刻。这些雕刻应为晚清时节西充县工匠的技艺。1959年人民大会堂落成之际，采用了一对西充县工匠雕刻的大石狮子，一度安置于大会堂门前。

站在石板铺就的天井，看着屋檐飘垂下来的荒草，大殿的精魂似乎早已不存，只有一个梦的轮廓。慢慢在大殿徘徊，抚摸粗大的梁柱，让人陷入长久的沉默。不能遗忘这一段历史，建筑遗迹一直在对抗遗忘，它们矗立着，也是现实必需的清醒剂。

皇太极长子豪格

爱新觉罗·豪格（1609—1648），清肃武亲王，清太宗爱新觉罗·皇太极长子，母为皇太极继妃乌拉那拉氏。

豪格为清初名将，有"虎口王"之称。豪格在满语里有"耳垂"的意思，朝鲜人又尊称他为"虎口"或"虎口王"，这一尊称伴随豪格的征途一路播撒。

豪格率清军进入四川后，"黄虎"终于落入了"虎口"，成为一种历史巧合。后金时豪格于锦州等地击败明军，被封为"肃亲王"。皇太极改后金为清后，豪格随多尔衮攻锦州、朝鲜，败明宁远兵，杀明将金国凤。后围洪承畴于松山，克之，俘虏洪承畴等人。清兵入关时，参与平定中原，复攻陕西、四川，击杀张献忠。旋被摄政王多尔衮构陷下狱，削爵。肃王历来高傲，仍不低头，又对人扬言："将我释放则已，如不释放，勿谓我系恋诸子也，我将诸子必以石掷杀之。"

"诸子"是指自己的儿子。这是一种报复的发泄方式。按理说，他报复的对象应当是他的仇人多尔衮，可是对多尔衮既无法报复，便发泄在他亲人诸子身上，这是一种何等可怕的心理。后来他死于狱中，时年三十九岁。

顺治八年（1651），顺治帝亲政后，为豪格平反，重新封为"和硕肃亲王"，并立碑。顺治十三年（1656）豪格被追谥，追谥号"武"，成为清代第一个被追谥的亲王，称肃武亲王。乾隆四十三年（1778），配享太庙。

据1987年西充县县志办公室等主编《张献忠在西充》记载，光绪六年（1880），清廷为彰扬肃王豪格围剿张献忠以及大西军之功，在西充县城晋城镇西铁印山之下，建立了三重殿四合院的肃王庙。

叛将刘进忠

顺治三年（1646）深秋。天气转凉了，位于广元的朝天关一派萧瑟，唯有芭茅草挺身玉立，已经浑身凝霜，如同愁人一夜白头。这一天傍晚，有一位商人来大西军营房前禀报，希望拜见刘进忠将军。

西充肃王庙

　　这是自汉中而来的商人严自敏。严自敏告诉他，清廷已命肃王攻取四川，早晚当发汉中。刘进忠此时一筹莫展，眼前光明大亮，于是一拍即合。刘进忠带吴之茂等百余人前往汉中投靠清朝，在百丈关驿所迎接豪格。肃王率领一万人马，从汉水上游的略阳辗转而来。他显得温和，对于刘进忠的"大义之举"十分高兴，赐袍帽靴带马匹，即日留宴，并向他询问川中形势。

　　豪格问："献忠今在何处？"

　　对云："今在顺庆西充县金山铺。"

　　豪格又问："速行几日到达？"

　　进忠云："一千四百里，倘疾驰五昼夜可到矣。"

　　谁也不认识黄虎张献忠面目，何况肃王征战多年，经验丰富，他必须进一步甄别刘进忠的可信度，提出要刘进忠充当向导随军而行。刘进忠俯伏应诺："救民水火之师，宜速不宜缓，祈请能早临蜀地一日，多救生灵无限。"

　　这一血泪之言，正合肃王之意。于是翌日黎明，肃王即令部队出发，进入朝天关、广元，看到的是一片极目荒残之景，他命令部队不许入城。要求刘进忠、吴之茂以最快的速度从瓦子滩过嘉陵江。因冬水枯，阆中沙溪上游的瓦子滩窄得一脚就能踩过去。先头部队一昼夜行程达到三百华里，经保宁而不停息。冬月二十六，到达南部县。

刘进忠如何得知黄虎的大部队目前在何处？

历史学家任乃强的长篇历史小说《张献忠》对此所做的分析是合情合理的：
"清军到南部地界知献忠已离顺庆，塘报久断，不知究在何处。方踟蹰进退间，恰有四方寨逃难百姓奔到南部界内，闻得清军纪律严明，秋毫无犯，遂迎降军前，指出献忠所在，愿作向导。"于是，他们马不停蹄直驱金山铺。

孤军深入凤凰山

顺治三年十二月十一日清晨（1647年1月2日），凤凰山大雾迷漫，满山的柏树、芭茅丛就像游走的疑兵。经过"衔枚疾驱"五个昼夜的清军骑兵，进入凤凰山区，借大雾掩护，主力隐蔽在栗家大山的背后。清肃王豪格等五骑，在降将刘进忠带领下，小心翼翼一步步深入至张献忠老营旁，隔着一条二三丈宽的太阳溪，窥探山腰大西军的动静。

大西军一共有一百二十营，分布在几十平方公里范围内。其实刘进忠、带路的老百姓也不知道御营的具体位置。这恰是一种命运的机缘，恰恰就在这"对望"的一瞬间，尘埃终于落定。

张献忠飘浮不定的作战方式，一再让明军头痛不已。明朝官员马世奇为此曾经感叹："彼之情形在我如浓雾，而我之情形在彼如列炬。"现在，这个说法，掉转过来了。

浓雾笼罩的早晨，一夜未睡的张献忠心情不佳。因为他接到报告，昨天夜间又有一名大西官员逃跑了。《圣教入川记》说："贼僭位之初，朝官计千人，东走时尚有七百人。临死时，仅二十五人。"一种情况是被杀，另外一种情况是逃亡，朝官尚且如此，士兵的大量逃散情况就可以推测了。此时，张献忠已经无力暴跳如雷了，他显得很平静，立即提讯这名逃官的妻子。

这就出现了一个与历史记载相抵牾的事情。

两位传教士亲眼所见，大西国后妃、宫女有三百人左右。张献忠撤出成都时，一并清除掉浪费粮食的女眷和太监，仅仅留下后妃二十人，权作大西国礼仪象征，可谓无情无债一身轻。至各营所有妇女，则采取了集体屠杀的方式。

当时不只是屠杀妇女，即其不愿同走的老弱、官吏、军士与其家口，以及带不走的牛马、猪狗等牲畜，亦皆屠杀，不留活口。

一切都在天意的掌控之中。他绝对不能容忍自己将要抛弃的城市，还有一丝生命。那么，这个临阵逃跑的大西官员，竟可以随营携妻，可见职位很高。没有张献忠首肯，绝对不可能成行。

张献忠拍桌子打板凳，突然，侦骑入营报告：大营对面山上有清兵四五人，各骑骏马从山谷中迎面而来。因为这个侦察兵打断了他对逃亡官员妻子的讯问，张献忠当即大怒，斥责道："清兵怎么能到这里？"他突然怒不可遏，要将报信者杀头，幸好有人讨保，才未加罪。审讯继续，可是报告袭营的侦察者又来，前后有三次。

箭头直透其心

张献忠坐不住了，他起身来到马棚，注视着他的两匹西域良马，马背闪耀着缎子的辉光，静静伫立，但眼睛里似乎有云翳飞荡……他为什么要去马棚？因为他是希望从久经沙场的战马反应里，推测潜伏的危机。恰在这时，哨兵再次高呼：禀报敌情。

他问都不想多问了，动如闪电。不穿盔甲，不带长矛，也不携弓箭，只穿随身黄袍，没系腰带，随手抓起一柄短矛，飞身上马驰出营外，身边只有小卒七八人和一个太监紧紧跟随。

雾气正在缓缓消散，芭茅草在雾气里剑戟须张。站在太阳溪对面坡地上的豪格见对岸大营内跑出十来人，可是谁都不认识张献忠。刘进忠泛着死鱼眼睛，突然眼前一花……他指着对岸，那里出现了一个骑高头大马者，激动地对豪格说："这就是八大王张献忠。"

豪格知道，机遇来了。他急令身边的蒙古人神箭手觉罗雅布兰射之。雅布兰张弓搭箭……张献忠耳听八方，感觉到了什么异样，他微微一挪身，那洞穿薄雾的一箭，正中左胸，箭头直透其心。中箭的张献忠从马上一头栽倒在地，血流不止，后人说这叫"血沃凤凰"。

张献忠在一生征战中，受伤达七八次之多。其实，他还有一次严重愤怒下的自伤。柴小梵《梵天庐丛录》中卷里说，黄虎少时，常有目疾，又与人斗，右手伤去一根中指。后来起义，辄自夸曰："咱张老子一指天谁敢当者！"群雄因以"一指天王"称之。那是一次痛彻心扉的幼年体验。舍得一身剐，敢把皇帝拉下马。可是，现在自己就是马上皇帝啊。这一支利箭直接扎入了心肺，他突然觉得滚烫的回忆正在离开自己而去。

那一瞬间，他获得了异乎寻常的清醒，他的所有疑虑必须得到证实。他是猛士，攥住箭杆奋力拔箭，箭矢上的倒钩生生扯起了一大坨肉，他把箭移到眼皮下看了看，说了一句话："果然是清兵！"

当时清军的装备箭与明军不同。一般使用枪头箭、水箭、索伦箭、射虎鈚箭等，当然还有著名的齐鈚箭。全长二尺九寸，箭头铁制，呈平头铲形，长一寸七分，宽七分，杆以杨木制，羽以雕羽制。此种箭杀伤力很强大，可一箭切断对手动脉，直至血喷而死。

对于这一场景，历代文人没有放过。附会者写道：献忠此时高度概括了自己的一生："咱生在燕子岭，死在凤凰山。"

这是张献忠最后说的一句话，同样是"语谶"，也是他的遗言。

他鲜血喷涌，在地上乱滚，双脚如兔子一般乱蹬，痛极了。跟出来的太监见皇帝倒地不起，转身奔回大营。太监早已见过蜀王的绝望投井，如今见到了蜀王的掘墓人中箭了。他不得不高声尖叫："大王被射死了！"声音尖锐，却将笼罩凤凰山的雾气撕开，响彻大营。毫无准备的大营将士惊呆了，顿时大乱，不击自溃，鼠窜奔逃……

多尔衮的构陷

《清世祖实录》里，记录了顺治五年（1648）二月的西充之战："初击流贼张献忠时，护军统领哈宁噶被贼围，护军统领阿尔津、苏拜领兵往援，出之。阿思哈尼哈番希尔根实居后，不往救。及师还，又与阿尔津、苏拜争功，不决，下部讯问。护军统领噶达浑、车布尔俱供希尔根在后是实。于是部议希尔根冒功妄争，应论死。"此事上传到朝廷，多尔衮下令让兵部调查。护军统领噶达浑、车布尔都认为，希尔根落在最后是事实。于是兵部结论：希尔根冒功妄争是实，按军法应当斩首。同时，朝廷决定分别给多罗贝勒尼堪、固山贝子满达海以罚银三千两、两千两的处罚。

顺治四年（1647）八月，遵义、夔州、茂州、荣昌、隆昌、富顺、内江、宝阳诸郡县全都平定。四川的局势逐渐安定。由于四川连年战乱，社会生产几乎完全停顿，无法解决粮饷供应，豪格率军于顺治五年（1648）二月班师回京，顺治帝亲自到太和殿设宴慰劳豪格。睿亲王多尔衮与豪格素来存在嫌隙，顺治五年三月，肃亲王豪格遭到构陷而"犯事"。摄政王多尔衮主持朝中议论豪格罪状，就说到希尔根"冒功妄争"，豪格作为西征军统帅"将其冒功事，竟未议结"，这成为豪格一项罪状。不久豪格就因隐瞒其部将冒功、起用罪人之弟的罪名被下狱，豪格四月死于狱中，年仅三十九岁。

事实上，张献忠死后，局部遭遇战在老营之外的很多地方陆续展开。

大西将领高汝励当时据守三寨山（现南部县境内）。高汝励字献捷，榆林佳县人，原为明朝总兵，李自成入关后销声匿迹，不料他作为大西的部将出现在此。豪格派遣古朗阿，大破其众。这时，也有大西军率队前来增援。这就说明，大西军基层还有一定的战术维系。古朗阿奋勇直冲其阵，大西军阵被冲开，未几又复合，反而把轻狂的清军层层包围。古朗阿和瑚里布拼死反击，冲出包围。在大西军马队、步兵分三路进攻下，古朗阿与巴扬阿一同阵亡。但高汝励后来走投无路，投降了清军。

康熙十三年（1674）吴三桂叛乱，高汝励率部去救沅州。沅州城陷后，四川都抚举城投吴。高汝励锐意讨伐，又挥师北上。康熙十四年（1675）因随靖逆将军张勇（陕西洋县人）讨伐陕西提督王辅臣有功，特授总兵。康熙二十年（1681），吴三桂、王辅臣等俱被扫平，朝廷追论战功，授高汝励凤翔、宝鸡等处总兵及都督同知，后又调任贵州、安南驻防将军。晚年告归故里，病逝于家，后人为颂扬其功德，立碑祀之。

（本文原载于2019年7月18日、7月25日《华西都市报》

作者：蒋蓝　摄影：蒋蓝）

第三编

川督秘史

骆秉章与石达开的生死赌局

骆秉章（1793—1867），花都区炭步镇华岭村人。道光十二年（1832）进士，历任湖南巡抚、四川总督等要职，抚湘十载，位居封疆，治军平乱，功绩卓著。入川七载，剿灭蓝大顺、石达开，整饬四川官场，惠济四川百姓，1867年病逝于成都官署。清政府追赠"太子太傅"，入祀贤良祠，谥号"文忠"。和曾国藩、李鸿章、左宗棠、张之洞等人并称"晚清八大名臣"。

穿行于成都科甲巷，总能看见一方汉白玉碑。

伫立于青砖尽头，孤立突兀。即便在骄阳似火的七月，也显出一丝冷色调来。

大多数人不明白其意义之所在，以为这只是一块沉睡的石头。

如果细看上面镌刻的诗文，又会觉得这石头仿佛

骆秉章官像

有些生气——

"大道亦有道，诗书所不屑。黄金如粪土，肝胆硬如铁。策马渡岩崖，弯弓射胡月。"

这首豪气干云的《入川题壁》，是清末文人高旭假托石达开之名而作。

这样的假借，恰恰点中那段历史的死穴，从而浮出一个莫大的赌局。

日期：一八六三年六月十三日，午时。

地点：石棉洗马姑清军营地。

赌注：六千太平军性命。

下注者：太平天国翼王石达开、四川总督骆秉章。

下注方式：投降。

牢狱锁翼王

天下之事，局外呐喊无益，唯有躬身入局，才能体味生命成败之所在。

同治二年（1863）六月，成都科甲巷，按察使署臬台衙门监狱。一间阴暗的牢房，沉重的铁链锁着三个人。

屋子里没有别的颜色，只有死寂的黑。连夕阳照进来，都变成一种不吉祥的颜色。

狱卒端进一盘饭菜，摆下三双碗筷，屋内三人都没动，任凭食物的余温慢慢散去。

残阳从窗棂游进来，刚好照亮了一个身穿黄绸缎的人脸。他阴郁地站着，余光勾勒着英武的轮廓，人却像是远山上的冰雪雕塑。

他，就是"舍一命全三军"而被清廷诱降的石达开。身后，盘坐的两人，分别是宰辅曾仕和、中丞黄再忠。

他们跟随石达开一起被清军诱降，一同押送成都。不远的一间牢室，关押着石达开五岁的幼子石定忠以及恩丞韦普成等重臣。

石达开带领十万人马入川，几次血战，陷入紫打地的绝境后，太平军只剩六千人。他自投洗马姑清营，就是想换取六千人生存的希望。

夜阑卧听风吹雨，铁马冰河入梦来。回想起战场上的冲阵杀伐、金铁交鸣，石达开总是心神难定。梦里，一直都是太平军血流成渠、尸横遍野的景象。

梦魇似真，与骆秉章第一次在审讯中见面，石达开就预料到了部下的命运。

作家蒋蓝在《一个晚清提督的踪迹史》中提到，骆秉章与时任成都将军的完颜崇实，总共会审石达开三次。

这位赫赫有名的四川总督，身材瘦削，略带病容，问讯时话语较少，但老辣之气咄咄逼人。

从两湖到四川，骆秉章一直都保持着杀手的本色：手中无刀，却有十余种方法夺人性命。

与太平军鏖战的十二年里，他伏击南王冯云山、炮击西王萧朝贵，永安分封的六王，两位先后折于他手。

三次审讯完毕，石达开大抵知道，自己舍命全军的想法太过幼稚。

风云卷巴蜀

三十二岁的石达开，只是一个入局者。七十岁的骆秉章，才是这个大赌局的操盘手。

同治元年（1862），石达开经湖北入川，"真天命太平天国神圣电通军主将翼王石"的杏黄大旗，誓要席卷巴蜀大地，搅动巫山风云。

四进四川，血战川南，迂回云贵。最后一次入川，他的计划是渡金沙江至四川会理，从宁远府（西昌）北进，以窥四川腹地。若时机成熟，经雅州（雅安）直捣成都。

同治二年（1863）三月，石达开率军渡过金沙江。《西昌县志·兵寇志》

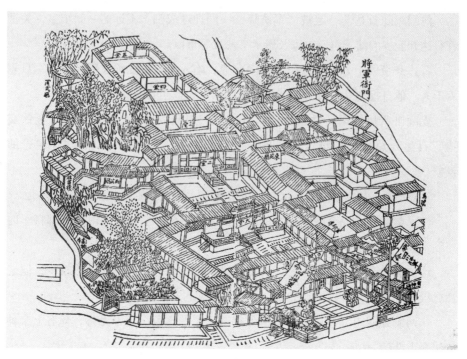

清代少城将军衙门图景　郑光路供图

记载："三月十四日至河西，十五日抵樟木箐驻扎，纵横二十余里。十六日官兵渡安宁河与战失利，十八日官兵大败。"

　　四月末，石达开带领部队从樟木箐出发，经冕宁，直奔越嶲（今四川越西）向大渡河而来。裹挟着攻城拔寨的锐气，石达开又泛起重振太平天国的念头。越嶲是一个彝、汉杂居的地方，地势险要，土司的武装不容小视，所以他事先送礼给彝族土司岭承恩和王应元，求他们让道。

　　《凉山历史上的"长毛乱"》指出，当时，安顺场是越嶲北境的一个市镇，属于越嶲土司王应元的管辖地。它北阻大渡河，西临松林河，东南是层峦叠嶂的高山，形势险恶，是一个极易遭到包围和伏击的地方。这里的河面宽阔，水流湍急，渡河时，通常都需要由渡口沿岸逆流而上几十丈，然后以三十度的斜角顺流而下，船只像箭一般斜冲到对岸。

　　岭承恩和王应元，正是骆秉章率先布置的两个重要筹码，从安顺场到老鸦漩，再到紫打地，正是这两位土司，一步步带领石达开陷入绝地。

四月初，骆秉章就得到泸定桥巡检文策三通过建昌道转呈的密报，当地土司头人已收下石达开的贿赂，有借道放虎归山之嫌。

收买人心，恩威并用。骆秉章当即承诺给予胜过石达开数倍的金银和独霸一方的权力，并密令王应元和岭承恩"假降"石达开。

探子刺行踪

布下一个局，要赢得万无一失，还得有制胜秘器。

孙子兵法云：夫地形者，兵之助也。料敌制胜，计险厄远近，上将之道也。知此而用战者必胜，不知此而用战者必败。

骆秉章深知，若不深诸敌我地形，不能料敌先机，决胜千里之外。

四月的成都，还有森森凉意，总督衙门军情已是雪片飞来。

成都将军完颜崇实，摇摆着肥胖的身子，惊慌地跑到来喜轩："骆督，石逆已奔越嶲，欲越大渡河。"

来喜轩，乾隆时期川督文绥所建，时种樱花两株，一枯萎，一壮硕，如今已碗口般大。

"将军稍坐，看茶观樱。"骆秉章说话，不疾不徐。

完颜崇实抹着额头细密的汗珠，哑声道："骆督……"骆秉章摆摆手，望着总督清癯的背影，崇实只得老实坐着。

来喜轩不大，室内空间几乎被数十张小方桌挤满，每张小桌上贴着一处四川城邑地图，骆秉章在小方几中来回踱步。

看着这满屋的地图，崇实油然而生敬畏之意。骆督挂图作战，屡显神奇，他是见识过的。

骆秉章在来喜轩布置的地图，每一块就是一处城邑，合起就是四川的鸟瞰图。公务闲暇，他反复浏览，一山一水，道路要塞，全都融会于胸，指挥作战运筹帷幄。

据清末周询《蜀海丛谈》记载，一日，幕僚报合江抓住一巨盗，奉命押解来成都受审，已出发。骆秉章正在浏览该处地图，突然以掌击桌，下两道命令：一游击带兵到某处，将巨盗就地处决；一游击到某处伏击劫寇。待处决巨盗的游击回程途中，劫囚之寇已被伏击伤亡过半，大家这才明白总督用兵之神。

紧盯着大凉山越嶲的区域，良久，骆秉章令幕僚给越嶲土司王应元去一封密函，"破贼以后，所有资财，悉听收取"。同时，"解银千两分赏松林地土千户机邛部土司岭承恩等"。

至此，骆秉章的局已是严丝合缝，石达开的北面有重庆镇总兵唐友耕的大军，西面是王应元的土司武装，东面是岭承恩的彝人部队，南面则有清兵越嶲营参将杨应刚堵守。

在这个铁桶似的围剿战阵里，唐友耕是骆秉章最倚重的主将，分扼大渡河十三个渡口，以防石达开突出重围。

早在石达开撤退时，经骆秉章授意，雅州知府蔡不钟分遣心腹，收买耳目，化装成难民刺探石达开行踪。并沿途留下记号，使得后续部队总能咬住石达开的尾翼。

这样的探子安插，石达开浑然不觉，还陷在两位土司的迷魂汤里不能自拔。

杀气逼人心

会理、冕宁之间，有一个漂亮山谷，名紫打地。

谷底开阔，绵亘数十里。谷中有一条大溪流松林河，南北两山皆壁立千仞，东西谷口仅羊肠一线。

一到五月，高山杜鹃从河谷一路蜿蜒上附近的险坡，甚是壮观。

土司王应元和岭承恩派出的向导策马在前，带领石达开由西口进入。待所有人马入谷，向导借口前面有险峻之地，前去探路而脱离大部队。

山谷的东口早被王应元和岭承恩砍伐的巨大树木、推下的巨石堵塞。西口也如这般，无路可循。

石达开才知陷入绝地，粮草吃完，只得吃草根树皮。四万人的部队，大多活活饿死，只剩六千人。

唐友耕派重兵在东西谷口威胁，石达开已是穷途末路，提出议降。在给四川总督骆秉章的信中，石达开如此写道：

"窃思求荣而事二主，忠臣不为；舍命以全三军，义士必作。缘达生逢季世，身事天朝，添非诡士，不善媚君，因谗潜而出朝，以致东奔西逐；欲建白于当时，不惮旰食宵衣。祗以命薄时乖，故尔事拂人谋，矢忠贞以报国，功竟难成；待平定而归林，愿终莫遂。转觉驰驱天下，徒然劳及军民；且叹战斗场中，每致伤连鸡犬。带甲经年，人无宁岁，运筹终日，身少闲时，天耶？人耶？劳终无益；时乎？运乎？穷竟不通。阅历十余年，已觉备尝艰苦；统兵数百万，徒为奔走焦劳。每思避迹山林，遂我素志，韬光泉石，卸余仔肩；无如骑虎难下，事不如心，岂知逐鹿空劳，天弗从愿。达思天命如此，人将奈何？大丈夫既不能开疆报国，奚爱一生；死若可以安境全军，何唯一死！

"达闻阁下仁义普天，信义遍地，爰此修书，特以奉闻。阁下如能依书附奏清主，宏施大度，胞与为怀，格外原情，宥我将士，赦免杀戮，禁止欺凌，按官授职，量才擢用。愿为民者，散之为民；愿为军者，聚之成军，推恩以待。布德而绥，则达愿一人而自刿，全三军以投安；然达舍身果得安吾全军，捐躯犹稍可仰对我主，虽斧钺之交加，死亦无伤；任身首之分裂，义亦无辱。唯是阁下为清大臣，肩蜀重任，志果推诚纳众，心实以信服人，不蓄诈虞，能依请约，即冀飞缄先覆，并望贵驾遥临，以便调停，庶免贻误。否则阁下迟以有待，我军久驻无粮，即是三千之师，优足略地争城；况数万之众，岂能束手待毙乎？特此寄书，唯希垂鉴。"

据说，石达开把信写成后，用箭射入驻守在大渡河对岸的清朝四川重庆镇总兵唐友耕的军营中。但此信到底是被唐友耕藏匿还是快马送达骆秉章之手，历史没有记载。

石达开提出赦免太平军将士，按官授职，量才擢用。愿为民者，散之为民；愿为军者，聚之成军。

清末周询《蜀海丛谈》记载，投降的协议达成后，石达开亲自督促妻姜子女十余人，跳进波涛汹涌的松林河自尽。

也有野史传闻，议降前夜，石达开派出两名武功高强的侍卫，带着王娘刘氏和儿子石定基，攀岩逃出，就此不知下落。

受降之后，唐友耕派重兵押送石达开前往成都。同治二年（1863）六月二十七，石达开在四川总督大堂受审。

"就死之日，成都将军为崇实与骆文忠同坐督署大堂，司道以次合城文武咸在。石及两王跻堂，为设三拜垫于堂下。三人者皆跏趺坐垫上。其头巾及靴褙皆黄缎为之。惟石之头巾上，加绣五色花。两王则否。盖即章制之等威也。清制，将军位在总督之右，骆故让崇先问。崇语音低，不辨作何语。只见石昂头怒目视，崇顿气沮语塞。骆始言曰，石某今日就戮，为汝想，亦殊值得。计起事以来，蹂躏数省，我方封疆大吏，死汝手者三人。今以一死完结，抑何所恨。石笑曰，是俗所谓成则为王，败则为寇。今生你杀我，安知来世我不杀汝耶。遂就枷。石下阶，步略缓，两王仍左右侍立，且曰：'仍主帅请前。'"

石达开行刑之地有五种说法：科甲巷的桌台监狱、上莲花街的督标箭道、北校场、督院街口、东校场口。四川省文史馆馆员李殿元、张绍诚均认为，行刑地可能还是在科甲巷的桌台监狱。

选择凌迟之地，骆秉章是有考量的。当时已风闻有太平军来成都的消息，恐夜长梦多，遂上报朝廷就地处决石达开。

行刑之时，"天色昏暗，密云不雨"。从凌迟的第一刀到最后一刀，石达开均默然无声。观刑的四川布政使刘蓉很是敬佩，"枭桀坚强之气溢于颜面，不作摇尾乞怜语。临刑之际，神色怡然，是丑类之最悍者"。

两段秘闻

鸩杀石达开之子

这段历史已经过去一百五十四年，石达开一直是一个英雄般的存在，而骆秉章却像是飞翔在黑夜的蝙蝠，带着嗜血的巨齿，隐匿于黑幕。

石达开请降后，其部下缴械投诚。骆秉章发路票遣散老幼孱弱四千余人，尚有两千余精壮安置在大树堡寺庙，清军一晚上将他们全部剿灭，无一幸存。

就连五岁的石定忠，在石达开就义后，也被官府秘密杀害。费行简在回忆文章《石达开在川陷敌及其被害的事实》中记载，翼王就义之后，"定忠自不见其父，日夜啼哭，由杨重雅建议，以布包石灰堵口鼻压毙之。未毙前，牢卒谢福以实告之。'我死可见父乎？'谢福答：'正好见于天上。'定忠遂破涕为笑"。

一个五岁孩子的死，是让人心颤的。如果没有骆秉章授意，四川按察使杨重雅怎敢擅下杀手？

被遣散逃离的太平军一直消失于史迹之中，只有些偶尔的零星传闻不时在民间散播。根据1963年编印的《四川彝族近现代史调查资料选辑》记载，直到现代，四川大渡河沿岸石棉、甘洛、越西、金口河、峨边等地尚有太平军战士后裔数千人之多。

翼王之印的下落

石达开的大量珍贵物品，包括翼王剑、翼王伞、翼王旗、翼王印等归唐友耕所有。值得一说的是神龙见首不见尾的翼王金印。

在天国前期六王中，翼王金印规格最小，这是一方乌金印，长六寸二分，宽三寸一分。唐友耕把这颗大印的字迹磨掉，但字迹又没有完全磨蚀。主要是害怕授人以柄，说他保存翼王印鉴，有图谋造反之心。后来唐友耕将之传给儿子唐百川。民国时，这枚金印曾陈列于成都通俗教育馆展出，引起轰动。

所谓树大招风，刘文辉手下地痞团长石肇武得知后，绑票唐百川，逼其交出翼王金印。由于石肇武很快被枪决，印鉴由其夫人龚淑芬保存，但龚淑芬和这枚宝贵的金印后来不知所踪。

（本文原载于2017年7月20日《华西都市报》
封面新闻记者：仲伟　骆秉章研究会供图）

广州花都
骆秉章的家族荣耀

在广州花都，四川总督骆秉章很"红"。

华岭村，因骆宾王的耳孙在此开山栖息而得名，还因骆秉章在此出生而闻名天下。

华岭村，保持着骆秉章的名望、遗训、家风，历经两个世纪的风雨浸润而不变色。

花都的夏季，长约五个半月。这样的夏日里，骆秉章研究会秘书长、作家刘浪很忙，他正在撰写一篇有关骆秉章家族密码、传世好家风的文章，采访对象遍及广州、佛山及香港，"近四万字，涉及骆氏家族近百人"。

2017年7月24日，在广味普通话和椒盐普通话的交流中，隐现一个政坛巨擘的铮铮铁腕，显现一个封疆大吏的家族荣光。

一个女人背后的副将

罗曼·罗兰说，一个贤淑的女人是尘世的天堂。

而慧姑恰恰是不贤淑的，她早已坠入风尘，而且还被督标中军副将陈八仙据为己有。

咸丰十年（1860）四月，老成都柿子园。暮春天里，突然多了几日暴热，令人措手不及。

还穿着棉袍的慧姑，倚在窗子边发呆。院子里的栀子花，似乎闻到了夏天的气息，悄悄裸露出丁点花蕾。

时近晌午，慧姑叫丫鬟招弟带上十两银子，让门外的轿夫抬去科甲巷的臬台监狱。她们去探访关押在此的陈八仙，看看能不能找到一丝活路。

曾经凶悍跋扈的陈八仙，是被四川总督骆秉章逮捕下狱的"成都首恶"。

要见这样的重犯，很难，因为新增湘军把守，十两银子也只能打通关节，传个话而已。陈八仙传出口信，让慧姑去找丰和当铺大当家的，取一万两银票，设法见成都将军完颜崇实。

成都将军衙门位于长顺街口，如今是金河宾馆，几经修缮、规模宏大。最初的成都将军"控驭番地、兼精文武，其体制与总督无异"，所以将军衙门的建筑十分考究。同治年间，崇实扩建门庭后，大门前设高大的照壁，两旁有东、西辕门，分别悬挂"望重西南""声敦中外"的巨匾，大堂前矗立牌坊一座，上题满汉文对照"控驭岩疆"四字。中轴线上有头门、仪门、大堂、二堂、三堂、四堂、五堂。仪门内有文、武巡捕房，二堂两侧为东西花厅，右后侧设演武厅，左侧有升官祠。

揣着一叠银票的慧姑，在威严庄重的将军衙门前心下惶恐，不敢提"陈八仙"三个字，拜帖上只敢写上已故知县秦某之女。

不久，一个师爷模样的人出来，对慧姑说，将军晓你来意，陈八仙犯下重罪，已无活命机会，你赶快走吧。

临去时，师爷小声说："将军知你是官宦小姐沦落风尘，趁有余金，扶你父之灵柩回乡吧。"

次日，慧姑收拾行装沿锦江南下，经夔州顺流而下回湖南岳阳去了。

正是在这天，陈八仙被骆秉章下令处斩。

整治四川官场，骆秉章初显霹雳手段。陈八仙一案之前，骆秉章已请旨革职查办四川布政使祥奎。据清末周询《蜀海丛谈》记载，按清制，布政使为各省文官领袖，武官则督标中军副将。祥奎以贪婪著称，人称"黄金贼"。

骆秉章敢于拿下这样的贪官，在那个时代是罕见的。而其初次入川，从南充到成都的六天里，沿途锄强暴、清内奸、惩贪官，诛杀百余人。这样的气魄，已是侠客行径，光芒闪动间，恍若惩奸除恶的绣春刀。

两个马前卒的命运

老成都的五月，从没见这般的热。

东大街恒德昌银号，来了一位管家模样的客人，穿着厚夹袍、笼着袖子，一脸的汗。

但进了门，掏出的厚厚银票令大当家咋舌，户部官票和大清宝钞厚厚一摞，计四十万两，汇费都是一万六千两。

管家走了，大当家的看轿子，像将军衙门的。确如银号老板所猜，这是成都将军崇实的管家，银两汇往北京。

完颜崇实，满洲镶黄旗人，河道总督完颜麟庆之子。骆秉章到任四川之前，他把持一方，中饱私囊，捞的银子不少。

《清代四川财政史料》指出，四川将军崇实，极爱阿堵物，所积银由票号（兑）汇之都中，不知多少。但闻票号主人云，年来将军汇费银十三万两。据此推测，则不止二三百万两。

在捞钱的金字塔里，顶端坐着的是崇实，脚下是中军副将陈八仙，再之下就是隆昌知县魏元燮。魏元燮与陈八仙是铁哥们，陈八仙的勇丁在隆昌抢劫，魏元燮睁只眼闭只眼，御史风闻奏事。

同治元年（1862），给事中赵树吉参奏隆昌知县魏元燮贪赃枉法，纵容陈八仙勇丁在该县肆行抢掠。上谕交四川总督崇实查明参办，不料，崇实在骆秉章入川之时卸任。此案竟成为悬案一年多，更为蹊跷的是，此案提交发审局研讯，委员吴云程、罗廷权竟私下袒护，不仅未将魏元燮家丁提质，还对人证多方阻挠，欲将魏元燮的赃款全部"洗白"。

骆秉章到任后，此案才被彻查。同治三年（1864）七月十四，内阁发出上谕，魏元燮发配新疆，充当苦差，永不赦免。

广东佛山骆秉章墓

牺牲了两个马前卒，崇实倒安然无事。旗人不置产业，不做生意，私银隐藏极密。对于崇实这样的老江湖来说，风闻骆秉章入川之时，他早准备好一把凌厉的大锤，打掉脆弱的铁屑。新总督来了，你看，我又是一把锋利的钢刀。

换了一张面具的崇实，一直敬畏骆秉章，处处以弟子自称。这样的谦恭，也保其晚年无虞。后升任盛京将军，五十七岁去世。

"诸葛小亮"一飞冲天

刘浪的朋友圈里，关于骆秉章研究会的文字不下二十万字。庞大而翔实的记述里，"诸葛小亮"刘蓉，堪称骆秉章诱降石达开、整治贪官的智囊。

刘浪介绍，骆秉章在选人用人上一直颇有口碑，除了提拔左宗棠广为人知外，其次就要算刘蓉。

这位与曾国藩有儿女亲家关系的湘乡人原来是曾府幕僚，后因弟弟刘蕃战死和父亲去世回乡家居多年。咸丰十年（1860），左宗棠被迫离开湖南巡抚幕府，举"诸葛小亮"刘蓉自代。次年正月，刘蓉随骆秉章入川，充当高参，获得高度信任。

骆秉章认为刘蓉"人本抗直，遇事敢为，措施不避嫌怨，僚属每怀严惮"，便在离湘入川作战时，排除门第之见，保举他当了四川藩司。如同信任左宗棠一样，骆秉章秉承疑人不用、用人不疑的一贯作风，将一切军政事务悉交刘蓉处置。

刘蓉办事勤力，成效显著，不久骆秉章又保荐他担任了四川布政使，名正言顺地主持总督府的大小政事，剿灭石达开部后，骆秉章又力荐刘蓉担任陕西巡抚，升迁之快，连曾国藩也感叹刘蓉"一飞冲天，较李（鸿章）、彭（玉麟）诸公尤为破格"。

道光二十二年（1842）十月十八日，曾国藩写下《怀刘蓉》：我思竟何属？四海一刘蓉。具眼规皇古，低头拜老农。乾坤皆在壁，霜雪必蟠胸。他日余能访，千山捉卧龙。

卧龙之才，是对刘蓉的精准描述，也是对骆秉章慧眼识才、知人善用的褒扬。

和平街小学上的凝望

2017年7月25日，在曾经的骆公祠，如今的和平街小学门外，恍然而有莎士比亚式的叹息："时间正像一个趋炎附势的主人，对于一个临去的客人不过和他略微握握手，对于一个新来的客人，却伸开了两臂，飞也似的过去抱住他；欢迎是永远含笑的，告别总是带着叹息。"

刘浪说，2014年5月，他们曾到四川寻访过骆秉章遗迹遗存，时任成都市地方志办公室编纂处处长赖立感慨地说："你们终于来了。"

刘浪一行到过都江堰、大渡河边，也到过成都市和平街小学。跨越一百多年时光的交错，这是怎样的一种凝望？

20世纪50年代，和平街小学操场左边仍保留一个较大的池塘，占地十余亩，大家叫它"洗马池"，因蜀汉五虎上将赵云常在此池洗刷战马得名。

《成都街巷志》记载，和平街最早名为子龙塘街，因有三国赵子龙洗马之处"子龙塘"而得名。

骆秉章病逝后，辕门外鸣响九炮（清制，官殁于署者，终时按惯例鸣炮），全城父老听到炮响，皆痛哭不已，在总督衙门外设一棚，供骆公神位，每天有千百人头缠白布，叩拜于地。满城人家揭去红纸门联，换上白纸，上书哀恸之词，有如国丧。骆秉章灵柩由水道回广东，所经四川城镇，百姓绅士两岸膜拜，香火千里不绝。

这样的民望，源于他吏治清明、两袖清风，加富人之捐输，减百姓之赋税。

皇帝下旨在四川建立骆秉章专祠，骆公祠就建于子龙塘街，花木亭台极盛。每年元旦开放，十五闭祠。此半月中，百姓瞻仰遗像，络绎不绝，沿袭数十年。遗像大小各一，小像尤其相像。祠柱有骆公晚年自挽一联："十载忝清班，由翰、詹、科、道而转京卿，奉使遍齐州、汴州、吴州，回首宦途如梦幻；廿年膺外任，历鄂、黔、滇、湘以莅巴蜀，督师平李逆、石逆、蓝逆，殚心戎务识时艰。"

骆秉章贵为一方大吏，政绩显赫，却是身家孤寒。他逝后，成都将军崇实问其侄孙治丧情形。其侄孙拿出骆秉章所有家当，余银八百两，每封都有藩司印花，证明全是工资。崇实大为感动，最后奉旨赏银五千两治丧，其侄孙方才有能力扶柩回乡，后将骆秉章安葬于佛山南海罗村。

后人捐资修复家庙

历史从不曾遗落什么，只是看我们从先辈那里捡拾到什么。

骆秉章后世子孙主要分广州、佛山两支，直系子孙三百人左右，香港、上海、武汉和海外亦有零散分布。

骆鼎，骆秉章六世孙，骆秉章研究会会长。现居广州花都，从事纺织制造业，是当地有名望的企业家。2013年，他个人出资一千五百万元，在炭步镇华岭村修复光禄大夫家庙。

骆秉章六世孙骆鼎手捧官像，缓步进入家庙

7月24日，说起捐建家庙以及成立骆秉章研究会的缘由，骆鼎笑言："从后人情感上来说，可能是秉章公冥冥之中安排的吧。"

最深的原因，于公，当然是传承当地先贤文化；于私，还是传承骆氏家风门风。骆鼎说到了一件事，秉章公任四川总督时，花县骆氏族人为了编族谱，千里迢迢前往成都请他作序，一生历经战争匪患，生死荣辱的老人在这本《花峰骆氏谱》序中写道：毋以智欺愚，毋以强凌弱，勿倚贵而骄贱，勿挟富而轻贫，勿以大而压小，勿以卑而侮尊，痛痒相关，庆吊心及，患难必救助，病疾相扶持……

这座家庙，始建于清同治五年（1866），是同治皇帝钦赐给骆秉章的。旧家庙历经动乱，曾遭日本侵略军烧毁，只遗留下皇帝钦赐的两座石狮子和一块顺德名士梁九图题写的门额。

一百五十年的岁月沧桑中，华岭村的村民始终对这座家庙心存一份崇敬，心怀一份念想，他们不但以各种方法，尽可能地保存了家庙散落的各种石料构件，打消了外来人员对家庙文物的觊觎，还相互提醒和鼓励，要重建家庙，恢复家族的昔日荣光。

2017年3月13日，骆秉章五世孙、八十五岁的骆筠郿，将几代人接力保管一个半世纪的骆秉章公官像捐赠给新建的光禄大夫家庙作为收藏，在恭迎官像回归故里的庄重仪式上，五十六岁的骆鼎一脸虔敬，双手将红绸包裹的卷轴官像捧于胸前，一步步走入家庙。

当卷轴徐徐打开，画像跃然而出，一个器资魁伟、风采严明的四川总督，端坐堂上。

画像中的骆秉章，微笑不语，安然于历史之外。

的确，这里已没有枭雄之搏，也没有晚境孤寒，只有乡情眷眷，族人守望。

既然，魂归故里，且做一个欢乐英雄！

（本文原载于2017年7月27日《华西都市报》

封面新闻记者：仲伟　骆秉章研究会供图）

风雅总督吴棠
引昆曲班入川

|人物简介|

吴棠（1813—1876），字仲宣，号棣华，安徽盱眙县（今属江苏）三界镇（今安徽明光市三界镇）人。吴棠是清朝镇压捻军最著名的地方守令之一，因守城有功，政绩卓著，于咸丰十年（1860）补徐海道，旋授徐海道员。咸丰十一年（1861）擢江宁布政使，同治二年（1863）实授漕运总督，三年署江苏巡抚，次年署理两广总督。同治七年（1868）调任四川总督，后署成都将军。光绪元年（1875）因病奏请开缺。二年（1876）正月奉上谕准其开缺，同年病逝于安徽滁县（今滁州）西大街吴公馆。著有《望三益斋诗文钞》《望三益斋存稿》，现藏南京图书馆古籍部。

情不知所起，一往而深。惊觉相思不露，原来只因已入骨。

吴棠

2017年7月29日，成都市文化馆，浸润于江南的吴侬软语中，就像一场隔世幻梦。《牡丹亭·游园惊梦》片段，于7月29日、30日，分别在成都市文化馆和蒲江明月村上演。

这是苏州昆剧院的成都之行，一袭水袖丹衣，一曲醉人惊梦。昆曲入川，牡丹亭下一缕芳魂，已悄然穿越一百四十九年。

同治七年（1868），四川总督吴棠，携一班昆曲科生入川，"舒颐班"就成官场享乐之消遣。可惜，川人不谙吴语，久而生厌。1911年后，舒颐班因难以为继而解体星散，名角周辅臣、苏一凤改搭川班。

风雅川督吴棠，引一段梨园佳话，却留一段残败苍凉。

玩音乐的"抄手总督"

成都的7月，天气从未这般诡异和暴热。

一到傍晚，阴沉的云卷着密密的黑，压抑着空气，不时伴随惊雷和闪电。

红星路二段70号楼顶，有一丝风，但俯瞰华兴街口的悦来茶园，说不出的沉闷。

四周高楼林立，悦来茶园和锦江剧场，谦卑地伫立于灯火繁华之中，显得渺小。

小，是地表上的视角意义，但它的内里别有韵致。

吴棠的官家戏班——舒颐班，最后的命运终结于此。如今的悦来茶园内堂，还竖立着这段历史的见证——"三庆会旧址"的雕花木刻。

拜雅特在《隐之书》中说："如果待在你炽热的光里太久，我一定会枯竭，然后渐渐逝去。"

川剧著名戏班三庆会演出的旧址

如果把这句话定义为舒颐班和吴棠的隐喻，它就包含着戏剧的生长哲理，没有合适的生存语境，任何灿烂的艺术都会枯萎。

吴棠入川，恰逢四川的安乐之年。

前任总督骆秉章剿匪肃贪，四民乐业，吏治清明。吴棠自谓才识难比骆公，凡事墨守成规，不作更改。

清末周询《蜀海丛谈》中记载的吴棠，把自己定义为风宪官："一省政权，应出自藩、臬两司，总督监察于上，有舛误者纠正之，贪劣不职者参劾之，不必事事过问也。以故节署机务清简，日惟从容坐镇。"

直白地说，就是："我高高在上，监察百官、纠劾不法就可以了。藩司、臬司主管一省政权，我不必事事过问。"

这样当总督，当然很闲，有大把时间玩。用四川话来说，他就是"抄手总督"。

"抄手"，表示一个人无所事事、不作为，把手都抄起来了。李劼人在《大波》中写道："管他怎么样，总比卖抄手的好！"

所以，吴棠每天上班的时间安排相当松弛，每天早晨接见下属官吏，听他们汇报完毕，就开始批阅公文，指示幕僚向朝廷写奏章。

一到午时，就打卡下班，召舒颐班到官署演剧。

吴棠妙解音律，还喜欢在官署内的习静园与同有爱好的幕友，吹笛谱曲玩音乐。"俺曾见金陵玉殿莺啼晓，秦淮水榭花开早，谁知道容易冰消！眼看他起朱楼，眼看他宴宾客，眼看他楼塌了！这青苔碧瓦堆，俺曾睡风流觉，将五十年兴亡看饱。"

昆曲之中，《牡丹亭》《长生殿》《桃花扇》，为古代戏曲文学不朽之作，吴棠尤爱《桃花扇》。

苏州昆剧院青年演员刘煜、吴嘉俊演出
《牡丹亭惊梦》一折　摄影吴孟岭

桃花扇是侯方域、李香君定情之物。孔尚任以此记录着男女主人公的沉浮命运，又用它勾连出形形色色的人物活动。

一把纤巧的扇子，不仅串络着纷乱的历史人物与事件，也为居于蜀地的吴棠扇动着久违的乡情浓语。

昆曲入川与士绅文化

2017年7月30日，跳蹬河附近的沙河丽景小区，绿意森森，包围着窗外的景致。

四川省川剧音乐专业委员会副主任兼秘书长彭潮溢的书房里，琳琅满目的戏曲音乐书籍大多泛黄。关于吴棠的记载，仅有两段史料。

对于舒颐班、三庆会，以及苏昆之于川昆的演变，他娓娓道来，仿若一幅

悦来茶园的演出剧目牌

漫谈的曲艺画卷。

彭潮溢说，满人入关，八旗子弟为官，非常注重汉文化的发展。苏昆有富丽华美的演出氛围，附庸风雅的刻意追求，完全摆脱了市井文化，特别受宫廷宠爱。昆曲作为士绅文化的代表，堂而皇之地进入官衙，受到地方名流的追捧。

乾隆时，川陕总督岳钟祺与四川总督福康安，都善养歌舞伶人，搬演昆曲，用于宴乐助兴。

但在民间，昆曲零星散落，不成气候。据民国初的《蜀伶杂志》载："康熙二年（1663），江苏善昆曲八人来蜀，俱以宦幕寓成都江南馆合和殿内，时总督某亦苏人，因命凡宦蜀得缺者，酌予捐赀，提倡昆曲，以为流寓蜀中生计，蜀有昆曲自此始。然初仅此邦（帮）宦幕坐唱而已。"

对于新鲜事物，成都人乃至川人，都保持着天然的热度。但昆曲是个例外，走在大众生活的半途就自然夭折。

外因的压迫，挤占了昆曲的生存空间。嘉庆四年（1799），爱新觉罗·颙琰下旨，"嗣后各省督、抚、司、道署内，俱不许自养戏班，以肃官箴而维风化"。

彭潮溢说，昆曲入川生存的基础，就是官办文化，它的思想、韵味、唱腔都适合官绅口味。陡然跌落民间，星火渐灭。

这就是艺术的尴尬，往往在前进的途中，逐渐树影凄凉，花蝶匿迹，果实无存，最后到达一个荒漠。

同治七年（1868）后，吴棠的到来，又为荒漠种植了一片绿。梨园子弟白发已新，忆起当年节楼歌舞盛况，不胜唏嘘。每到午后，总督署内，冠裳会集，舒颐班献技，但见谢傅风流，遏云绕梁。

但舒颐班大多为总督服务，观众不变，剧目更换就慢。彭潮溢说，因为它的唱词唱腔太文雅，听者不仅要有江浙一带的语言基础，还要有曲牌基础和文化基础，老百姓很难懂得起。

没有传播力，就没有生命力。眼看舒颐班的日子举步维艰，吴棠以舒颐班曲高和寡，考虑戏班几十人以后无法养活自己，以乡党的名义集资为戏班购买良田百余亩，并以江南会馆为常住地。

昆曲在此授受相承，先后经历了同治、光绪、宣统年代以及辛亥革命，确实也出了一两代名角，但1911年后，舒颐班还是解体星散。"资阳河"流派名丑乐春遂邀请昆曲"舒颐班"名净周辅臣、名旦苏一凤、名场面赖家祥等入"雁江大名班"，引进大批昆曲优秀剧目，移植为川剧高腔。

昆曲入川的演变，也变相折射川剧的演变。彭潮溢说，辛亥革命后，成都艺人自发组织了川剧班社"三庆会"，汇集当时包括昆腔、高腔、胡琴、弹戏、灯戏五种声腔的"长乐班""宴乐班""舒颐班""彩华班"等部分演员，共一百八十余人，行当齐全、名角荟萃。先后公推康芷林、杨素兰、萧楷臣等任正副会长，结交社会名流，排演新戏，培养演员，保留了一批"窝子戏"，如《离燕哀》《金钗细》《意中缘》等。

"三庆会"前后活动达三十余年，这就是悦来茶园的前身。"三庆会遗址"的木刻，摆放于茶园内堂，意义也在于此。

吴棠是贪官还是清官？

唐朝文学家韩愈说："因循二字，从来误尽英雄。"

在晚清的官场里，吴棠是一个不折不扣的守旧派，特别是督川七年，建树甚少，只有创建尊经书院，稍显一点政绩。

尊经书院成立于同治十三年（1874），由川籍洋务派官僚、当时退居乡里的工部侍郎薛焕等十五人倡议，四川总督吴棠与四川学政张之洞筹划，在成都南校场石犀寺附近修建，以"通经学古课蜀士"。书院山长中，王闿运无疑是最出名的，其弟子宋育仁、廖平也成为世之名士。

吴棠的前半生还是可圈可点，战捻军、理漕运，锄强扶弱，体恤民情，是一员能吏，也是一员廉吏。

《清史列传》记载："（咸丰）四年（1854），太常寺少卿王茂荫疏荐人才，称棠捕盗认真，士民称颂，上命杨以增察看。以增称棠实心任事，始终不懈。得旨免补知县，以同知、直隶州即补，并赏戴花翎。"王茂荫疏荐人才时称吴棠"捕盗认真，士民称颂"一事主要发生在吴棠署邳州知州期间。

贡发芹在《王茂荫与吴棠的君子之交》一文中有详细描述。咸丰二年（1852），邳州大水，岁荒盗炽，由于吴棠在清河县知县任上严禁胥吏苛派，严禁赌博，严治盗贼，政绩称最，因此清廷委派吴棠署邳州知州。吴棠认为盗亦赤子，积恶者必锄，协从者宜解散也。履任后，亲率壮丁，按名指获，置诸法。设局倡恤，收养弃婴两千余名，深受士民称道。

咸丰帝对王茂荫的疏荐比较重视，当即降旨交"杨以增察看"。杨以增任江南河道总督，驻清河。因吴棠在桃源、清河、邳州任上治河有功，特别是丰口漫堤，多亏吴棠丰功出力，杨以增曾多次上疏保举，此次王茂荫疏荐吴棠，咸丰帝降旨交其察看，正合杨以增心意。当即上疏，称赞吴棠"实心任事，始终不懈"，又一次让吴棠"天子知名"，开升迁之坦途。

咸丰三年（1853）初，吴棠又回任清河县令，时值太平军、捻军风起云涌，反清杀官、声振华夏，清廷摇摇欲坠之际。吴棠带兵征战于徐淮之间。时太平军攻占扬州，遂有屠城之难，消息传来，淮人纷纷迁移。一时贵者叹于室、富者犹于门、贫而强者喜于道。吴棠诳称清廷大军将至，人心稍安，迁者多返。吴棠在地无城郭、手无兵柄情况下，徒以忠义号召，会同乡绅鲁一同招集乡勇，倡办团练，申明纪律，乡镇立七十二局，不数月间，会者数万人，首尾相连，合力防御，声威大振。

据郭应昭《吴棠智造清江浦城》披露，咸丰十年（1860）捻军李大喜、张宗禹率部二万余众，攻克清河县清江浦（今淮安市区），击毙淮扬道吴葆晋、副将舒祥等，河督庚长等逃往淮安府城。吴棠临危不惧，招集乡勇，驻军瓦砾上，亲自在清江浦北圩上督战，终击退捻军。吴棠因守城有功，政绩卓著，于当年补徐海道，旋授徐海道员（四品官）。

咸丰十一年（1861），吴棠擢江宁布政使（从二品官），代理漕运总署。此后实授漕运总督，署江苏巡抚，署理两广总督。

同治六年（1867），吴棠调任四川总督。但其入川之时，已是迟暮之年，但他依然带着昔日的荣耀，挟着总督的声威。

但柏拉图在《泰阿泰德》中说："你不能两次踏进同一条河流，因为新的水不断地流过你的身旁。"

在近代中国大变革的格局下，在新的水流面前，吴棠显然有些不知所措，不知是老年昏聩，还是晚清沉疴难救，其治下一方贪风日炽。

《清代四川财政史料》指出，吴棠制军督蜀，一切委署，多系人情，贿赂公行，请托无忌。藩库银两接连两次被盗，省垣重犯，白昼抢夺。儿童走卒，传为笑话，同省官绅百姓，莫不曰"两司木偶人也"。

因公事废弛，法纪太坏，吴棠难免被人诟病。据《东华续录》记载，同治八年（1869）五月，云贵总督刘岳昭告四川总督吴棠入川之时奢华浩荡，雇民夫三千多人，四人抬大轿一百余顶，沿路收地方官红包贺礼（时称规礼），每过一县至少两三千两银子，到任时收受超过十万余两白银。收回来的现银太多，叫人专门造数十个木桶来装。

刘岳昭在奏章中还称，吴棠到任后卖官鬻爵，连在四川的洋人也被索贿。因为索贿不成，竟将四川提督胡中和的驻防军撤散，让自己所带的副将张祖云另外招募兵勇担任防务。吴棠担任四川总督数月以来，云南巡抚岑毓英派遣手下差官入川七八次，每次都向吴棠送上大礼。

皇帝下旨，派李鸿章入川彻查。同治八年（1869）十月，李鸿章将调查报告交给内阁："吴棠家眷抵川，亲丁仆从，仅五十余人，并无用夫三千余名，四轿一百余顶，及需索门包之事。该督到任时，司道及各属员等，均未致送规礼，亦无饬造木桶装银情事。补署各缺，均按班次，由两司会详，毫无情弊。其裁减胡中和湘勇，令张祖云另募川勇，系为节省饷需起见。川省应解刘岳昭刘岳曙饷银，陆续筹拨，并未停解。至另解岑毓英饷银，本系应协滇饷，并非移此就彼。"

李鸿章的奏章不仅为吴棠洗冤昭雪，还隐约暗示，刘岳昭针对吴棠拖欠粮饷不发，又把应给的饷银先解往云南巡抚岑毓英处的说法乃诬告。这样一桩涉及吴棠"荒谬贪污、物议沸腾"的大案，以刘岳昭被革职留用处分收场。

吴棠服官三十余年，历封疆大吏十六年，是皖东清史上的封疆大臣，中国漕运史上集权总督，在整个同治朝，一直与直隶总督李鸿章、两江总督曾国藩、陕甘总督左宗棠等齐名。

李鸿章曾经誉吴棠为"天子知名淮海吏"，翰林院编修钱振伦这样称道："以民慈父，为国重臣。江淮草木知名，天下治平第一人。"由此可见吴棠在那个时代的巨大影响。

（本文原载于2017年8月3日《华西都市报》

封面新闻记者：仲伟　摄影：杨涛）

丁宝桢与盐枭王朗云的生死之搏

丁宝桢（1820—1886），字稚璜，贵州平远（今织金）人。道光二十五年（1845）迁往平远州进修，咸丰三年（1853）中进士，改翰林院庶吉士，自此步入仕途。丁宝桢是洋务运动的重要成员，曾诛杀骄纵不法的大太监安德海。丁宝桢做事重大义、知变通、重实效、为政清廉，他创办了四川近代第一座机器制造工厂"四川机器局"，还先后治理黄河和四川都江堰。主要作品有《四川盐法志》《丁文诚公奏稿》等。

余秋雨在《文化苦旅》中形容四川人，像冲出峡口的山洪，有些叛逆，但叛逆得瑰丽而惊人。

光绪二年（1876）冬。成都东门外牛市口。

一个寒风凛冽、漫天飞雪的日子，晚清四川最出名的总督丁宝桢来了。

督川十年，他人生最精彩之处不是脍炙人口的"宫保鸡丁"，而是与盐枭王朗云的殊死之搏。

王朗云抗盐政、通六部，直通慈禧太后告御状，丁宝桢恨之入骨。

2017年7月25日，王氏家族后裔、作家王明亮，在自贡市图书馆开讲"盐场望族河东王"。

四川总督与叛逆者，一段恩怨情仇，回荡百年。

丁宝桢 绘图罗乐

踏雪遁迹

光绪二年（1876）十二月，老成都突然下起雪来。

这是十年未有的大雪，隔牖风惊竹，开门雪满山。

到十二月初三，这漫天的风雪有停住的迹象，就近的龙泉山，也泛出初晴的光亮。

残雪压枝，屋内却是暖意融融。眼看曙色将临大地，代理川督文格，推开小妾朱氏的手，唤丫鬟进来梳洗。

朱氏睡意蒙眬地说："老爷，再睡会儿呗。这样的天，不见得这样早去办公事。"

文格叹口气："今天新总督上任，这位大老爷可是惹不得，西太后身边的红人、后宫总管大太监安德海就是他杀的。"

为迎接新任总督，文格昨天将一切布置妥当，他将率文武官员，在东门外迎新督。

其实，这是一次滑稽的迎接。

东门外的五尺官道上，车马辚辚，滚动的车轮碾碎了地上的冰雪。

官员排成两列，翘首盼望。马车近前，酷似总督仪仗，但车内只有两位女子顾盼生风。

文格和大家面面相觑，总督呢？

突然，城内一匹快马飞驰而来，"新任总督已到大堂，各位快去谒见。"

原来，丁宝桢已于昨夜冒雪入城。五十六岁的丁宝桢，挟风雷而来。临行前，丁宝桢受光绪帝召见，授头品顶戴、太子少保，兼兵部尚书、都察院右都御史衔。代替吴棠，署理四川总督一职。

丁宝桢是来收拾吴棠留下的烂摊子。吴棠入川，因循守旧，自己咳咳喘喘，把四川弄得百病缠身。光绪二年（1876）前后，东乡（现宣汉）民众不堪政府横征暴敛，遂抗税抗捐。吴棠和文格派提督李有恒率军剿办，李有恒纵兵剿杀烧掠，百姓伤亡数千，酿成震动大清的"东乡血案"。东乡义士袁廷蛟赶到北京，托川籍京官上奏皇帝。民愤难平、言官参劾，皇帝只有委派丁宝桢来收拾残局。

但丁宝桢面对的，还有财政糜烂，入不敷出，当时四川全省税收不过210万两白银，支出则达500万两白银。如此大的缺口，兴盐政，是他盘活四川经济的一个重要棋子。

望族崛起

在自贡自流井，王氏家族崛起百年，至今不衰。

2017年7月25日，四川省民间文艺家协会会员、作家王明亮，在自贡市图书馆主讲"践行大义精神的盐商典范王三畏堂"。

自贡盐场古称富荣厂，分东场（自流井大坟堡）、西场（贡井）。太平天国军兴以后，"川盐济楚"拉开了自贡盐业大发展的序幕，大批盐商崛起。自贡盐商四大家"王李胡颜"之首，就是著名的王三畏堂盐业家族集团。

王明亮说，王三畏堂是自流井珍珠山王宝善祠木支的一个堂名，是旧学堂大安寨"桂花湾宅院书馆"馆头卢静斋，参照孔子的"三畏"，"君子有三畏，畏天命，畏大人，畏圣人言"而新定义的，意为"敬畏天地，敬畏朝廷，敬畏圣人之言"。

王朗云，正是王三畏堂的"中兴人物"，从道光末叶（1850）到1949年，王三畏堂已逾八代，历经王朗云、王惠堂、王达之、王作甘、王如东、王守为、王文琴、王德谦时期，王氏家族兴衰起伏，名扬巴蜀，叱咤风云一百年。

晚清最多最集中的矿盐井群——王三畏堂扇子坝盐井群

道光中期，王朗云利用陕西商人资金开凿盐井经营成功。值太平天国兴起、淮盐阻运，清廷特许转由川盐济楚之际，广运广销暴富，王三畏堂迅成19世纪中叶最大的手工业工场资本集团之一。极盛时期，王朗云拥有黄黑卤井40余眼，推水用牛1500余头，日产卤水1100余担，火圈（天然气井锅口）700余口，管理人员200多人，常年雇工达1200余人，资本达白银100多万两。开设广生同盐号总理运盐，分支远及重庆、宜昌、沙市、洋溪、汉口等地。开办多种相关产业，如连接卤井和火灶之间的大通枧，卤水买卖的总办机构。在泸州、江津等地设有福昌生商号，专门经营粮油副食品，设广生钱店兑换银钱，纱店贩卖洋纱。田土遍布富顺、威远、荣县、宜宾数县，年收租谷1.7万余石。

丁宝桢在奏章中称，王朗云"富甲全川"，家产逾白银千万两。如果按今天的福布斯富豪榜排名，王朗云至少可以进前百名。

手眼通天

在物资匮乏的晚清，盐业无疑是地方政府的经济命脉。

在高级军师、首席盐运官唐炯的谋划下，丁宝桢开始了史无前例的盐业改

自贡大安寨，王朗云曾在此击败太平天国义军

革，官运垄断盐利，砍掉所有的中间环节，政府出资收购所有盐井的产出。泸州设立"官运总局"，在各盐井、盐灶处设立"厂局"，在各个销售区设立"岸局"；首先厂局向各个盐井、盐灶包买食盐，然后组织运输到各个岸局，由商人在各自销售区定价销售。

到光绪五年（1879），四川合计收取盐税150余万两，比未办官运商销法之前，增加将近一倍。加上川盐垄断之后销往贵州、云南，收入骤增至500万两，与四川其他税收之和相当。

丁宝桢的盐业新政，对王朗云是致命一击。场盐官收，不能操纵盐价，岸盐官运，危害自己运权，遂进京打通关节，并上控户部、都察院。他甚至放言："舍了扇子坝，也要斗赢丁宝桢。"

对抗官府，王朗云已有前车之鉴。同治年间，四川总督骆秉章在自流井设立"水厘局"和"盐厘局"，向井户同时提前征收"水厘"和"盐厘"，遭到盐商的激烈反对。王朗云率众商捣毁了水厘局。骆秉章下令将王朗云抓捕入狱，富顺知县陆玑问："你一个捐纳虚衔士绅，有什么了不起，太忘形了。……你晓得官官相卫否？"王朗云答："哪有你这样问案的？我要上控。……我只晓得钱能通神。"

当时，陕西、四川等大旱闹灾。果然，身陷囹圄的王朗云叫家人拿出七万两银子赈灾，捐得按察使，御赏二品顶戴及三代一品封典。骆秉章无奈，只有让陆玑恭请王朗云出狱。

到丁宝桢时代的王朗云，已是私财多，魔力大。正如《悟空传》里所说："我若成佛，天下无魔；我若成魔，佛奈我何。"

光绪三年（1877）四月，丁宝桢的奏折摆在慈禧太后面前："四川富顺县灶绅候补道王照余（王朗云）私通六部，富甲全川……倚恃富豪，欺压乡里。亟应从严惩办，着即先行革职，提省确切审办。"

慈禧看了说："富甲全川算他有钱，六部是咱们的耳目，岂能私通？这丁宝桢言过其实，不应尽信。"

有了慈禧太后模棱两可的处理，王朗云联合其他商人和在京川籍官员，大造舆论，直指丁宝桢的川盐官运令百姓不堪其苦。有御史奏曰："川盐改归官运，开销糜费，征收款项牵混，杂款名目繁多，以致商民交困，开支薪水勇粮为数甚巨，于国计民生两无裨益。"

舆论如潮，清廷无奈，只得将丁宝桢降级留任。

如此结局，让丁宝桢大为讶异，一个地方盐商，何能手眼通天？

逼上绝路

"要想做一个真正的英雄是没有选择余地的，往往是要么成功要么成仁"。初次挫败的丁宝桢，已是杀机陡起，他不要成仁，只要成功。

回到内府，丁宝桢很是愁闷，有何计策能置王朗云于死地。丁宝桢上任带来两位宠妾，一个是金姬，一个是钟姬。金姬聪慧，钟姬精明，时有官员奉承总督，多托二位姬妾吹风。

金姬说，大人勿忧，妾身听说王朗云自恃财大气粗，必有不法之事，大人可放出耳目，多搜证据。一旁的钟姬插言，都说英雄难过美人关，听闻王朗云有强买民女之事，大人若查实，可大做文章。

依二姬之见，丁宝桢令唐炯放出耳目，打入王家，密访王朗云劣迹。

据《东华续录》记载，光绪五年（1879）三月，丁宝桢又上一折，除了

"倚恃富豪，欺压乡里"这一原罪，还称王朗云私设引局抽收井厘，侵吞公款，并占已字民女为妾等。

这是奏王朗云公然对抗官府，还强占民女，慈禧太后命丁宝桢彻查。

夜里，一匹快马从成都疾奔自贡大安寨，这是王朗云安插在丁宝桢左右的耳目。

其实，王朗云早在丁宝桢上折之时，就已做万全准备。等信使发出警报，王朗云急急离家逃亡。待差役到其家中时，他已经离家两日，已顺夔州（重庆）而下，直奔湖北避祸，这一逃亡就是四年。

在家族兄弟多方打点之下，富顺官方为其遮掩，缓怠此事。王朗云悄悄回到自流井，在卫坪镇板仓度以晚年。

光绪九年（1883），王朗云病逝。

王宝善祠改建为珍珠寺小学（现东方小学），只有两个石狮子遗存
邓科摄

玉川公祠保存较为完好

百年传承

一代盐枭的终结，与一代总督的功绩，同样载入史册。

历史自有定论，我们不妄议对错。如泰戈尔所说："你可以从外表的美来评论一朵花或一只蝴蝶，可你不能这样来评论一个人。"

自贡市自流井区纪委宣传部黄睿说，王朗云善抓机遇，敢于冒险，凭借"川盐济楚"的机遇，使王三畏堂盐场迅速崛起。从商人的角度来看，无疑是非常成功的。但王朗云更为成功的是重视子弟教育，促成了良好家风的形成。除兴建多所书院、学堂外，在其家族《家训》中特别突出爱国、孝道、廉洁、修身等主题，主张"穷不失其志，富不失其仁"，要求后人做人做事要"足踏实地，卓然自立，而外物不足以夺之"；告诫子孙，如果从政，则要为官清廉，不取不义之财。

王明亮在讲座中提到，王朗云晚年担心后代子孙变卖产业"不能守成"，特在板仓坝新建规模宏大的玉川公祠，与三房弟侄议定制定"井田碑"，申奏清廷立案，刻碑于玉川祠，要求"子子孙孙务必遵守"。王三畏堂制订的这一公业"家法"，规定族人必须拿出家产抽成行善、助学、济贫、救弱，补助生育妇女和老死，对贫苦、寡妇、老农周济和生老补助形成一种家族惯例，家业固定抽成用于社会公益制度化。此外，王朗云还首倡主资在富顺县牛佛渡增设"义渡"；并主张"义学"制度等，惠及乡邻子孙。

一善染心，万劫不朽。百灯旷照，千里通明。

至今，在自贡自流井，丁宝桢可能是籍籍无名者，王朗云却是英雄一样的存在。

（本文原载于2017年8月17日《华西都市报》

封面新闻记者：仲伟　摄影：王明亮）

丁宝桢

两场绝世功　忍辱孤臣泪

2017年8月21日夜，都江堰南桥。

暮色渐合，周遭山色皆随夕照，渐隐于秋日的潺湲。

南桥已是华灯初上，桥下奔腾的激流，流光溢彩，蔚然有直上云霄之气。

赤柱朱槛，雕梁画栋，于灯火阑珊处看这惊世繁华。

廊桥，惊涛，亭台楼榭，恍若把流年剪成时光。

把嘈杂的世界归于沉寂，回味南桥百年光影，就像一幅单纯的风景。

晚清四川总督丁宝桢，在他波澜壮阔的人生中，留下太多的精彩。

比如，修建的南桥。

生死后记

富兰克林说："一个老男人，有三个朋友最忠诚可靠——老妻、老狗和现款。"

丁宝桢鞠躬尽瘁，死于成都任上，老妻不在身边，现款一分没有。朝廷赐给银两，其灵柩才得以回到山东济南。

纵观一生，他从贵州织金到山东济南，结束于四川成都，尤在山东与四川，留下显赫功绩，却屡被构陷，可谓一路孤臣泪。

如今，在这三地都建有塑像、祠堂、纪念馆，缅怀这位晚清"中兴名臣"。

在贵州毕节，织金县贯城河畔凤西书院，丁宝桢陈列馆占地一千八百余平方米，陈列展现了丁宝桢一生各个时期的主要功绩和突出贡献，再现晚清一代名臣的卓越人生。

在山东济南，趵突泉畔曾建有"丁公祠"，今已改为"李清照纪念堂"。丁宝桢故居旧军门巷11号，已被写字楼取代，只在临街的粉墙上书有丁宝桢及其故居的简介。只有他当年坐镇的巡抚大堂，依旧立于珍珠泉畔。

在四川成都，丁公祠原建在方正街，后被尹昌龄改为"文诚义塾"，但民国后凋敝不存。如今只在都江堰留有几处纪念遗迹。

南桥遗梦

在老灌县人眼里，岷江大小支流古桥甚多，有安澜索桥、仰天窝廊桥、太平桥、五桂桥。

但大多数人对南桥情有独钟，不仅因为它的韵味，而因为它更像一个晚清的遗梦。

都江堰伏龙观，丁宝桢的塑像，风采严明，气宇轩昂。

座下石刻"丁宝桢"三字，笔力遒劲，字迹洒脱，如"晚清四川第一好总督"的风范。

丁宝桢修都江堰后建成"普济桥"（今称南桥）
郑光路供图

丁宝桢督川四大功绩：理盐政、修水利、除匪患、建书院，其才干和声望超过同治年间总督骆秉章。

光绪二年（1876），丁宝桢到四川后，都江堰水利工程失修已久，导致水灾频繁。当时财政空虚，工程积年累积问题严重，他第二年就奏请朝廷拨十万两银子大修古堰。

这位封疆大吏轻骑简从，躬冒霜雪，沿江督率，前后亲到工地十二次。此次大修以条石筑堤一万二千余丈，同时疏淘内、外江，修建白马槽、平水槽等工程。

清朝中后期贪风日盛，官员吃"工程款"的不少。这位"宫保"大人却两袖清风，大修后剩两万两银子，他吩咐县令陆葆德，用此款修一座跨越内江的桥，以利两岸百姓。

光绪四年（1878），陆葆德负责施工，建成"普济桥"廊桥，俗称南桥。"普济桥"历经几次重建，成为今之廊桥。

1878年5月，岷江洪水暴涨，堰首工程冲垮一段石堤。光绪皇帝十分关心四川水患，于九月八日发出上谕："前据丁宝桢奏，都江堰频年泛滥，冲毁民田，现设法筹款修理。旋闻该处江流盛涨，民间已被水灾，正以新筑工程，能否可靠，地方被灾是否深重，厪念方殷。"

丁宝桢上奏：都江堰大修后沿江无大灾害。但他恳切自责："臣之办理堰工，惟有于人字堤一段，泥于经久省费之说，易笼为石。致盛涨时，堰工冲损三十七丈有零，无所辞咎！"

丁宝桢的检讨却引来朝臣攻讦，称丁宝桢借此次大修中饱私囊，贪污银

俯瞰都江堰南桥 摄影 何勃

两。这是因为他清廉刚正，岁修中杜绝贪腐集团沾染款项，从而引来直通慈禧的报复性检举。更荒唐的是，慈禧竟把丁宝桢官降三级，还要退赔"贪污银两"。

无奈之下，穷得叮当响的丁宝桢，只有求助四川提督唐友耕，帮忙垫付。

这是他人生第三次遭遇诬陷，但他已淬炼成钢，极其坚韧。正如罗曼·罗兰所说："人生有如一股奔流，没有暗礁，激不起美丽的浪花。"

丁宝桢认真分析失败原因，察知古人用鹅卵石竹笼很有道理。同年十一月，他自筹经费，恢复古法笼石筑堤。

重修都江堰大功告成，川西州县无旱涝之忧，百姓安居乐业。人们称颂："公之大修都江堰也，凡七至其地，往复履勘，孜孜不倦，深仁厚泽入人心者深矣！"

丁宝桢殚精竭虑主持完大修工程，登上二王庙。遥望大江东去，感慨万千，写下《二王庙感怀》："龙门凿后大河通，告锡元圭报德崇。别导江流分内外，全将地力遍西东。蜀人庙祀由来久，秦代山川尚此同。善创何人能善述，兴怀救弊恨无穷！"

此诗寓意深远，既有改革救世之慷慨激昂，又有办事坎坷艰难之叹。

大显身手

百年前的都江堰 西德尼·戴维·甘博摄于
1917年

"劳劳车马未离鞍，临事方知一死难。三百年来伤国步，八千里外吊民残。秋风宝剑孤臣泪，落日旌旗大将坛。海外尘氛犹未息，请君莫作等闲看。"

李鸿章的这首诗，写于国步艰难之时，满是孤臣恨事和失落之情。李鸿章和丁宝桢都致力于"洋务运动"，但在波谲云诡的政治格局之中，李鸿章落下"卖国贼"的骂名，丁宝桢却成为"四川近代工业之父"。

丁宝桢署理川务后，到东校场巡阅兵，见兵勇中多是古色古香的大刀长矛，也有少数长短不齐的破洋枪。遂问下属："川省兵勇洋枪来自何处？"一个武营管带回答："启禀大人！川省洋枪，均须购自上海洋行。"

丁宝桢沉吟片刻："此中弊病甚多。购来之物价值既昂，多是洋人过时废物。又不知修理之法，稍损即成废物，殊为可惜！更况有事之时，弹药无处购办，枪炮也转为弃物。若购买洋人枪炮以自强，实自欺欺人。"

慨叹之中，丁宝桢决定在四川尽快建立机器局，"中国自强之术，于修明政事外，首在精求武备，才能弃我之短，夺彼之长"。

光绪三年（1877），丁宝桢在成都东门内下莲池街创办四川机器局，委派候补道夏时、劳文翔总理局务，成绵道丁士彬会同办理。丁宝桢网罗人才，想法把旧时手下曾昭吉从山东聘来总理工务（负责工程技术）。

曾昭吉曾是湖南候选通判，因其深通机器，被丁宝桢召至山东。"见其人朴讷，似不能言，问他外国各项机器，回答是向未经见而自能冥心独造。"丁宝桢拿当时英国所造最好的亨利马梯呢枪给曾昭吉看，问他能否仿造？曾昭吉面无难色。

曾昭吉带来湖南、山东、江苏籍技工数十人，又在四川招募能工巧匠数百当工人。

机器局仿照西式厂房共建一百八十八间，丁宝桢上奏朝廷称："崇垣大柱、复屋重檐，安设铁炉烟筒、风箱气管，四通八达。取材既富，用工极坚。"

曾昭吉还成功制造了"水轮机"，利用成都城内的金水河水力发电带动机器，"灵动活泼，视洋人专借火力尤为事省功倍"。只在冬春水枯时，才用锅炉发电。仅此一项，每天可省煤一千数百斤，合计每年可省煤银四千余两。

枪声暗影

拿破仑说："有才能往往比没有才能更有危险。"

清廷中的顽固派，对丁宝桢这员"洋务派"能吏十分嫉恨。光绪五年（1879），给事中吴镇参揭丁宝桢"不谙机器，私亏库款，纵容私人，徇庇劣员……"其他顽固派也诋毁丁宝桢以数万银两，才造了区区数杆洋枪，还不如直接向洋人购买。

朝廷忙派御史恩承、童华查办。不久调查结果公布："原参各款，或查无实据，或事出有因。惟所设机器局费用较巨，制造未能精良。著该督即将此局停止，以节糜费。"

四川机器局遵旨停办，四川近代工业幼芽面临夭折命运。《大清财政实录》指出，四川机器局自光绪三年（1877）十月开办，至光绪五年（1879）闰三月二十停止，共用经费库平银77353两，制成前后膛枪148杆，未合成洋枪161杆。

对于丁宝桢的遭遇，洋务派同盟愤愤不平。贵州候补道罗应旒上疏打抱不平："初创之时，开拓地基、修造房屋以及搬运器械，制造器母，种种费用，俱在此六万金之内，非全以六万金造枪炮也。若遽行停止，则前功尽弃。"

丁宝桢也据理力争："四川较之别省机器局所费仅十分之一，即较之山东省机器局，所费亦省十之四五；所造各种轮机器具，已成未成共有万数千件。虽

都江堰宝瓶口 西德尼·戴维·甘博摄于
1917年　　　都江堰灌溉渠边的石牛雕像 西德尼·戴
维·甘博摄于1917年

未竣工，其洋枪堪以临敌备用者已有百数十杆。"

在光绪皇帝的支持下，四川机器局于1880年5月26日重新恢复生产。1881年，丁宝桢在成都南郊古家坝江畔增设火药厂，人称"白药厂"。

1884年，造成各种枪3050支，枪弹18万余发，铜帽628万枚，铅弹53万发，黑火药3万余公斤。这是丁宝桢督川时期，四川机器局的最高年产量。郑光路介绍说，此时的"成都造"只比"汉阳造"略逊一筹。

丁宝桢很是骄傲："近来制造枪药，堪与外洋争胜。"

清末傅崇矩在《成都通览》中说："成都之以机器制造物件者，自丁文诚公督川时创办之机器制造局为始。现在已大加扩充，银元局、造币厂、劝工局、制革公司、火柴官厂、机器新厂、白药厂、官报书局等继之而起……"

丁宫保创办的机器局历经变迁，1909年更名为"四川兵工厂"，厂址在河对岸三官堂。1913年改为"陆军部直辖四川兵工厂"。抗战后为"中国兵工署第二十工厂"，生产的麻花手榴弹和步枪、机枪是川军主要武器，打日本鬼子时贡献不小。

尊经书院，是晚清称雄四川的五大书院之一。

声名赫赫，不仅因为张之洞是尊经书院创办人，还因为首任山长是王闿运。

作家蒋蓝说，王闿运是风流名士，世事通达，谙熟人情。"张之洞督四川时，王闿运托人将女儿许与张之洞曾经过继出去的儿子；丁宝桢任四川总督期间，他又将自己的第七女王荄，许与丁宝桢的第八子丁体晋"。

大儒与一省总督就此成为亲家，并由此保持了与四川大员的深刻关系。王闿运因此在成都与湘潭之间奔波，生活得有滋有味。他的日记充斥了饮宴、打牌、玩乐的闲适生活记录。

王闿运很快适应了四川官场的娱乐生活，并与四川提督唐友耕、四川按察史张兆栋过从甚密，谁送燕翅之席都被其写进日记。

正是因为王闿运的风流声影，成都好事者写对联到处粘贴，讥讽丁宝桢。

四处抓捕，未见祸首。丁宝桢更加自律勉己，免得与王闿运的私生活牵扯。

光绪十二年（1886），随着丁宝桢的逝去，王闿运在四川的身影亦悄然淡去。

（本文原载于2017年8月31日《华西都市报》

封面新闻记者：仲伟）

刘秉璋
首个被罢免的四川总督

安徽庐江，北纬30度。四季分明，春秋温和。

长江水系贯穿全境，滋养了独特的人文，这里因名将辈出号称"武将之乡"。

2017年9月2日，庐江县文物局局长杨壁玉，谈及庐江名人如数家珍。

除了三国大将周瑜，近现代还有吴长庆、丁汝昌、刘秉璋、潘鼎新、孙立人等。

刘秉璋（1826—1905），淮军名将，晚清四川总督。青年中举成名，由瀚林院编修而入军幕。中法战争期间，力抗外海，指挥了著名的"镇海之役"，因击毙法将迷禄而名动天下。

带着一身荣耀入川，他最后的官场生涯，却是折戟沉沙。1895年，因"成都教案"而成替罪羔羊，刘秉璋成为历史上首位被罢免的四川总督。

重庆教案卫护百姓

2017年9月的成都，秋风渐起。望江楼公园外，白鹭日稀。

刘秉璋的人生，如望江楼那段百年奇联：望江楼上望江流江楼千古江流千古；印月井中印月影月井万年月影万年。

如今，望江楼仍是绝世之景，印月井已荡然无存。

刘秉璋

光绪十五年（1889），四川总督刘秉璋，约集蜀中士绅筹集资金，在原回澜塔旧址上修建望江楼。原名崇丽阁，取左思《蜀都赋》中"既丽且崇，实号成都"之意。阁高二十八米，四重檐，八角攒尖顶。有旋梯可达阁顶，阁顶为鎏金宝顶。

落成宴会上，下属频频向总督敬酒，刘秉璋却是百般感慨。

督川三年，鞠躬为民，清廉为官，但威信难立，反而举步维艰。

名为封疆大吏，实是"救火队员"。

刘秉璋入川之时，正值第二次"重庆教案"发生。

光绪十二年（1886）六月，美国基督教士在重庆城西鹅项颈购地建房，士绅赵昌勖等以其压断地脉、有伤风水为由，联名呈请县官制止，未得断结，众愤不平。应试武生带头聚众数千，将鹅项颈美教士房屋及几处教堂拆毁。但拆毁教徒房屋时遭遇抵抗，家住杨柳街的教徒罗元义，招有打手，杀死杀伤多名打教群众，引起全城民众极大愤怒。两天之内，巴县、大足、铜梁及重庆城内美、英、法教堂、洋房、医馆全毁。川东各属州县民情汹汹，民教双方聚众械斗。

清廷对重庆教案极为震惊，1886年8月13日、23日连下两道上谕，命川督刘秉璋查办。刘秉璋委派候补知府唐翼祖、罗享奎前往查勘，会同川东道、重庆府、巴县各官同法国驻渝领事、主教商议赔偿合约。1887年1月11日，各方议定赔款合同，总计赔偿美、英、法白银26.157万两（含大足、铜梁赔款）。

1月15日，川东道奏报重庆教案人员定罪情况：罗元义、石汇处斩首示众；吴炳南、何包渔秋后处绞；余犯或杖责枷号，或饬通缉。

当刘秉璋将这个处置方案报告朝廷后，总理衙门来电要他从宽处理，即对罗元义免予处罚。李鸿章也接连打了几个电报来，劝他改判。刘秉璋一心痛惜百姓，不愿宽恕犯下暴行的教民。

这样霹雳手段的处置，却埋下了更劲爆的引线。

成都教案的"替罪羊"

马克·吐温说，每个人都是月亮，总有一个阴暗面，从来不让人看见。

光绪二十一年（1895）的"成都教案"，终成刘秉璋人生的"滑铁卢"。

这场绝大风波，发轫于老成都民俗"打李子"。

作家蒋蓝对这一段历史颇有研究，据他介绍，大清一朝，成都人有到东校场举行传统"打李子"的活动，应该算是中国城市狂欢序列里甚为奇特的风俗。

1895年5月28日，端午节当天，肩挑箩筐售卖李子的小贩，简直无法计数。"向例在城东南角城楼上举行，上下对掷如雨，聚观者近万人。"

洋教士斯蒂文孙、启尔德也前往东校场看热闹。由于人多拥挤不堪，他们与几个小孩子发生口角。愤怒之下，他们把几个小孩拉进福音堂教训了一番。

于是，一个谣言立刻传遍了东校场："在东校场南侧的四圣祠美道会教堂前，一个传教士用奇异的糖果诱哄路边儿童进入教堂，拿来做实验，并把孩子吃掉了。"

"这一幕被好事者一口咬定亲眼所见，说得钉子都要咬断。"蒋蓝说，民众当晚将教堂、教士住宅及附设的诊所一并捣毁。华阳县知县黄道荣接报后，带兵前往弹压，迎接他的是雨点般的石块，轿子被砸得千疮百孔。

及至深夜，群众又冲到平安桥、城南的一洞桥（今向荣桥），将天主堂和法国传教士住宅捣毁，次日又陆续捣毁了玉沙街基督教传教士住宅、内地会福音堂和陕西街美以美会教堂及诊所等，洋人们不得不跑到当地官员家里躲避。

局势完全失控，刘秉璋已不敢再派兵弹压，直到两天以后方告平息。

"成都教案"共有王睡亭、杨仲牟等七人被判死刑，郭炳辉等十七人枷杖充军，清廷赔偿了百余万两白银。在巨大压力下，清廷将四川总督刘秉璋及以下十几名官员革职，永不叙用。

支持开办新式学校

在人间，戏剧需要各样的角色，是遵从命运安排，还是自我调换？

早在李鸿章军中任职时，刘秉璋就认为自己不适合当武将。

他觉得自己更像个文人，罢官归田后曾作诗慨叹："元龙意气昔何如，荏苒光阴付子虚。死犹腐草萤光点，生比寒花蝶梦苏。"

所以，刘秉璋对发展四川教育十分重视。原来四川乡试中举的名额只有六十名，副榜只有二十名，刘秉璋向朝廷请求增加四川乡试录取名额二十名，使得士皆有振兴之气，读书之风更盛。

1892年，在刘秉璋支持下，四川第一所新式学校洋务学堂在重庆设立。这所新式学校以西式为主，历史、地理、数学等取代了旧式的四书五经和八股文。他还多次向朝廷请求对那些办学有功人员予以奖励。

刘秉璋还重视地方理财、整饬吏治，减轻民众负担。他上任伊始，即要求对各地方州县官吏严加考核，如有不堪胜任者，一律辞退。他一面颁布政令，严格要求各级官员不准贪污受贿，不准勒索百姓，另一面经常派人到各地明察暗访，一旦发现有搜刮民脂民膏者，立即参奏弹劾，决不姑息。他先后多次拨出专款，发放麦粮等，组织移民川边屯垦。此外，还兴修水利，改善交通。

刘秉璋被罢官后回到安徽庐江老家，过着闲适的隐居生活。尽管朝廷于光绪二十五年（1899）再度征召，他却托病不出。

因感生平之经历，他自撰联语，悬于书室："人心不同，每为热肠忙里错；天鉴有赫，试将冷眼静中观。"

他藏书五万余卷，藏书处取名"远碧楼"。爱好收集石碑，凡是能够看到的古代石碑，都收了下来。无为县现存其所藏的一百多块石碑，跨宋、元、

刘秉璋主持修建的望江楼（崇丽阁）近景　摄影　杨涛

明、清四代。

他传承培育好家风，告诫人们"不撒谎，可到存诚地位；吃亏，便是强恕工夫""欲平盛壮难平气，且读儿时熟读书""忍愤怒，如勒奔马；谨言语，若塞溃堤"等。

刘秉璋十分重视教育，为家乡捐建了三乐堂书院、南京庐江试馆，培养了一大批有用之材。其四子刘晦之是著名的实业家和收藏家。其收藏的文物堪称海内一流，尤其是龟甲骨片和青铜器，世间罕有。1936年，刘晦之将历年收集的龟甲骨片，请人拓出文字，集为《书契丛编》，带给在日本的郭沫若，供其研究。郭沫若见后叹为观止，从中挑选了一千五百九十五片，研读考释，据此著成了甲骨学上具有

庐江万山镇长岗村，三面环山的刘秉璋墓

重要意义的巨著《殷契粹编》。

维桑与梓，必恭敬止。刘秉璋在庐江地位甚高。

据庐江县文物局局长杨壁玉介绍，刘秉璋墓位于合肥市庐江县万山镇长岗村，三面环山，山脚有口大水塘。墓道左右分别立木结构碑亭两座，内各立花岗岩质石碑一块，一块是"重修刘秉璋墓碑记"，一块是王闿运撰写"刘文庄公碑铭并序"。

纵观刘秉璋一生，青年成名，中年得志，晚年跌宕。不管是"镇海之役"的英雄，还是铩羽而归的总督，他配得上郁达夫说的那句狠话："像个英雄一样回家，否则永远不要归来。"

题外二则

交恶汪太守

刘秉璋刚任四川总督时，颇为倚重提督钱玉兴、营务处总办道员叶毓荣。官员升任多出自两人之手，难免有借权受贿的嫌疑。

当时官员队伍膨胀，连外国人也洞若观火。1897年，到成都的法国人马尼爱说："衙署既多，官员亦众。候补者、褫职（即罢官）而谋开复者，为数不下万人。有秀才出身者，日洒扫乎街道；有举人出身者，竟挑水而推车。"

光绪十四年（1888），重庆知府汪鉴因功调任成都知府。其下属成都府同知余某、知县袁某等共四人，"皆赋闲过久、贫至断炊"。汪鉴向刘秉璋代求各委一缺。刘秉璋以四人无甚劳绩，再三拒绝。汪鉴愤然："果真非钱不能得缺耶？天理人情安在！"

刘秉璋大怒："汝一知府有许大？太忘形矣！"汪鉴冷笑回应："知府虽不大，然当年我做御史，也曾劾罢不肖总督、巡抚几人。"刘秉璋更怒，举茶碗摔地。汪鉴也摔掉茶碗说："摔碗嘛，我比你更会摔！"说罢，拂袖而出。

藩司崧蕃、臬司文光见不成体统，劝说汪鉴："此事明日终须请罪，公私始可曲全。"众人也劝慰刘秉璋。汪鉴为顾及官场颜面，遂于次日向刘秉璋赔罪，但坚称其所请无错。

刘秉璋则说："此四人必委。"次日，四人居然各得一缺。但刘秉璋、汪鉴自此私交变恶。几月后，汪鉴自请调入京城。

不久，御史钟德祥弹劾刘秉璋用人不当。清廷以滥举之罪名，降旨刘秉璋革职留任。

挚友李鸿章

1862年2月，清廷与太平军激战正酣，李鸿章率六千人救援上海。

深感军中缺少治军人才，李鸿章遂给朝廷上了一个要求调用刘秉璋的奏折：查有翰林院编修刘秉璋，沈毅明决，器识闳远，能耐艰苦。臣与为道义交十有余年，深知其结实可靠。该员去冬由安庆经过，督臣曾国藩一见大加器许，谓为皖北人才。

8月4日，皇帝下旨批准刘秉璋留于李鸿章军营，酌量委用。初到上海，刘秉璋主要帮李鸿章管理全军营务，书写战报，用西洋方法操练军队。

1863年8月25日，刘秉璋率领吴长庆、潘鼎新等部，在"常胜军"的配合下，攻下浙江嘉善附近的枫泾镇。9月1日攻下西塘，俘虏太平天国将领施得桂。因为战功，刘秉璋授翰林院侍讲学士，遇缺待补。

刘秉璋本来是读书人出身，军旅之事非其所长。1866年12月，李鸿章出任钦差大臣指挥围剿捻军时，刘秉璋多次向李鸿章提出要解除自己的兵权。李鸿章与他约定，等军务结束，准他离开。

因为两人既是师生又是朋友，李鸿章在为刘秉璋七十岁生日写的序中说："余念吾二人者，少相师友，长托肺腑，戮力行间，同甘苦者有年。"后来刘李两家多有联姻。刘秉璋的大女儿是李鸿章长子李经方的原配；刘秉璋的大儿子刘体乾，娶了李鸿章的侄女为妻。

（本文原载于2017年9月14日《华西都市报》

封面新闻记者：仲伟　庐江县文物局供图）

鹿传霖
一个贤臣的黄昏

|人物简介|

鹿传霖（1836—1910），字润万，号迂叟。直隶（今河北）定兴人。同治元年（1862）进士，选翰林院庶吉士，初入清军胜保部，对抗捻军。历任广西兴安知县、桂林知府，广东惠潮嘉道道员、福建按察使、河南巡抚、陕西巡抚等。

光绪二十一年（1895），鹿传霖调任四川总督，整顿吏治、创建文学馆和算学馆。因为得罪恭亲王奕䜣被罢职。戊戌政变后由荣禄推荐任广东巡抚，次年调任江苏巡抚，兼署两江总督。1900年，八国联军攻占北京，鹿传霖曾募兵三营赴山西随护慈禧、光绪帝到西安，被授两广总督，旋升军机大臣。宣统嗣立，鹿传霖与摄政醇亲王同受遗诏，历任体仁阁、 东阁大学士，兼经筵讲官、德宗实录总纂。宣统二年（1910） 七月二十二日（8月26日）逝世，赠太保，谥文端。

"蚯蚓爱上了明亮的星星，而当星星在高处闪耀时，蚯蚓却在底层悄然泯灭。"雨果在《吕意·布拉斯》中对西班牙王室的隐喻，如同中国晚清的暗流之中，涌动的某种巨大能量。

西学东渐，革故鼎新。晚清四川总督鹿传霖，断然做了一只沃土中的蚯蚓，于疏密处织就教育的繁茂。

闪耀的四川中西学堂，就此应运而生，这是中国西部第一所近现代高等学堂，即四川大学前身。

上书光绪

大雨过后，通常有两种人。

一种人抬头看天，看到的是蔚蓝与美丽；一种人低头看地，看到的是淤泥与绝望。

晚清四川总督鹿传霖，站在"成都教案"的泥泞里，依然看到的是新学的"蔚蓝"。

2017年9月28日，四川大学校史展览馆前。

荷叶深绿，秋意渐浓，依然有"闲听荷雨、一洗衣尘"之感。

午后的阳光，微微热烈，校史展览馆前一块青色大石镌刻着"感悟历史感动川大"八个大字。

此为鹿传霖曾孙鹿耀世所题写，以感谢四川大学对先祖的追崇。

2017年11月10日，电话联系上在北京的鹿耀世，这位七十五岁老人，谈起先祖，语音厚重，声音洪亮。

关于先祖对四川的贡献，他认为，鸿爪雪泥取其二。除了著作《筹瞻疏稿》，首推的还是四川中西学堂。

一个能让秀才变学霸的人，确实该景仰。

光绪二十一年（1895）四月，鹿传霖出任四川总督。

甲午战败的痛楚，让他反思如何缩小与列强的差距，"中国落后外国的是科技知识、先进人才"。

鹿传霖

童生与皓首同堂，迂腐与落寞相伴，他深感旧式书院没有明确学制，延误人才。

鹿传霖在给朝廷的奏折中明确提出："中外通商交涉日多，非得通达时务之才，不足以言富强之本。"

据台北故宫博物院藏《宫中档光绪朝奏折》记载，光绪二十一年（1895）十二月十二日，四川总督鹿传霖在经过充分的酝酿后，向光绪皇帝奏报了四川中西学堂的筹建和试办情况，请求予以立案。"讲求西学，兴设学堂，实为今日力图富强之基。川省僻在西南，囿于闻见，尤宜创兴学习，以开风气"。

考虑到四川地区学习"西文西艺"在师资、教材和经费等方面的困难，在亲自向总理各国事务衙门物色张罗后，鹿传霖奏报："咨请总理衙门先派熟谙英法语言文字者各一员咨送来川充当教习，并向南北洋咨取应用书籍，派委员赴上海添购各种洋书以备肄习，购觅地基建修学堂房舍，饬成绵道于土厘项下先筹拨银五万两作创办经费。"

最后，他请求光绪皇帝，"仰恳天恩敕下总理衙门立案，议定章程，饬行遵照"。

光绪对鹿传霖奏折的御批是："该衙门议奏"。

鹿传霖办事一向谨慎，在办学方面讲求循序渐进，他强调"学堂虽讲求西法，仍以经史之学为本"。这一办学理念恰好体现了"中体西用"的原则。

他恳请清廷为四川中西学堂立案，得到了光绪的肯定。光绪二十一年（1895）十二月底，清廷还肯定了御史陈其璋的奏折，陈其璋的奏折与鹿传霖的办学意向相同。清廷的决心很大，命各地总督、巡抚与当地士绅一同在其省会兴办大学堂，限期六个月内完成。

光绪二十二年（1896）六月十八日，四川中西学堂在成都铁板桥正式开学，校址紧邻以奉祀三国人物刘、关、张而知名的三圣祠。试用知县何维棣被鹿传霖委任为第一任管理中西学堂委员。

追缴费用

中江诸生林有庆精于算学，所聘为华文教习；北京选派的英文教习长德、法文记名副教习恩禧，已在开学前携洋书入川。

四川大学校史办公室副主任王金玉，最推崇的是鹿传霖审订的《四川中西学堂章程》。

《四川中西学堂章程》二十条，校规如军规，鹿传霖就办学宗旨、培养目标、班级划分、课程设置、校务管理等作了具体规定。

选材求精，堂中学生，宜选口齿灵便、质性聪明、会读书、自十二岁至十五岁子弟，至大莫过二十岁。"先定额三十名，十五名学英文，十五名学法文。其饭食茶水、书籍笔墨纸张、剃头洗衣，均由堂中供给。正额外酌量挑选备用若干名，以备遇缺，一次替补。"

对作息时间严格规定：三、四、五、六、七、八月，早上六点吃粥，饭毕，学习洋文。十点早饭，饭毕学习算学、舆地、国史策。十二点放午学，略休息一小时。下午一点开始习字及经史策论，至六点放学。冬天略有时间调整。

在优越的环境下，学生的压力来自于每年三、六、九月的小考，腊月的期终考试，还有三年的大考。学习进步大、优生给予奖励，连连排名最后的，分别记过开除，想进学堂在外排队的有几百人。

苏联杰出的教育家马卡连柯说："教育工作中的百分之一的废品，就会使国家遭受严重的损失。"

鹿传霖深谙其理，"学堂上下人等，均不准吸食洋烟、洋酒、赌钱、宿娼等事"。学生不堪造就、不受约束随时可撤换。

不仅如此，鹿传霖对待学生的严苛，几乎达到"不讲人情"的程度。

光绪二十四年（1898），四川东部一带达州、渠县、平昌遭遇大水。算学官肄业生李善祥，接到家中水淹的消息已值次日深夜，因牵挂家中父母姐妹，遂告知同乡廖先凯、苏肇眉。三人商议决定，连夜赶回家乡察看灾情。给看门守夜人打了招呼后，三人带上简单的行李，匆匆东去。

十天后，家事料理完毕，三人回学堂一看，傻眼了：已被除名。

七月三十日，三人心有不甘，上书总督鹿传霖：因灾告假，请求原谅。

八月初三，鹿传霖回书，短短一百二十余字，回复三位学生并未向委员教习请假，算学馆查无假条，显然是私自外出，应当除名。同时准许三人在外堂学习，等候下次季度考试再核查办理。

所谓播种性格，收获命运。奢者狼藉俭者安，鹿传霖一生为官清廉，生活节俭。他的后人曾经保留过鹿传霖当年用过的手绢，上边有很深的折皱，连洗脸的面巾，都是如夫人缝制的。每次退朝后，唯手执一卷，危坐竟日。

这样的节俭、勤勉，贯穿于其办学理念之中。因不惜巨款修建学堂，鹿传霖明确规定学生不得半途而废，专门出台了《川督鹿严禁中西学堂学生任意告退示》，一年内告退者，追缴费用五十两，两年者一百五十两，三年二百五十两，四年三百两。有父兄，唯父兄是问，无父兄者，找保人追讨。

加薪十两

四川中西学堂采纳了康有为光绪二十一年（1895）在"公车上书"中的主张，改经史子集四部之学为七科之学，分科立学和分科治学。

开设英法文科和算学科三科，开出了十类二十六门具有现代自然科学性质的课程，采用了学年学分制，并且按照学生所获学分的多少颁发不同的毕业执照即毕业文凭。其中，凡修满应修学分的六分之五及其以上者，将由鹿传霖本人签发毕业执照。

鹿传霖独具慧眼，在闭塞的中国西部四川成都，居然办成了得新式教育风气之先，与京津沪等发达地区学校并驾齐驱的四川中西学堂。

他提出"中西学堂之设，原期培植人材，讲求实学，博通时务，不可少涉虚浮"，要求"一切有用之书，使之兼营并习，互相发明，期成有用之材"。

在学制和课程方面，学制上仿照西方的教学制度，学生的编班定级根据科类、分学识程度，学制两年。课程上标榜"分科治学"，英文科、法文科期初以各自的语言文学课程为主，算学科建立后，鹿传霖指示，学生必须学一两门外语，这样就把多门课程合在一起上了。

学生除了学习公共外语、国学课程外，还需学习十类二十六门课程。学堂中，除有身着长袍马褂的清廷鸿儒长声悠悠讲授《四书五经》外，也有了西装革履的海归教习讲授现代学科：化学、物理、英文、法文。

师资由清廷的总理衙门选派，大都从留学英国、法国、日本等归来的人员中挑选，作为学堂的教习。鹿传霖还从

鹿氏家族历代进士题名碑

沿海、本省选拔高素质人才充当教习，并给予优厚的待遇。

做得好的教习，特别申请涨工资。算学馆内堂教习苏映魁，七年来教算法和测绘，穷微尽数，探奥勾源。"一介寒儒，远道来川，家口繁重，但其只重教学，口不言钱。"鹿传霖下令，苏映魁每月薪金加十两，达到六十两，与英文、法文教习月薪相当。

也有干得不好的，算学馆外堂教习徐树勋因不敬业被辞退，拟由内堂学长高寿恺就近兼任。

这份得到总督签字许可的加薪文告，还要抄送给布政使、候补道、文案委员、稽核委员、日行所委员。

当时生源主要来自老式书院、高等私塾，不限于本省，其他省份的人员也可以进入学堂读书，这样就扩大了招生范围，各式各样的人才云集四川中西学堂。

光绪二十六年（1900），四川中西学堂第一届学生毕业。考得3/6学分者

发给三等执照（文凭），考得4／6学分者发给二等执照，考得5／6学分者发给头等执照。获二等、三等毕业执照的学生，原则上可到原籍当中学堂的教习，也可自费出洋留学。获头等执照者，经严格考核，公费派送出洋留学或授以功名。

鹿传霖等人办学有成，两年后，清廷军机处以火票形式，点名表彰了包括四川在内的一些省份，要求各省督抚"已设学堂者量为拓展，未设学堂者择要仿行"。

光绪二十五年（1899），谭嗣同等发起、熊希龄任提调即校长的湖南时务学堂，其办学章程即《湖南开办时务学堂大概章程》的学制和学生管理条款中，明确指出："照四川中西学堂例。"

古今交辉，文脉相承。有了鹿传霖的"兴设学堂，力图富强"之始，才有张澜倡导的"培养社会骨干、国家栋梁"，方能造就今日川大的"为天地立心，为生民立命，为往圣绝学，为万世开太平"的精神气度。

宠辱不惊

"也许是天生懦弱的关系，我对所有的喜悦都掺杂着不祥的预感。"

用三岛由纪夫的忧郁，镜鉴晚清总督鹿传霖的人生，更容易体会一个改革者对未来的忧患。

光绪二十八年（1902）夏，北京的傍晚。霞光躲进云层时，英国著名传教士李提摩太刚结束与清廷重臣荣禄的会谈。

李提摩太告别时，荣禄突然问："你想不想见见鹿传霖？"

对于印象中"这个严肃而又顽固的绅士"，李提摩太沉吟之后答应了。

"中国比以前差多了，并且一年比一年变得更坏。"见面后，鹿传霖的第一句话，让李提摩太大为诧异。

两个人，就此热烈探讨起晚清的时局与变革。不同的是，李提摩太更像一个改革的投机者，鹿传霖则像一个老实的投注者。

河北定兴县，人口五十万，距离北京一百零二公里。

定兴的名气，来源于荆轲、高渐离、祖逖，也来自晚清名臣鹿传霖。

2007年1月19日，四川大学教授党跃武一行，造访定兴，这是对四川大学创始人鹿传霖的首次寻根之旅。

鹿传霖故居位于定兴县城东南隅，始建于明崇祯十年（1637），后经几次扩建而成。

当年的鹿氏祠堂规模宏大，旁边还有花木兰祠和穆桂英祠，可惜毁于"十年动乱"。剩下一座四合院，却已在风雨飘零之中。

裸露的青砖，或许是与鹿传霖一同承载过的历史信物，见证着岁月的沧桑与峥嵘。

鹿传霖为官五十余年，恰逢晚清贪风日盛，他则"所至廉约率下，尤恶贪吏"，对贪污受贿者一律黜革。

他做事不推诿拖沓，当天的事必须当天办结，因此被誉为"朴忠"。

追根溯源，鹿传霖是明末清初理学大师鹿善继的第七代传人，他继承了家族为官、为学的精髓。

他曾向小舅子张之洞传授十六字为官真诀："启沃君心，恪守臣节，力行新政，不背旧章。"这也是鹿传霖宠辱不惊、进退自如的写照。

悲情身世

良将不怯死以苟免，烈士不毁节以求生。

定兴县方志办主任耿超认为，鹿传霖一生坚毅，因他早年父母双亡造就。

鹿传霖的父亲鹿丕宗，1832年任贵州镇远府施秉县知县，后升迁至都匀府知府。

道光十六年（1836）八月，鹿传霖出生在贵州郎岱厅署实，为鹿丕宗的第五子。

幼年鹿传霖"体质素强，性尤敦敏"。五岁拜师学习，八岁就开始学习六经。鹿家的家教甚严，鹿传霖本人也十分上进，"八岁时，母萧太夫人戒勿妄语，持守终身"。

鹿传霖童年时，就熟识其父的同僚张瑛，即张之洞的父亲。鹿、张两家关系密切，童年时期的鹿传霖与张之洞是同学。鹿传霖还与张之洞的二姐定下姻亲，这些关联是以后张之洞与鹿传霖交往甚密的原因所在。

咸丰六年（1856）九月，黔境内苗人起义。贵州的尤里、贵定两县的农民起义军，合攻贵州都匀府。年少的鹿传霖奉命在城外，听到城危的消息，急忙回城，助父督战。与农民起义军相持十个月后，鹿丕宗坚持"城亡与亡之义"。鹿传霖要求"侍父誓从死"，被鹿丕宗拒绝，并命人强掖鹿传霖逃出都匀城，以求援兵。鹿丕宗和其夫人萧氏自焚于都匀城。

鹿传霖随众冲出都匀城，投奔到贵州总督府，后随大军收复都匀城。鹿传霖背负其父母的遗骸，穿过动乱地区，北归原籍定兴，使其父母灵归故里。

当时他只有二十岁，由此知名。

为了表彰鹿丕宗的忠义之举，清廷下旨照二品例从优议恤。御赐恤赏祭葬银两，建专祠，入祀京师昭忠祠，国史立传，予谥壮节。鹿传霖的继母萧氏陪同鹿丕宗自焚都匀城，清廷降旨族表祀专祠，晋赠一品夫人。

父母的义烈，使年轻的鹿传霖承受着痛苦，也承袭着勇毅。咸丰九年（1859），二十三岁的鹿传霖乡试中举，随后他以举人的身份跟随钦差大臣胜保，收降了淮州的捻军，以功授同知，从此步入仕途。

清光绪二十年（1894），身为陕西巡抚的鹿传霖兼摄西安将军。

次年，鹿传霖奉旨赴四川接任总督，上任就接办"成都教案"。

他召集所有下属研究事态及解决方案，经过讨论，得出如此判断：此次教案虽然起于英国，但英国在省城内外被毁的教堂仅七处，美国被毁三处，赔款不至过巨，并且英国有迷害幼孩一事，理屈词穷。而法国一方最难办理，法国教堂被毁达二十余所，丢失存款二十万，却谎称丢失七八十万。

鹿传霖上书朝廷，主张各个击破。经过反复据理力争、软磨硬泡，四个月后，法方赔款大体议妥。然而由于属下交涉不利，英美方面迟迟不能确定。此时清廷高层担心久拖不决，恐生变故，急命鹿传霖尽快结案。鹿传霖只得遵旨办理。

为了避免之后再出现同样的缺憾，他事后特意提出三条建议：第一，今后地方大员必须督率下属，遵从政府的规章制度，凡遇有与洋人交涉事宜，地方官员一定持平迅速办理。第二，对洋人的教堂、医馆必须加以保护，不许再疏忽大意。第三，及时开导民众，消除民众的疑惑，不许造谣生事，以保和平。

光绪二十一年（1895），鹿传霖因洋务日多，奏准专门设立四川洋务总局，局址驻成都永兴巷。至光绪二十七年（1901）底，在川外国人中仅外籍传教士就上升为一百八十九人，教徒及皈依者七千八百八十九人，重要城镇都有了福音堂。1904年，为了培养洋务及翻译人才，洋务局还创办了英法文官学堂，学制三年。

洋人在四川的骤增以及有序管理，都证明了鹿传霖的远见卓识。

罢官归乡

处理完"成都教案"，鹿传霖面临的还有最麻烦的边疆困局：瞻对之乱。

瞻对，今四川省新龙县。位于四川省西部，靠近西藏东界，是四川与西藏相通的关键纽带，地理位置极其重要。

瞻对本来分为上、中、下三土司，随着各土司势力的扩张，至道光年间，中瞻对的实力最为强大，其首领贡布朗加尚武力，逐渐吞并其他两土司。之后，贡布朗加不断侵扰周边各土司，造成这一地区长期动荡不安。同治十年（1865），川军在藏军的协助下，用时三个月，才将贡布朗加之乱平息。

鹿传霖到任时，政治环境愈加复杂。当时英国和俄国都觊觎西藏，并且西藏当政者倚仗俄国的势力，阻梗西藏与英属印度勘定边界，局部矛盾渐有上升为川藏冲突的趋势。

鹿传霖上奏清廷，主张平定瞻乱、改土归流。得到清廷的同意后，鹿派遣军队前往镇压，用兵仅两月余，三瞻一律肃清。

平叛之后，鹿传霖决心采取改土归流的方式，先把瞻对收回四川，再以瞻对为关节点，逐步实现对其他各土司的整顿治理，最终达到保川图藏的目的。

他主张派汉官在此屯田，开垦荒地，并建立通讯设施等。但其支持者李鸿藻不久逝世，成都将军恭寿、驻藏办事大臣文海从中设阻，朝廷摇摆不定。

西藏当政者立即上疏并贿赂恭亲王爱新觉罗·奕䜣，鹿传霖就此被罢官免职。

四川省作协主席阿来在其所著的《瞻对》一书中也考证了这段历史，鹿传霖进击瞻对藏军得胜后，曾委派张继处理过德格土司家族内部夺权的纠纷，当时鹿传霖有意在瞻对和德格实行改土归流，便借机将老土司切麦打比多吉夫妇和两个儿子，先解往打箭炉，再后又解往成都软禁。鹿传霖改土归流未成，德格土司一家释放回本土。

人散后，一钩新月天如水。

回到定兴的鹿传霖，忧郁惆怅，以勤练书法排解心中苦闷。

忠有愚忠，孝有愚孝，可知忠孝二字，不是伶俐人做得来。

鹿传霖对清廷的愚忠，早已为英国传教士李提摩太所叹息："偏见误导了他，使他无法对事物形成正确的判断。"

泰戈尔说，世界以痛吻我，要我报之以歌。

王学斌撰写的《名臣名将鹿传霖》一文详细披露了鹿传霖的起复之路。

戊戌政变后，荣禄全面掌权。很快，荣便举荐在家蛰伏三年之久的鹿传霖复出，担任广东巡抚。鹿传霖同荣禄的关系可不一般。当鹿还是陕西巡抚时，曾收到直隶同乡、当朝大佬李鸿藻的书信。信中李向鹿推荐新任西安将军荣禄，希望二人能和衷共济。此前荣禄与李鸿藻同为京官，交谊匪浅，已结拜为金兰。所以，荣禄若想在陕站稳脚跟，就须同当地官员搞好关系，他借助李鸿藻这层关系来向鹿传霖示好，也再自然不过。况且荣禄确实才略过人，鹿传霖对其钦佩有加，二人由此在西安结下了深厚的交情。正是在好友荣禄的力挺下，本来有"不良记录"的鹿传霖，两年内连连升职，官拜两广总督。

光绪二十六年（1900）夏，义和团蜂起，八国联军侵华，两宫逃往西安，北方地区一片狼藉。此时南方各省督抚为了维护地方稳定，纷纷倡议东南各省联合自保运动，史称"东南互保"。

此时仍署理江苏巡抚的鹿传霖，面对两宫生死未卜的情形，再也按捺不住，迅速招募三营兵力，亲自统领北上勤王。鹿传霖的忠心换来了慈禧的赏识，在西行途中，命其以候补尚书入值军机。护送两宫至西安时，"擢左都御史，迁礼部尚书，兼署工部，改授户部"。

当慈禧驻跸山西之际，鹿传霖上呈了一份轰动一时的奏折——分析了当时

鹿氏家族墓全景

所处形势，认为不可草率回京，以免受制于洋人。他还陈述了西安地利、人和、历史沿革等诸因素，再加上其本人曾在陕西任巡抚多年，经营筹划已见成效。基于此，鹿传霖恳请两宫"择期启銮，前赴西安，早定迁都大计"。鹿的这一建议很快传遍大江南北，引来士林一片哗然。

虽然最终两宫没有在西安建立新都，但还是采纳了将西安设为行在的建议，鹿的主张实际影响了清廷主政者的决策。这也说明慈禧已将其视作心腹和股肱之臣。

一抹残阳

因勤王奇勋，鹿传霖授两广总督，入值军机。后升左都御史，迁礼部尚书，兼署工部尚书。光绪二十七年（1901）掌户部，兼督办政务大臣。实行新官制后，被罢值军机，专治部事。宣统元年（1909）与摄政醇亲王同授遗诏，加封太子少保，历任体仁阁大学士等。

但年过七旬的鹿传霖身体一直不好，并长期患有痔病，起居办公非常困难。

河北省博物馆藏《鹿传霖日记》两册，该馆副馆长何直刚1964年出差到定兴，偶然在路旁杂货摊发现并征集。

甲册始记于光绪二十八年（1902）五月初十，至十一月初七止；乙册始记于光绪三十四年（1908）二月初一，至十二月三十止。两册均用"清秘阁"八行红格本竖书。乙册首页有鹿传霖自题"钦派赴归绥查办事件日记"。

这两册日记均写于军机大臣任上，记下了大量政务处置和日常公事往来。其中，也多次记录痔疮带给他的痛苦和折磨：

（三月）十三日晴

后坠，出恭不解。

解初三家信，午发家信。未刻贻送公司文卷，各件查多补造掩饰。云门会胡公度，又询姚学镜。

（六月）初五日

连日张中堂差人问病。

仍泄。老邓来诊，服其方。朱恩绂、荫午楼均未见。朱桥笙送羊毡、皮褥、韭菜，其弟带来。夜竹生来，张仲元亦诊。

（九月）廿八日雨

胀极，晚服补丸二九。梧生、四女均来。

早起腹胀、强入直，已回。饭罢即出恭，不解，卧时许再出，仍不解。直、东、苏三省黄、李、田、王、赵、王鹤田、史七因铁路强见，吕镜宇亦会。

为此，他四次上疏，要求解职归养，但均被清廷"温谕慰留"。

病痛折磨，让鹿传霖骨瘦形销，但他仍为改革而歌。宣统二年（1910）八月，病危中的鹿传霖向清廷上遗折，言词恳切："方今时局陆危，列强环伺，民穷财尽，灾异迭乘……愿监国摄政王辅导我皇上，励精图治，及时自强，举凡用人、理财、练兵、兴学诸大政，力求实际，痛除积弊，但能忧勤惕励，终必转危为安！"

当年八月二十六日，鹿传霖病逝京城，享年七十五岁。

一位贤臣离去，这个王朝迎来最后一抹残阳。

残阳是什么呢？如三岛由纪夫在《丰饶之海》里的描述："每当看到晚霞的灿烂辉煌，看到火烧云翻卷奔涌，就觉得'更美好的未来'之类的呓语黯然失色。呈现在眼前的就是一切，空气里充满了色彩的毒素。它预示着什么即将开始呢？什么也没有开始，只有终结。"

（本文原载于2017年11月16日、11月23日《华西都市报》

封面新闻记者：仲伟　定兴县方志办供图）

奎俊
爱财如命的双面总督

|人物简介|

瓜尔佳·奎俊（1843—1916），字乐峰，清朝大臣，书法家。光绪十四年（1888）任福建兴泉永道，旋升福建按察使。之后任山西巡抚、江苏巡抚。光绪二十四年（1898）授四川总督，二十六年（1900）署成都将军。后历任刑部尚书、吏部尚书、内务府大臣等。清帝退位后，解职归里。工书，近赵孟頫，得其神髓。

世界上的事就这么奇怪——

最可怕、最丑陋的东西，在某一刹那看来，往往比什么都可爱。

比如，见不得人的财富，或者贪婪得来的名望。

瓜尔佳·奎俊，晚清四川总督，京城四大财主之一、晚清大佬荣禄的堂叔。

他人生最大的愉悦，不是富可敌国，而是敛财乐趣。

所以，"炮税"和"粪税"，成为他在巴蜀杂税的极致发明。

而他，更以敢吃赈灾银而有名，被晚清史学家毒辣评论：贪馋无耻。

奎俊画像　罗乐绘图

教育贡献　选派学生留学

奎俊到底有多少财富？何能在飘摇的晚清进退自如？

光绪二十四年（1898）五月，奎俊补授四川总督。七月，奎俊由上海溯江而上，沿江督抚，争相迎送。

湖广总督张之洞与两江总督刘坤一，互通电讯，通报如何接待奎俊。刘坤一致张之洞的电报如下：

> 张制台：奎乐帅昨抵宁，明日展轮，上驶到鄂。拟奉拜，仍住船，即换轮赴宜昌入川。此间亦系住船，未肯入行辕。谨闻。坤豪。戊戌八月初四日未刻发，申刻收。

行辕，是为过境的督抚或朝廷要员设立的招待居所，内里豪华。奎俊宁可在船上过夜，也不肯领刘坤一之情，住进同僚精心准备的行辕，其不可一世之锋芒，约略可见。

若把奎俊的孤傲视为假装清廉，那他在"东南互保"中的表现，则是虚与委蛇。

光绪二十六年（1900），庚子事变后，慈禧宣布对列国开战，下旨要求各督抚一并向各国开战。

但在英国的操纵下，刘坤一联合张之洞、李鸿章、许应骙、袁世凯等，倡议"东南互保"，称圣旨是拳民胁持下的"矫诏"。奎俊和端方表态支持，但不加入。经买办官僚盛宣怀牵线策划，上海道余联沅出面，与各国驻沪领事商定《东南保护约款》和《保护上海城厢内外章程》，规定上海租界归各国共同保护，长江及苏杭内地均归各省督抚保护。

"坐拥东南，死不奉诏"，此举使得清廷颜面扫地，革命势力得到发展。

主政四川，奎俊唯一对教育的贡献，是将前任总督鹿传霖的办学方略发扬并完善。

光绪二十八年（1902），奎俊选派四川中西学堂学生十八人和四川尊经书院学生四人，由知府李立元带队到日本和西方"国家公学堂肄业"。

"岁以三年为期，前者毕业，后者继往"，由此拉开四川近代有组织选派学生海外留学的大幕。

同年，奉光绪帝朱批，奎俊将四川中西学堂与改制后的尊经书院和锦江书院，合并为四川省城高等学堂，即今四川大学前身。

三道谕旨　革掉成都知府

高雅时髦与丑陋粗俗，往往是人性的两面。

大年初一，祝福、喜乐、笑声。

多么多姿多彩的一天，成都知府阿麟，却守着一堆残火，忧心自己的未来。

光绪二十七年（1901）腊月初八，谕旨发出：以声名甚劣，革四川成都府知府阿麟职。

奎俊督川，有两个铁杆下属：藩司员凤林、成都知府阿麟，三人脾胃相投，捞钱为乐。

光绪二十七年，朝廷给奎俊发下第一道谕旨：

谕军机大臣等。有人奏：四川成都府知府阿麟，捕务废弛，信任家丁，致吏治不修，盗风日炽。藩司员凤林，不甚留心吏治，昏聩善忘，年老嗜利。

接到谕旨，奎俊不以为然，因为他是名门望族瓜尔佳氏。

瓜尔佳氏中，最出名的是苏完瓜尔佳，鳌拜一支；乌喇瓜尔佳，奎俊、荣禄一支。

乌喇瓜尔佳这一支，在清初并不显赫，但从荣禄祖父塔斯哈开始，突然崛起，一飞冲天。

《官场现形记》里刻画过一个爱受人请托的"华中堂"，胡适认为原型就是荣禄。

朝中有了瓜尔佳·荣禄这样的堂侄、坚强的后腰，奎俊对第一道谕旨置之不理。

很快，御史再次上奏。光绪紧接着发出第二道谕旨：

四川吏治之弊，匿灾讳盗，相习成风。藩司员凤林，昏聩健忘。首府阿麟，贪黩著闻。吏治军政，诸多废弛。川省地方紧要，奎俊身膺疆寄，责无旁贷。务当振刷精神。

这道谕旨发出前，荣禄已经寄出密信，让奎俊弃车保帅。由于荣禄的幕后操作，朝廷最终只将阿麟革职了事。但陆保璿所作《满清稗史》却称"阿麟为奎俊鹰犬，多行不义，阴济其贪"。

诸如此类官场任免、革职查办，奎俊与荣禄常常书信来往，互通情报。

《荣禄存札》仅收录其自庚子夏至去世前（1901年6月至1903年4月），不到三年内各地官员的来函，其中涉及请托者竟有三四百件之多。

这些信札清楚记录了请托者的身份、心理和逢迎馈赠等请托手段，对于考察晚清官场的幕后运作，有着不可多得的价值。

重庆知府鄂昌，费尽心机弄到一个署夔州知府的机会，这是四川首屈一指的"肥缺"，忽闻总督奎俊保举其候选驻藏帮办大臣，忙求荣禄"设法援手，俾得免此一行"。

一声炮响　百姓黯然发抖

光绪二十六年（1900）后，"庚子赔款"的巨大数额，直接分摊各省。同时清廷要求地方政府自筹经费，大举新政，各地乘机巧立杂税名目。

四川由于历任总督增加税种，有食物税、用物税、牲畜税、营业税、肉厘、茶捐、花捐等四五十种，导致税率一直较其他省份高。

税名如此繁多，最奇葩的莫过于"炮税"和"粪税"。

清末官员张集馨《道咸宦海见闻录》记载，官将去任，减价勒税，名曰"放炮"。地方官每放炮一次，可得五千至一万两白银。

官员要调任时，让差役放话："粮食税、肉税可以打折。"百姓贪图小利，纷纷交税。但有些官员，放了炮却没走，称之为"太平炮"。

哪知新官到任，又减价催税，称之为"倒炮"，百姓苦不堪言。

以光绪末年永川县令为例，俞县令，放炮二十一次，收税二十一万四千两；邹县令放炮两次，收税二万四千两。

这样的盘剥，到后来百姓一听炮响，黯然发抖。

最为荒唐的"粪税"，则是奎俊主政期间亘古未有的发明。庚子赔款四川每年要摊派二百二十万两白银，奎俊掘地无门，成都知府阿麟献计："农民入城担粪，即抽粪税，每担取数文，每厕月取数百文。"

据说讽刺大师刘师亮写下绝妙对联："自古未闻粪有税，而今只剩屁无捐。"此联一度被误认为是郭沫若所作。

操盘金融　当铺与银圆局

奎俊之所以能成为晚清富豪，还在于他是一个新式的"金融操盘手"。

手段有二，一是和荣禄合股在京城经营当铺，二是在四川开办银圆局。

晚清大员之所以热衷典当业，与当时吏治腐败有直接关系。这些身居高位的权臣，积累了大量财富后，并不满足，还想进一步"以钱生钱"，于是将贪污受贿得来的银两当作本钱，大量投入典当行业。

荣禄在"戊戌政变"之后，大权独揽，送礼行贿者纷至沓来，他于辛丑年（1901）由西安返回京师前夕，致奎俊的家书称：

> 京城南院花园各房，均已收回，将来到京后再为斟酌办理。小号本

钱，昨汇至山东"一零二七""四五三七"，交蔚廷、佑文，代存听用，以免由此动身赘累。

蔚廷，指袁世凯，"戊戌政变"后取得荣禄信任，被提拔为山东巡抚；佑文，指山东粮道达斌，与袁世凯、荣禄关系密切。密信中所谓"小号本钱"，指京官和各地官员的行贿银两，均变成了荣禄的"本钱"。

《荣禄存札》还揭示了收受贿赂的具体数字与细节，令人触目惊心。

四川银圆局与四川机器局，则是四川近代金融和工业的代表，贪腐也在向这两个新兴行业深入。

光绪二十二年（1896）六月，四川总督鹿传霖以川省制钱缺乏、银价过低为由，奏请购机办厂，铸造制钱银圆，利用四川机器局空地，设立银圆局。光绪二十四年（1898）四月，机器陆续运到安装，七月开铸。二十五年（1899），朝廷旨令各省银圆改归湖北、广东代铸，因而停办。二十七年（1901），奎俊以四川地僻道险，求邻非易，奏准复设，并代云南附铸银圆。

此时的奎俊有长远的打算。当时的四川，经过多位总督经营，战乱平息多年，人口繁衍很快，年经济总量已超过千万两白银。成都已是商贾云集，百货集聚，俨然偏僻西南的中心。他想让白银、宝钞、铜钱、银票同时流通，官办、私营相互通兑，让成都自成西南的金融中心。

同时，他还奏请扩充制造四川机器局，经费请由八万两再加两万两，仍由成绵道库土货厘金项下开支。

此后的四年间，奎俊又以添造枪械、培修厂房为名，增加经费两万五千余两。"去岁扩充制造，已添设绘图委员一人。此次培修各厂，应添绘图、白药房各一所，以资办公"。

离川"哭穷"　吃赈银五千两

孟德斯鸠说："变坏的绝不是新生的一代，只有在年长的人已经腐化之后，他们才会败坏下去。"

插足四川各个行业，混迹于改革，奎俊捞到了大量钱财。四川的吏治越发荒废，苛捐杂税、层层压榨，民不堪负。

光绪二十八年（1902）春，四川大旱，赤地生烟，饥民累累。四川各地掀起了风起云涌的义和团运动，新都石板滩廖九妹便是其中的代表。

多次剿灭无力，官军节节失利，廖九妹一度打到成都。清廷震动，将奎俊开缺回京，调岑春煊入川"救火"。

仕途折翼，对大多数官员来说，此时恐怕是"身若浮云，心如止水"，但奎俊是另类。

《大清财政史料》指出："迨壬寅秋，奎俊开缺回京，食赈银至五千两，派船价银五千两，而贪乃显著。"

光绪戊戌、己亥年间，山东大灾，天下奉旨筹赈，四川官绅集捐甚巨。当时赈款不收入库，交给山西巨商蔚长厚代收，除汇往山东外，赈款还存有六千六百两。

奎俊离开四川时，向新任川督岑春煊及藩臬两司"哭穷"，索要一万两车马费。

臬司曹穗，奎俊的好朋友。他与藩司员凤林、藩幕宾沈荫余商量后，提取山东赈款五千两作为新任川督司道之仪。又令成都、华阳两县及沿江彭山至巫山二十州县共出船价五千两，合成一万两。奎俊笑纳。

贪到如此地步，也只能感叹其强大的逻辑：能赚一点钱，总比空手而归的好。

回到京城，奎俊很快起复。光绪二十九年（1903）正月，任理藩院尚书；三月补授正白旗蒙古都统；七月兼署都察院左都御史；八月调补刑部尚书；十月，奉旨赏在紫禁城内骑马。

奎俊的宅邸，现尚存于北京南锣鼓巷黑芝麻胡同13号。豪华的宅邸建在七级台阶上，东为花园，西为住宅，共有五进院落。

北京南锣鼓巷周边曾是元大都的市中心，明清时期更是大富大贵之地，王府豪庭数不胜数，每一条胡同都住过许多达官显贵、社会名流。

者边走，那边走，只是寻花柳。

那边走，者边走，且饮金樽酒。

前蜀后主王衍的《醉妆词》，唱的是王者之歌，唱的是享乐之道。

可是，无论怎样的奢华显赫，都将被时间的巨轮碾碎。将相王侯，终是历史硝烟里的悲歌。只有那几百年的青瓦灰墙，风雨不改。

（本文原载于2017年12月14日《华西都市报》

封面新闻记者：仲伟）

岑春煊

从京城顽主到一代枭雄

|人物简介|

岑春煊（1861—1933），字云阶，号炯堂老人，广西西林人。云贵总督岑毓英之子，1885年考取举人，以恩荫入仕。1898年因力主变法维新而得光绪帝青睐，提拔为广东布政使，1899年调甘肃布政使。

1900年八国联军侵华，岑春煊率军至北京"勤王"，次年任山西巡抚，创办山西大学堂。后署理四川总督，旋署两广总督，任内积极推行新政，大举惩办贪官，有"官屠"之称，与直隶总督袁世凯并称"南岑北袁"。1907年入京任邮传部尚书，与军机大臣瞿鸿禨等发起"丁未政潮"，反被庆亲王奕劻、袁世凯一派弹劾而罢官。

辛亥革命爆发，岑春煊被清政府任命为四川总督，未赴任。民国后，他支持孙中山发动二次革命，并被推为各省讨袁军大元帅。后与梁启超等在广东肇庆成立军务院，任副抚军长，代行抚军长职，投身护国运动。

心有猛虎，未必细嗅蔷薇。

印尼作家埃卡·古尼阿弯的《人虎》，展露了人性中神性与兽性的博弈。

当狂暴的力量蹦出心灵，露出那双黄灿灿的眸子时，控制它，还是安抚它？

或许，只有敬畏地盯着——那头正满心欢喜地打扮着自己的壮硕野兽。

名望，权力，贪婪与金钱，晚清名利场里的一切，仿佛都与四川总督岑春煊无关。

他摸摸胸口的猛虎，走出最优雅的姿态："满地都是六便士，我却抬头看见了月亮。"

岑春煊

一个浪荡公子

广西百色市西林县，著名的砂糖橘之乡。

相较于砂糖橘的名气，外地人对西林名人岑毓英、岑春煊父子的认知，浅薄得多。

在西林，岑氏父子声名赫赫，当地专门建有"一门三总督"故居，现已开发成西林县宫保府景区。

"一门三总督"是指岑毓英、岑毓宝、岑春煊，岑毓英与岑毓宝为同父异母兄弟。

中法战争中，岑毓宝随兄岑毓英赴越南抗法，率十营兵力迎战法国援军，取得临洮战役的胜利。后升任云南布政使，官居二品。

据《西林县志》记载，岑毓英因平定云南之乱有功，官至云贵总督，成为

位于西林县的岑氏家族古建筑群宫保府

清廷的封疆大吏。

咸丰十一年（1861），岑春煊出生于西林那劳村，是岑毓英第三子，人称"岑三"，因性格多变、敢作敢为，又称"颠三"。

岑春煊少年时就读泗城云峰书院，九岁随父亲岑毓英到昆明读书。

久居昆明的岑春煊却心念家乡子弟，"西林距省会二千里，子弟读书、应试既苦道远，又鲜观摩"。同治十二年（1873），岑毓英在桂林东巷原靖江王宗庙遗址处置地建房，遂成气派的"岑氏宫保第"。

但遇年节省亲，岑春煊时常到桂林玩耍，长住"岑氏宫保第"。

那时的桂林东巷，可谓风水宝地。北临王城，八桂学子云集；东面毗连盐街和漓江，商贾众多；南面一带戏院众多，歌舞升平；对一个家境殷实的官宦子弟来说，学习嬉戏两便，吃喝玩乐恣肆。

值青春弱冠，岑春煊难敌诱惑，轻易就成鲁莽少年狂。

光绪五年（1879）时，岑毓英考虑到"滇桂僻处边地，弟子见闻隘陋，无所师法"，也为断绝岑春煊一班不务正业的朋友，便命其到北京学习，并用钱为他捐了一个工部主事行走的职务，相当于秘书的公职。

济济京城内，赫赫王侯居，宝马雕车香满路，岑春煊怎敌得过这人生盛景。

旧习未敛，客居北京的岑春煊成了有名的纨绔子弟，与劳子乔、瑞澄被时人称为"京城三恶少"。

据汤用彬《新谈往》记载："春煊少跅弛，自负门第才望，不可一世，黄金结客，车马盈门，如宴也。"

酗酒滋事，名声败坏。几年后，岑春煊不得不回到桂林"宫保第"府闲居。

有了"官屠"名声

亚里士多德说，人生最终的价值在于觉醒和思考的能力，而不只在于生存。

"京城三恶少"之一的劳子乔，是江宁提学使劳乃宣的儿子，有关他的生平记载较少，除了恶少的名头外，只知道他后来做过清廷的御史。

瑞澄，大学士博尔济吉特·琦善之孙，黑龙江将军博尔济吉特·恭镗之子。当过刑部任主事、江西九江道台，因为有官声，调任上海道台，任内奉命在辖境内禁绝鸦片，建立了警察部队。

游戏人生与浪子回头，刚好是一个岔路口。

眼看岑春煊将碌碌无为，恰遇到三年一次的广西乡试。关于岑春煊考进士，桂林坊间有两种说法：一是说，岑春煊当时的境遇，急坏了他的老丈人——桂林私塾老师刘玖石。临考时，刘玖石便叫考过进士且年龄相仿的儿子刘名誉冒名顶替；二是说，由桂林老孝廉胡世鼎、胡世铭兄弟代写试卷，并买通考场人员，"买卷入场"。

其实，这两种说法不足为凭。岑春煊虽然顽皮捣蛋，但天资聪慧，并未荒废学业。1885年，岑春煊参加广西乡试，顺利考中举人。

由此，二十四岁的岑春煊登上了晚清的政治舞台。先后任工部郎中、光禄寺少卿、大理寺正卿等。

光绪二十年（1894），中日甲午战争爆发，岑春煊上书请赴前线，受命到山东黄县布防。中国战败后，签订了丧权辱国的《马关条约》，岑春煊对此愤懑难平，辞职离京，回桂林东巷闲居。时逢康有为在桂林宣传维新变法，他结识了康有为，并支持变法。

1898年，岑春煊再次进京，受光绪皇帝召见，趁机上书，条谏时政，得到光绪皇帝赏识，授广东布政使。

此时的清朝，已是风潮暗涌，迭变丛生，只有猛虎才能治沉疴。

岑春煊在广东搞吏治改革，大刀阔斧地裁撤各闲散机构和人员，甚至把两广总督谭钟麟衙门的文案也予以裁并。他的目光所及不仅仅广东一隅，还十分关注全国的变法大局。

在晚清官场，流行着"三屠"之说，岑春煊是官屠，张之洞是财屠，袁世凯是人屠。

岑春煊性情刚烈，不畏权贵，任内弹劾了大批贪官和庸官，"刚直于乱世，忠勇在朝野，屠官不惧权势，杀伐亦不察颜色"。

署理四川总督时，岑春煊曾准备一次弹劾三百多名官员，将长期积累下来的官场弊端一一革除。仅两广总督任上劾罢不法污吏渎职者一千四百多名，甚至不惜追逃贪官到澳门。使全国为之震动，一时有"官屠"之称。

桑兵在《庚子勤王前后的岑春煊与保皇会》一文中指出，在岑春煊"屠官"的过程中，最瞩目的是周荣曜案和裴景福案。1904年，岑春煊受命兼任粤海关监督，查得海关库书周荣曜私吞公帑数百万两，并与朝中勾结，后为逃避追查，以庆亲王奕劻之奥援，被派为出使比利时大臣，岑春煊趁他尚未出国时，弹劾其贪污之罪，周荣曜溜到暹罗，但他的财产被全部没收。丁未政潮岑春煊进京弹劾庆亲王时，便是举周荣曜为证。裴景福案则是岑春煊于1903年莅任广州后，立即指控南海知县裴景福贪污二十四万银圆，裴景福逃到澳门避难，后虽被岑春煊交涉引渡，但清政府以查无实据，未处死刑，只是发配新疆。据说，裴景福案带有很强的挟私报复之嫌，因为岑春煊在戊戌变法期间与康有为往来密切，而裴景福曾负责查抄康家，发现了岑春煊与康有为往来的书信，虽然这些书信被全部销毁，但岑春煊仍然必欲置裴景福于死地，故借口反腐而引发此案。

如今看来，裴景福发配新疆也不全是坏事，他远赴戍所，写就了我国近代史地研究中备受瞩目的一部杰作《河海昆仑录》。临行前，他做了两只布口袋，随身携带，"道途之所经历，耳目之所遭逢，心思之所接斗，逐日为记，悉纳之囊中"。其行程始于南海，中经黄河，最后抵达昆仑山之境。行程11720余里，共370余天。书中记行、叙事、写景、言志、抒情、诗文互映，情事互补；自然风光、民情风俗、时事、历史、舆地、军事、外交、绘画、书法、古玩鉴赏，乃至于股票，无所不包。而论为人，谈治学，更是见识深刻。在他的笔下，巍峨的群山、无垠的荒原，尽显"边塞莽苍光明气象"；茫茫戈壁、萧索大漠，却是"心灵一片净海"。

改建省城高等学堂

如果仅仅以"官屠"的形象定义岑春煊，是片面的。

岑春煊的父亲岑毓英曾在西林县办过一所"南阳书院"，受其影响，岑春煊十分重视教育。

"教育者，政治之首务也。观瞻所系，尤当切意振兴。人民知识，国家兴替系之。欲为国家立不拔之基，必求人民有相当知识。教育者，所以启牖人民知识也。"岑春煊多次呼吁要重视教育和培育人才，倡导改建了四川省城高等学堂。

2016年5月，四川大学教授党跃武分享川大故事，讲述了四川省城高等学堂的由来。

1902年3月，时任四川总督奎俊颁发"四川通省大学堂"关防。4月，他上奏光绪皇帝，请求将四川中西学堂与尊经书院合并，组建了四川通省大学堂。"省垣旧有尊经书院，专课经史、策论，由学政选列高等生送院肄业，于中国学问颇有可观。又前督臣鹿传霖任内，创设中西学堂，以算学、英法文分门教授。数年以来，尽有通晓天算及英、法文字语言者。今拟即将尊经书院作为四川省城大学堂，而以中西学堂并入其内，庶中西两种学问均有涉猎"。

接到光绪"著即督饬认真举办，务收实效"的朱批后，四川通省大学堂正式成立。同年12月，新任四川总督岑春煊转发清廷指令，规定除京师大学堂外，各省的大学堂一律改称高等学堂。于是，四川通省大学堂于次年1月正式改名为四川省城高等学堂。

1903年2月，署理四川总督岑春煊在奏报清廷后，用饬令的形式照会四川学务处和四川省城高等学堂："遵改书院为学堂之谕旨，即将锦江书院裁撤，经费田产尽数拨入高等学堂。""住院诸人于五日内即行移寓，不准延留。"岑春煊将锦江书院并入高等学堂后，其原校址由于"房屋基址颇为宏阔，应即改为成都府中学堂"，并亲任校长。

至此，四川大学实现了历史上的第一次三强合并，成为当时全川的最高学府和四川新式学堂的范例。

四川省城高等学堂第一任总理胡峻，字雨岚，是进士出身、翰林院编修和学部二等咨议官。胡峻不仅对四川省城高等学堂倾注心力，还积极致力于振兴四川教育、经济和社会发展。

为了办好高等学堂，1903年，岑春煊派胡峻等人东渡日本考察学务。胡峻等在日本游历四个多月，除了全面考察日本的教育行政、学制规则和学科章程外，也详细了解了日本的国力、民情，同时为学堂聘请了部分日本教习，购买来一批图书和仪器。回国后，他又考察了北京大学的前身京师大学堂。

四川省城高等学堂既借鉴了国外教育的先进经验，又参考了国内最高学府的办学设施，成为当时国内最好的省级学堂之一。

创建成都警察总局

岑春煊还在四川推行"新政"，在成都试办警察，维持社会秩序，并开办警政学校，训练警政人员。

据《四川省志·公安·司法志》记载，1902年，直隶总督袁世凯奏请在天津设立"巡警局"，清廷准奏试办，并作为实施所谓"新政"和预备立宪的措施之一，通令各省仿照筹办。同年，四川总督岑春煊遵照清政府关于在全国筹建地方警察机构的通令，于省城成都创立了通省警务学堂，为开办警察培训骨干。1903年，裁撤原来的保甲总局，成立了省会警察总局，并逐步推及全省。到1910年，四川一百四十四个厅州县中已有一百四十二个设置了巡警局（署），同时在川江干流上设置了水道巡警机构。

岑春煊在四川兴警政时不是简单地把绿营、团练改头换面，而是将绿营裁汰，另以李靓光为总办，以周善培为教习，于1902年9月在成都开办四川通省警务学堂，培养警察人才，以此开创成都创办近代警察的历史。

1903年4月1日，成都警察总局正式挂牌理事。此前，负责省城治安的机构为保甲总局，管辖范围仅限于城内及城外附郭街道，职责为清查户口、盘查可疑人员以及防火防盗等事。警察总局成立，保甲总局即行撤废。总局初设于帘官公所保甲总局旧址，次年即迁至华兴街成绵道署隔壁的皇华馆（现消防支队驻地）内。

总局首脑称总办，副职称会办，下设参谋、总巡、提调、稽核、文案、庶务等官，并在省城东、西、南、北，中和外东六路各设正局（相当于现在的分局）一所。中路、东路和外东正局各辖分局（相当于派出所）六个，南路、西路正局各辖分局七个，北路正局辖分局八个。各正局设正委一人、司法一人、书记一人；每分局设副委两人，正副巡目各一人。分局配设警士多则三十人，少则十余人。全局官警总数约八百余人，后增至一千二百余人。正局、分局驻地多系征用庙宇或公所。

四月初一那天，成都警察首次上街站岗，引来诸多百姓围观，有好奇的人还去摸警察头上戴的大檐帽。

光绪二十九年（1903），广西发生会党、游勇起义，清廷破了"本地人不任本地官"之例，任命岑春煊为两广总督。

从赴任到离开，岑春煊在四川待了不到一年时间，但他与四川的缘分并未结束。

据西林地方志办公室编辑乃艳飞提供的《句町国与西林特色文化》一书中披露，1911年5月，四川爆发"保路运动"，清廷启用岑春煊，再次任命其为四川总督。他主张"先抚后剿"，释放被捕的地方代表、阻止滥杀川人、发还铁路股本、要求清廷"降旨自责"以息民怒，但反对派攻击其貌视朝廷，有反叛之心，岑春煊只好通电辞职。

1912年，中华民国成立，岑春煊致电清廷放弃帝制、赞成民主共和。1913年，他支持孙中山发动二次革命，并被推为各省讨袁军大元帅。二次革命失败后，流亡南洋。1916年初，广西都督陆荣廷派员将其迎归上海。5月，被推举为护国军都司令，并与梁启超等在广东肇庆成立军务院，任副抚军长，代行抚军长职，投身护国运动。1918年排挤孙中山，任广东护法军政府主席总裁，主导南北议和。1920年粤桂战争后军政府解散，岑春煊通电辞职，隐居上海，少管政事。

1932年，中日淞沪开战，岑春煊慷慨解囊，捐出三万元支持十九路军抗日。翌年4月27日，岑春煊病逝于上海。

纵横晚清政坛二十五年，一代枭雄正式落幕。

（本文原载于2018年3月1日《华西都市报》

封面新闻记者：仲伟　西林县方志办供图）

锡良
一条铁路与王朝崩塌

|人物简介|

锡良（1853—1917），字清弼，巴岳特氏，蒙古镶蓝旗人，晚清名臣。历经同治、光绪、宣统三朝。为官三十七年，以正直清廉、勤政务实而著称，是晚清政绩颇佳、贡献较大的历史人物。他早期在山西任职二十年，以廉洁、仁爱、为官认真著称。光绪二十六年（1900），义和团进逼京师地区，锡良受命率部北上保卫京师，后知慈禧、光绪一行逃往西安，便改去山西太原护驾，被光绪帝任命为山西巡抚，防守后路。光绪二十七年（1901）在热河任上半年里，积极整顿吏治、财务，兴办矿业，开垦荒地，整顿巡防等。光绪二十九年（1903），锡良调任四川总督，在四川积极推行"新政"。宣统元年（1909）2月，奉命总督奉天、吉林、黑龙江东三省的事务。辛亥革命爆发后，任热河都统的锡良即告病休养。卧病六年，他拒绝医治和服药，于1917年病逝，终年六十四岁。

没出息！

真的没出息！

当年捡了十三万两银子，你要充好汉，拿去交公。现在当个阅卷师爷，一个月薪水才十六两，哪辈子才能起篓子（湖北方言：发财）？

光绪二十八年（1902），晚清赫赫有名的幕僚陈宧，俯首帖耳，听了表妹兼老婆整整一年"河东狮吼"。

他开始怀疑自己的人生：我是盖世之才，还是庸碌之才？

待到第二年，蝉鸣蛙叫时，四川成都银号突然汇来八百两银子，并有一张信笺"酌请陈先生到成都相助"，落款是"四川总督锡良"。

得到四川总督赏识，陈宧新颜换旧貌，妻子唯唯诺诺，穷亲戚纷至沓来。高兴之余，他还娶了个温柔貌美的小妾。

乱世一奇士

居世逢乱离，始辨英雄士。

落魄在家的陈宧，先后收到了时任两广总督岑春煊和四川总督锡良的聘书，思量再三，他选择了锡良。

不仅因为锡良清风亮节，陈宧最欣赏的是，锡良每到一处振衰起弊，推行新政，是不折不扣的改革派。

带着新娶的小妾，辗转到成都，陈宧向总督府递上拜帖。

不料当夜，四川总督锡良微服简从，到客栈来拜访他。

问及治川之策，陈宧成竹在胸，慷慨激昂道："四川天府之国，南牵云贵，北制陕甘，东压湘鄂，占尽地利。惜川内军队废弛，会匪彪悍，贪官横行，民生凋敝。都督四事可一振精神：培养军事新才；清剿袍哥山堂；严惩贪官污吏；兴办实业。"

一语惊人，四点均指要害，锡良大为钦佩，立即任命他为四川武备学堂会办，并交给他的第一个任务就是清理四川的营产。

陈宧在一个月之内完成了任务，做到了涓滴归公。锡良认为其不只能干而

锡良幕僚陈宧，1915年任四川将军

且廉洁，甚为器重。遂升任其为四川讲武堂提调，负责训练新军。后来的四川军阀刘湘、刘存厚等，都是他的学生。

在晚清，陈宧不仅是"湖北三杰"之一，更以廉洁清贫不贪财而被称为奇士。

光绪二十六年（1900），八国联军入侵北京。陈宧被荣禄任命为武卫军管带（营长），带了三百多士兵坚守朝阳门。北京被攻陷后，他身负枪伤几十处，不得不撤离京城。途中，拾得银两十三万七千两，这是其他来京勤王的部队遗弃的，无人把守保管。

于是，他由兵护送至荣禄处交纳。在无官不贪、吏治腐败的晚清，陈宧此举让荣禄大惊失色，世上怎有这样的奇人？

对于此事，北京大学历史系教授邓之诚在《陈二庵将军小传》中也有记载："庚子事起，为武卫军管带，守齐化门（今北京朝阳门），与敌力战，都门不守，銮舆西幸，收集余众，八十五人，冲西直门，浴血而出，途中得遗弃兵饷十三万七千两，亲至保定，以畀荣禄。"

于是，陈宧以奇士之称，闻名天下，"三公礼敬，督抚交聘"。

1916年，陈宧离开四川前，四川兵工厂金库里还有六万两白银，他没有占为己有，全部作为兵饷发给士兵。

碧血洗银枪

九月的老成都，清晨，略有薄雾。

总督府的守卫睡眼蒙眬，突然，有人敲打着沉重的门环。

这是从川边疾驰而来的信使，守卫向锡良呈上一道急令：驻藏帮办大臣凤全遇害。

凤全，字弗堂，满洲人。由以举人入赀为知县，在四川开始仕途之路，最初任蒲江知县。因其不畏强权，廉洁能干，调成都任知府。其执事公堂，与人交往，爱以"老子"自居，外号"凤老子"。

成都市二医院内科病房走廊墙壁上，
有关锡良的介绍

一日，凤全与四川总督岑春煊宴饮，猜拳斗酒，余兴尚豪。岑强要凤全再比试。凤全大吼道："大帅如此高兴耶？老子今日只得陪你。"满座闻之，尽为骇然。酷吏凤全，真不愧为"凤老子也！"

尔后，凤全被调到成绵道，两年后任驻藏帮办大臣，为巴塘土司诱杀。

"收拾乱局，何人可为？"锡良问计陈宦。

"提督马公。"陈宦答。

四川提督马维骐，一员悍将，善使一杆银枪，其偶像是三国名将马超。

清光绪九年（1883），马维骐奉命出师安南（今越南）抗法，任绥远左营管带，驻军宣化，援应北宁独挡一路，屡败法军。班师回国，马维骐战功卓著，晋副将衔并恩赏"博多欢巴图鲁"勇号，其后历任普洱临元，昭通和广东潮州总兵。光绪二十八年（1902），擢升广东陆路提督，不久调任四川提督。

光绪三十一年（1905）二月廿一日，锡良奏派四川提督马维骐率兵五营进驻打箭炉，"相度事机，再行进发"。并派他的好兄弟——建昌道尹赵尔丰督办军务。

时值隆冬，风雪交加，道路险阻，粮草短缺。马维骐进退两难。

锡良却连下三道军令：进攻！进攻！进攻！在巴塘转战十余天，马维骐率队迷路了，更要命的是粮草供应也没有了。士兵两天没吃的，困倦和饥饿，令士气不振。马维骐正要演讲激励，不料，探子来报：在一荒僻小路搜得糌粑十余驮。天赐我也！有了粮食，饥困全无。不到两个月，前锋管带马德夺下鹦哥嘴，为收复巴塘赢得关键之战。

此后，马维骐分军三路进攻，叛匪望风而逃。清军擒获大土司罗进宝，副土司郭宗林保，被锡良命令就地正法。

马维骐将凤全遗骸送至打箭炉，交给凤全夫人收殓下葬。

光绪三十二年（1906）七月，巴塘"推行改土归流"，平叛结束。锡良奏：马维骐毅然前敌自任，立功绝徼忠勇冠时。朝廷以其功劳，赏马维骐头品顶穿黄马褂，诰授建威将军（正一品）。

炮震凤凰山

光绪三十三年（1907）十二月的一个清晨，朝阳冉冉升起。

北门外驷马桥，裁缝铺的贺老三，正捏着一个"三义园"的"哑巴油饼"往嘴里送。

突然，凤凰山方向传来一声炮响，巨大的闷响，震落了贺老三的油饼。

他赶忙捡起来，拍打着上面的灰尘，"三义园"老板娘曹二姐说："贺老三，莫抖灰，还有一炮。"

果然，一声更大的炮响后，贺老三的油饼又抖落了。

这是四川兵工厂在试射仿制日本明治三十一年新式山炮，这也是四川首次造炮。

"口径七生五，弹重十二磅，击力在六里以外，系就该厂原有机件改造而成，于十二月底在城外凤凰山演试，准头、速率比较原炮尚合战事之用。此为四川首次造炮"。

在陈宧的辅佐下，锡良将四川经营得有声有色。推行教育，振兴工商，编练新军，还支持西方教会办医。

特别是在建立"伟大兵工厂"、制造优良枪炮这一项，锡良的作为超过了前几任总督。

从1840年鸦片战争，到1860年在北京东郊与英法联军进行的八里桥之战，清廷无不以完败结束。尤其是八里桥一战，尽管三万清军以无比英勇的精神，以弓箭、火枪和很不像样的火炮奋力冲杀，但终究未能敌过列强先进的枪炮。

与西方交战的二十年，使锡良看到了中西方的巨大差距。他明白，必须利用西方先进生产技术，实行军事变革以强兵富国。

当时，最厉害的枪弹制造工厂是"汉阳造"，但在锡良眼里并非十全十美，"种种不能合用，机后尤易泄火，燃眉伤目，以致兵丁不敢瞄准，弃置营中几同废铁，情愿更换笨重之九响旧枪"。

19世纪40年代至20世纪初，是兵器发展史上大跃进的年代。经过中法战争的洗礼，锡良对西方先进军火有了比较深入的了解："单响后膛枪，以德国毛瑟最好，取准精确而结实耐用；连响后膛枪，以美国五响黎意为最，射程远，后坐力小。"

雇匠购机，设厂自造。锡良选址东门外，购地四百余亩。光绪三十二年（1906），规模庞大的四川兵工厂落成。

锡良选派精通制造的大员任厂长，并从江南、汉阳等地制造厂高薪聘请技师及娴熟工匠百余人来厂。

彼时的四川兵工厂，除了造枪弹外，还兼制机关枪及彼时各种新式炮。就连丁宝桢时期的四川机器局，也被锡良纳入改造范围。每日出枪数量激增，虽较"汉阳造"略逊一筹，但已是开了四川新纪元。

送礼二百两

晚清贪腐横行，锡良的清廉已是珍稀的风景。

锡良非常节俭，所穿冠服，陈旧破烂。而其夫人，也是勤俭楷模。在总督府三年，很少出门，在家都是穿粗布衣服，甚至打着补丁。

清末著名文人周询，因为文案等繁杂之事，每天要面见锡良两三次。一日与锡良闲坐，发现其马褂袖子、边幅都磨坏了。

锡良笑着说："此为阳曲知县时所缝，二十余年矣。焉得不坏。"

锡良在四川广纳人才，却考察严明。他上任时，四川所有官员都要进行考试，合格者方能上岗。

凡是有新官员到四川，他必传到总督府，亲自出题考试。

他创立仕学官，全省公务人员，不管有没差使，都要到馆学习。学习期满，派学识优秀的官员，对所有学员分类考试。一共考六场，分最优等、优等、中等三级。最优等公务人员，会得到他亲自勉励。

即便如此勤勉，他的人生，依然是一场以寡敌众的战斗。

清朝时，夏冬两季，各省总督、巡抚、将军都要给军机大臣封红包。锡良入川四年，从未给军机大臣送过消暑费和烤火费。这年冬天，幕僚中有人提出："锡公入蜀四年，从未馈军机大臣冰炭敬，非略点缀不可。"

锡良踌躇再三说，迫不得已，四位军机大臣每人送二百两就行了。幕僚们认为，这点小钱，怕军机大臣看不上眼。

送到后，四位军机大臣却"受宠若惊"，今年锡五爷也送炭敬，大非易事，"锡五爷的二百两，相当于别人送两千两"。

锡良一生不为大势所屈，不媚同僚之俗，在晚清史上留下了闪光的一瞬。

而他人生最大的闪光点，就是提出建设川汉铁路，"不借外债，不招外股"，修一条不让外国人染指的铁路。

但他万万没想到，一条地方铁路，与一个崩塌的王朝间，隐藏了一根爆炸的引线……

雄心万丈间

宣统二年（1910）八月十八日，一个发财吉日。

四川人施典章，一点也看不出"发一发"的迹象。

这几天，上海的天气仿佛带着魔性，闷得没有风，正想着下点雨，突然来了一声炸雷：

八月十七日，正元钱庄的大股东陈逸卿与其他股东一同被捕。

正元钱庄，橡皮股票风潮中倒闭的八大钱庄"龙头老大"。

作为川汉铁路公司总收支，施典章掌管的三百五十万两白银，大多投进了正元钱庄。

血本无归。施典章心凉到冰点，"三百五十万两本金，亏空了二百万两"。

而施典章不曾料想到，一场掀翻清王朝的飓风，正起于青萍之末……

2018年6月3日，黄昏，雨疏风骤。

岳钟琪的大宅只剩破旧影像，但威严的石狮在述说着往日的繁华

成都岳府街，逐渐亮堂的灯光，隐射着马路深处斑驳的墙影。

这里曾是川汉铁路公司驻地，也是大清名将岳钟琪的府邸。因占地广大，街以其宅命名。

光绪末年，岳钟琪子孙把宅院卖给川汉铁路总公司作为办公地点。

随后，这里上演了一条地方铁路与一个王朝的博弈。这段风起云涌的历史，也成为新文学大师李劼人未竟之作《大波》的社会背景。

光绪二十九年（1903）秋，成都督院街迎来了又一位四川总督。

在列强威逼的晚清，锡良显现出一个总督的雄心：保护中国路权，不被列强染指。

光绪二十九年（1903）七月，锡良由直隶正定府去四川赴任，行至天津，上了一份筹修川汉铁路的奏折。

湖广总督张之洞听闻，心头不爽，因为川汉铁路涉及四川、湖北两省，他认为"不能川督一人职名奏请"。

而锡良认为，这只是一份建议，没有联名上奏的必要。

两个大人物，就此心存芥蒂。

其实，张之洞与锡良私交甚好。早在光绪九年（1883），张之洞任陕西巡抚时，锡良在阳曲县任知县。因为勤廉，锡良被张之洞推荐升任直隶州知州，此后仕途一路青云直上。

锡良到四川后，恰逢十年不遇的水灾，赈灾一直忙到冬天。幕僚陈宧不失时机地提醒锡良，是时候与香帅（张之洞又名"张香帅"）修复关系了。

时间，是缝合友谊裂痕的良药。诸事理顺的锡良与张之洞正式商议川汉铁路修建事宜。两人初步商定：成都、重庆、夔州（今奉节）、宜昌一线由四川修建，宜昌至湖北广水（后改汉口埠）由湖北修建。先动工修建宜昌至万县段，即可避峡江覆溺，商货流通，轨道材料也便于运输。

光绪二十九年（1903）十二月，来自四川总督锡良与湖广总督张之洞的会奏，摆在光绪皇帝案头："川汉铁路，佛兰西人蓄意觊觎，拟请速自筹办，系为自保利权起见。待商部设立后，由商务大臣切实招集华股，力除影射蒙混之弊，以资抵制。"

光绪皇帝欣然批准。"不借外债，不招外股，专集华股"，修建川汉铁路的梦想，就此埋下基柱。

光绪三十年（1904）初，中国第一家省级铁路公司——川汉铁路总公司在成都岳府街成立。

资本怎么来？

乔治·艾略特说，理想与现实之间，动机与行为之间，总有一道阴影。

在金融混乱的晚清，锡良没有周伯通一样的左右互搏之术，左手打出一张自强修路的好牌，右手却拿不出足够的资本。

光绪三十一年（1905）三月，锡良在奏折里提出，铁路修筑固难，筹费尤难，修建川汉铁路需要五千万两白银。

当时，四川一年的财政收入不过一千七百万两白银，怎样才能腾出这样一笔巨款？

陈宧等幕僚商议后，建议锡良向田赋下手。

晚清名士顾复初在《乐余静廉斋集》中描述了蜀中田赋状况，"天下田赋，莫重于江南，莫轻于蜀"。自张献忠之乱后，康熙为川民休养生息，宽简政令，招徕垦荒民众。至乾隆年间，百姓安定，渐有产出，官府酌情增加了一点税收。四川每年田赋一项总税收不过五十余万两。

即使后来一加火耗，再加津贴，三加捐输，四加新捐输，四川一年也才征收银四百四十万两。按陈宧测算，目前的田赋最重者也才征收了百分之七，还有赋税可以盘剥。

加赋一事，在清代以来都特别慎重。光绪二十九年（1903）春，河南布政使延祉，请加赋以接济公用，被言官弹劾，朝廷命锡良在赴川上任途中查办，结果延祉为此丢了官。

因为有延祉一案，锡良犹豫不决。遂派陈宧调查四川粮户，结果发现四川的粮食买卖特别复杂，层层倒手，佃户和地主彼此纠缠不清。

由此，收田赋转为收粮赋。与陈宧商议再三，锡良定下三种方式发行股票募集资本：

一、租股。按租抽谷，以谷折色。凡实收租谷五十石以上者，按百分之三照市价折算银两，缴纳路股。彼时谷价较贱，每谷一石，贵的折银二两，贱的一两数钱。仅这一项，每年约收银二百八十万两。

二、认股。责令各厅、州、县向本地富绅巨商劝认干股，一次性缴纳。当时收款约三百万辆。

三、官股。由本省将军、总督，以及各厅、州、县官员，每年认入股若干。此款每年收银十余万两。

每股额定银为五十两，租股因为分化零散，均由地方官临时验收、记录，等凑足五十两，再凭相关票据换领正式股票。每股按年算利息，铁路建成后可分红利。

百姓的煎熬

光绪三十三年（1907）夏天，东大街茂生堂，一家经营中药的铺子。

少东家李稷生大口喝着凉茶，却抵不住热浪灌进窗子，他索性脱下外套，只剩一件汗衫。

堂客张氏一旁打着扇子，问他新买的川汉铁路股票。

"不要给老爹说，前天托人买了二十股。"

"一千两本，不少了。靠得住不额？"

"不晓得嘛！当官的都在买，听说西御街的宝观察买了二百股，一万两呢。"

"稷生，别说啦，爹来了……"

张氏的声音小了下去，李稷生被老爹喊到了内堂。

"稷生呐，老家安县来信了。你舅舅林生銮追赔铁路股，出事了。"

李稷生心一紧，接过信细看。信是林生銮的族弟所写，求携两千两白银去安县救人。

原来，安县东乡去年有七千余两捐输及川汉铁路股票款，未缴回县里。经县令孙坚查询，是经手人林步瀛卷走了银两，目前已逃跑不知去向。孙坚命令提押局林生銮、刘国英限期追回。人海茫茫，林步瀛已无迹可寻，刘国英只得自掏腰包赔了一千三百余两，林生銮别无他法，则逃之夭夭。但其家中妻儿没有逃脱，被拘捕到县衙。孙坚限其族人拿两千两赎人。

不仅在安县，还有中江、荣昌、兴文等多地都发生了铁路租股携款潜逃、贪污案件。官方的处置除了追逃外，最重要的手段就是要求相关责任人补赔。有的赔得倾家荡产，有的只有跑路，林生銮就是其中一例。

以粮抽税，民间称为"上二道粮"，田赋飞洒诡寄，百姓苦不堪言。地主勾结官府，将田地赋税化整为零，分洒到其他农户的田地上，自己逃避赋税，百姓往往要分摊数倍赋税。

光绪三十三年（1907），川汉铁路总公司路款达到一千多万两。锡良请奏后，朝廷派詹天佑为全路总工程师。

因京张铁路工程未完，不能分身。经商议，詹天佑选派有经验的工程师胡栋朝来川勘路，往返勘测七次后，商定先修成渝段：巴县—璧山—永川—荣昌—隆昌—内江—资中—成都北门，一共八百华里。但争议颇大，有主张先修宜万段（宜昌至万县段），有主张先修成渝段，结果锡良与张之洞委派两地人员在上海投票，先修宜万占多数。

川汉铁路修到香溪，因"辛亥革命"停工，但这段工程已耗银数百万两。这一停，就是百年遗梦。

铁轨下的"鼠"

从光绪三十一年（1905）至光绪三十六年（1910），川汉铁路总公司靠发行股票募集到本金二千多万两。

总督锡良因为首次涉及股份公司，而且四川官民士绅对于公司事业，也如婴儿胚胎。最初委派一位道员当总办，下设提调、文案、收支等。后改由翰林院编修胡峻当总办，并由成都声望高、人品好的十多位绅士充当公司参议。其中，总办月薪五百两，提调一百两，各所委员均数十两，参议月薪参照各所委员。

为宏远大计，造就人才，锡良还在文庙前街杨昭勇府邸，设立了铁道学堂。举人王铭新任学堂监督，其余聘请省内外人才为教习，遴选学生，分科分班讲授，两年毕业。

一日，锡良焦虑公司聘员越来越多，花费甚大，陈宦提议向全省烟馆收税。分上、中、下三等，按月征收，一年可收二十万两。算下来，除开支付工资外，还有宽裕。

广开财路，才能修路。锡良还上奏光绪皇帝，在重庆长江南岸建铜圆局，所得利润，全部拨入修路款，作为公家股本。

准奏后，锡良拨款一百多万两，聘请蔡乃煌任总经理。蔡乃煌，字伯浩，晚清举人，因有才学被锡良赏识。后任上海道台，成为袁世凯亲信。

不料，从德国购回的机器，运到长江湖北段连船一起沉没，几十万两银子打了水漂。连船沉没的，还有成都官员沈幼岚办宴席的五十坛绍兴酒。

由此，四川按察使冯梦华嘲笑道：幼岚吃酒，伯浩吃铁，惟机器船吃水。冤哉！

而《蜀报》宣统二年（1910）第五期，也刊文批评蔡乃煌升任上海道台为升官之极点，川路款乃其发财之源。

对如婴儿般初生壮大的川汉铁路公司来说，蔡乃煌首开了"硕鼠"啃噬之端。

光绪三十三年（1907）三月锡良奉旨调任云贵总督后，川汉铁路公司内部管理开始混乱。最大的一笔亏空，是在橡皮股票中损失了二百万两白银。

成都岳府街，是当年川汉铁路总公司的驻地

施典章，字了谦，原为被革广州知府。1905年，施典章由川汉铁路驻京总理乔树枬任命为川汉铁路公司总收支、上海办事处保款员。职责是对公司将来用于修路的三百五十万两集资款进行投资管理，以期在铁路开工前获得适当收益。

因见橡胶股票疯涨，施典章将三百五十万两本金全部投进去，结果股市暴跌导致巨额亏空。股灾中，倒闭的上海八大钱庄，其中有三家主要资金正是来自川汉铁路公司的这笔巨款。三百五十万两本金，最后只剩一百五十万两……

1911年5月，清廷在盛宣怀的强力推进下，宣布"铁路干线国有政策"，强收川汉、粤汉铁路为"国有"，由中央借外债修筑铁路。旋与美、英、法、德四国银行团订立借款合同，总额为六百万英镑，公开出卖川汉、粤汉铁路修筑权。而原来地方的集资款概不退现款，只换发国家铁路股票。这引发四川、湖北、湖南、广东各地的反对声浪。

川汉铁路的资金，主要用"租股"的办法筹集，当时四川七千万人都是"股东"。盛宣怀此举，即政府收回了路权，但没有退还补偿先前民间资本的投入。

时任代理四川总督王人文，看到这个方案后大吃一惊，认为这个政策一旦宣布必将举国骚乱，希望朝廷收回成命，调整政策，妥善解决。然而，盛宣怀太自负了，错误估计了政府的威望和百姓的承受力，坚持既定政策不变，一再敦促各铁路公司清理账目，准备交接。

1911年6月17日，川汉铁路股东大会在成都组织"保路同志会"。不久，四川省各地纷纷成立"保路同志会"，抗议清政府将已归民办的川汉铁路收归国有，同时反对清政府与英、美、德、法四国银行财团勾结，把铁路建筑等权利出卖。

在"保路运动"风潮中，当赵尔丰下令举枪瞄准百姓时，一个二百七十六年的王朝，走向了最后的结局……

（本文原载于2018年5月31日、7月5日《华西都市报》

封面新闻记者：仲伟　摄影：刘陈平）

第四编

◇

名家秘踪

林徽因在李庄
一步跨入晚境

几年前，读了诗人翟永明的文章《林徽因在李庄》，平缓的叙述与少见的干净笔触里，其实多少透露了女诗人的"情境认同"，一种尽量克制的伤感，仍然在叙述的字里行间悄然释放，直到某个突然的尽头。后来，再读到陈岱峻先生的全景式描述，不禁对李庄产生了些许神往。毕竟，到了四十岁这个年纪，本不应该将一个人与一个逗留之地强行联系起来，山川依旧，人去屋空，如此而已。但情绪并不遵从这个法则，很多地方，不就是因为一个人的足迹，或者仅仅是一个人名就被人们铭记一生的么？

不愿惊起沉睡的尘埃

2005年春，诗人李加建应邀为李庄撰写画册《人文李庄》的文字，笔者作为本书的特邀编辑，前后去李庄七八次，少不了也到月亮田的"林梁故居"看

林徽因

看。记得一天中午从席子巷去月亮田，机耕道上满是赭红色砂岩和鹅卵石，被黏土胶合，吸满了暑热，走在上面就像走在蒸笼里。偶尔有江风打过来，芦蒿摇曳，太阳在田里乱闪，水稻的气味兜头而下。见一小排农家瓦房，小学老师王荣全对我说，那就是张家大院。

陪同我们的王荣全老师，是土生土长的李庄人，他的嫂嫂李淑华当时就经常为营造学社提供蔬菜、瓜果等，日子一长，油盐柴米、问药买茶，她几乎成了营造学社在本地的代理人。往事从王荣全口里流出来，宜宾话的爆破音，宛如顶破石板的竹笋。

没有人进一步说明月亮田的准确含义。当地秀才左照环先生认为，是曾经有一块弯曲如月的水田而名之。它位于李庄镇子西面，依山临水，一边是缓慢而降的"柑子坡"，柑橘的灯笼在寻找月亮的踪迹，另一边是泥褐色的滚滚东去的长江水。空气中弥漫着大江的水腥味。在依山一侧，宜宾特有的修篁直插天穹，并不规整的稻田像破碎的镜子，叠光返照，构筑着一派田园景色。

上坝月亮田当然不止一个张家大院，四周散落着碉堡式的几幢民居。如今在层层稻田、蔬菜的围合下，只剩下孤立的呈 L 形的一小排平房。张家大院的正房基本保留了原貌，租借给营造学社侧面的两个小院没有了，那些一直摇曳在回忆录里的香樟树、芭蕉林、桂圆树也已不存，那棵桂圆树曾经绑了一根大竹竿，供营造学社的老少晨练，更是日后古建测绘升屋上房的必会技能。值得庆幸的是，营造学社办公室和部分宿舍的建筑基本保持了原貌。在两扇新做的木门两边，连接板式的木墙；粗大的木柱间以篾条、泥巴、碎谷草、白灰泥修筑成的串夹壁，最大的一间是工作间，光线并不好，全仰仗玻璃亮瓦。里面摆放着粗糙的四方桌和长板凳，但据说只有那张靠窗的书桌才是当时的旧物。屋后有一方小天井，杂草横斜，时间的青苔将铺路的石板盖了个严严实实。

正厅左边是梁、林的卧室，地板朽坏，一走就"吱嘎吱嘎"叫唤，来人不得不放轻脚步，不愿惊起沉睡的尘埃。透过窗户，并不能望见大江，也听不到江涛的低鸣。笔者想，对一个心情并不好的人来说，这反而是好事。让人不由得推测林徽音将"音"改为"因"的心机。"徽音"出自《诗经·大雅·思齐》："大姒嗣徽音，则百斯男。"就是说：大姒继承好遗风，多子多男王室兴。"徽音"即美誉之义。为避免与海派男作家林微音相混淆，1935年以后，林发表作品就改署"林徽因"。她的理由不大像出自一个弱女之口，说是出自一个少不更事的理想主义者恐怕更为合适："我不怕人家把我的作品误为林微音的，只怕日后把他的作品错当成我的。"这种脾气，就像冰心写了一篇小说（《我们太太的客厅》）讽刺林徽因，林徽因就从山西带回一坛陈年老醋，立即叫人送给冰心消受一样。韩石山在传记里感叹："对林徽因这个人来说，改叫徽因或多或少减少了些叫徽音的韵致，假若世上真有韵致这回事的话。"（《徐志摩与陆小曼》）而着眼于林的心性，韵致早已吹气如兰，挥之不去，即使名字少些韵致，但韵致又哪里是一字之易就更增删的呢？不过，这"因"字偶然被林拈起，倒是暗合了因字的本义，就是"茵"的本字，指坐垫、车垫，像人在车席子上，当然了，理解为芳草茵茵、气息氤氲也可。改名已经十年，十年足以抵百年尘梦，在李庄的岁月里，林徽因陷入了潮湿、闷热、音讯阻断的境地。"太太的客厅""金童玉女"之类，已经随山坡上的岚烟消散。月亮田，并没有因为丽人的到来而南山悠然。

营造学社入住李庄后的第一个考察目标，便是川南的僰人悬棺。距李庄约二百多里的兴文县曹营乡的苏麻湾和珙县麻塘坝，是僰人悬棺的集中区。1941年春，梁思成、林徽因、刘敦桢、陈明达一行来到曹营乡的苏麻湾，斧削般的陡崖上，不时有大鹰盘旋，蔚为壮观。学者们对悬棺之谜展开了各种推测，林徽因说，这些谜还是留给后人去解开吧。其实，无法经历的事，对陌生者就是"谜"。1942年，林徽因在大足石刻考察中偶感风寒，回李庄后肺病加剧，一躺，竟然就是四年。

林、梁偶尔心情好，会出去散步，在田埂上散步。尽管西装不再挺括，但梁仍然保持绅士风度，因为他挎着当地十分罕见的相机。开始阶段，林一直穿素色旗袍，松挽头发，江风迎面一吹，站在秧田里的农民就直起腰杆，看这流动的风景。由于口音关系，当地人不明白他们的问询，只好憨厚地笑。他们大度地点头致意。一般来说，他们不会走太远，这主要是由于林的身体。肺病，这个20世纪二三十年代的著名病症，几乎成为了一种"文化病"。

当然，这倒不是说穷人就与此无缘。但当地人很清楚，在封闭的穷乡僻壤，得肺病的人的确甚少，而文化人的每一声咳嗽，总会在古典的海棠前，增添一丝触目的血痕。郁达夫甚至在《沉沦》里予以了美学化的比兴："他想把午前的风景比作患肺病的纯洁的处女，午后的风景比作成熟期以后的嫁过人的丰肥的妇人。"就不用说三十六岁即逝世的刘师培了，后来的高君宇、瞿秋白、鲁迅、萧红、郁达夫、柔石，连徐志摩早期渴慕的圣女——英国小说家曼殊斐儿（现在译作曼斯斐尔德）也三十五岁就死于肺病。徐志摩只见过曼殊斐儿二十分钟，他称之为"那二十分不死的时间"，曼氏之死一度让诗人痛心疾首。如今，他挚爱过的林徽因再次置身于肺病的魔下，真不知是否是天意的作弄。

梁思成把金笔和表都当了

李庄没有西医，农民吃点中药就可以长寿，死乃天意。人们不大谈论这些。但梁思成必须履行学者丈夫的责任。他学会了注射，多次向老友们求助，甚至自己去宜宾设法求医问药。最后，把伴随他二十多年的派克金笔和从纽约州北部的学府之城绮色佳购得的手表（估计这是他们去美国度蜜月的纪念）也送进当铺。梁思成拎回两尾草鱼，林徽因不解，梁思成幽默地说："把这派克清炖了吧，这块金表拿来红烧。"这是真正的黑色幽默！这两样东西，是一个文化人的最后标志了，他彻底付出了，他已经到了绝境。

为减轻压力，梁思成借去成都办事的机会，弄到了一些西红柿种子，委托博物院筹备处李济带回李庄，请人在家门前田边种植起来。在此之前，李庄人并不知道西红柿为何物，看着这些肥硕的红果，农民们一尝，更是受不了那股奇怪的味道。听说林徽因为此笑个不停，她偶尔到番茄地看看。移栽到陌生之地，就能扎根而结果，人却远没有这种适应性。刚摘过果实的番茄秧，就要枯死了，来年它还会有红透季节的运气么？

林徽因缠绵病榻，不停地咳，持续，而尽力克制。声音被农民听到，五脏六腑仿佛要全部一涌而出。他们听着嘶哑的声音总觉得有些陌生。梁太太怎么了？得了这种病，唉……

无法得知林徽因当时的思想，但我敢说，那些风华与韵致，那些微笑与

梁思成在李庄用的印盒（正面）

理想，那些萦绕在西山、英伦的缱绻，简直不可能被回忆。一回忆就会让人血流不止。从现在保留下来的很少一些在李庄时期的照片来看，林的陡然衰老，未必仅仅是病的原因。而且从此之后，林徽因再也没有复原。这就像一个人，不得不去一个陌生之地，身体去了，但令他牵肠挂肚的东西却在另外之所，他必须具备让灵魂往返于长途奔波的马拉松技术。一个人已经名满江湖，固然可以厌倦名声，一个人情有所属，固然可以古井不波，但那些从窗口飘荡而来的汽笛和云影，大概不会让一个诗人心如死灰吧。举个例子，我们知道徐志摩飞机失事后，林徽因收藏了一块在失事地找到的飞机残片（一说是座位上的木板）。她从来没有在李庄出示过，但显然是带到了李庄的。在五年时间里，难道从来就没有触摸过这金属的锋口么？

徐志摩前妻张幼仪很反感陆小曼，也不得不承认陆小曼很美，是个天生的美人胚子。但性情直率的张幼仪还说了一句很富哲理的话——林徽因是"一位思想更复杂、长相更漂亮、双脚完全自由的女士"。这句话花下藏刺，棉里裹铁。反过来看，我们看不到一句林对她们的评价。也许，这些压根儿就跟自己无关。可是，既然已经无意闯进了一个牌局，渴望独善而退，只怕是不容易的。

病到深处，时光就慢下来，往事在蒸发，由清晰而渐次模糊，就像远行的背影终于融化到夜色，剩给自己的，就是一片菜油灯聚拢的安详。油灯只能照亮它自己，但暗示了周遭黑暗的广阔。在每一次灯花的爆裂中，椭圆的灯火顶起了黑暗。那些从缪斯丝质长袍上飘落的碎光，如今，开始被一盏菜油灯置

营造学社梁思成和林徽因的工作台

换。灯下，已经没有了烛影摇红、撒豆成兵的幻梦，只有一件事情很明确，在最不需要感情左右的古建筑世界，让剩下的光得以延续或扎根。是的，就是延续。

在李庄一共出版了两期《中国营造学社汇刊》（以下简称汇刊），即第七卷第一、二期，印数极少，保存至今的已经成为珍品。梁思成在抗战期间的学术研究成果，大部分都登在这两期刊物上。病床上的林徽因承担了出版刊物的工作，其中一期就由她编辑。李庄只有一处印土特产标签的石印作坊，由于纸张缺乏，他们便自己绘图、刻写、编排。最麻烦的在于要把照片内容用药水绘在纸上。成品纸是马粪纸，然后进行石印，从折页子、修切、打孔、穿线到裱装封面都要自己动手完成。这其中凝聚了学社同人们无数的才智和心血，甚至还包括林徽因母亲的功绩。以简陋的石印出版的这两期堪称精美的高质量汇刊，受到国内外同行的持久赞誉。我看过几幅翻拍自哈佛大学馆藏的汇刊照片，在林徽因编辑的一期里，目录页刊印有勘误表，足以见证其孜孜以求精神。正文均为铁笔刻写，其中有一部分是出自林徽因的手笔。所谓字如其人，真是毫厘不爽。

更费心血的，自然是梁思成和林徽因对《中国建筑史》和英文《图像中国建筑史》的研究和写作。我无法想象的是，在这间简陋的住房里，要在书案上、病榻前堆积起浩繁的史籍和数以千计的照片、实测草图、数据、大量的文字记录，然后进行分类、编排、归总、撰写。他们有一台1928年出厂的打字机，由于缺乏打字机的色带，所以总是打不出颜色，就用墨汁加上煤油，自己试制色带的墨汁，然后再涂上色带。时间在流逝，书稿在增加，而疾病也爬上了眉梢。林徽因在承担该书全部的校阅和补充工作之外，撰写了书中第七章五代、宋、辽、金部分。1944年，《中国建筑史》终于杀青，结束了没有中国人书写的中国建筑史的缺憾，纠正了西方人对中土建筑艺术的偏见。限于当时的条件，只用钢板和蜡纸刻印了几十份。而《图像中国建筑史》的正式出版，则已是距完稿整整四十年以后的事了。

深入地进入到一个陌生而奇异的领域，尤其是对这些领域逐步开始产生奇怪的感情，是很容易迷路的。金岳霖在写给费正清、费慰梅的信里描绘林徽因说："她是全身心都浸泡在汉朝里了，不管提及任何事物，她都会立即扯到那个遥远的朝代去，而靠她自己是永远回不来的。"

这就逐渐让人们感觉到，在林徽因的生命历程里，的确有一个微音哑散的"李庄时代"，是她性格、身心陡然转折的时期。从她的年表里可以发现，1940—1945年，她总共写了四首诗，即《一天》《十一月的小村》《忧郁》和《哭三弟恒》，平均不到一年一首，但均为她诗作中的精品，体现出了一种舒缓的慢性美学，感伤、迷惑而追忆，逐渐摆脱了以往绚丽、轻快的高亮节奏，将一种形而上之思引渡到了字里行间。所以，如果说李庄之前的林徽因，无论是在北平、长沙还是昆明，都还多少保持了她的客厅遗韵的话，那么在李庄之后，她无疑被疾病与萧索，带到了一个平淡得不容艳丽与芳香回旋低萦的领域。她那意象飞动的天空，已经为自己的弟弟林恒的阵亡和几块小小的亮瓦替代。在一个连风也吹不到的病榻上，作为太太客厅的女主角，俨然已成为心如槁木的病妇。

弟弟林恒阵亡后

十一月的小村（节选）

是什么做成这十一月的心，

十一月的灵魂又是谁的病？

　　　　………………

　　无论我坐着，我又走开，

　　我都一样心跳；我的心前

　　虽然烦乱，总像绕着许多云彩，

　　但寂寂一湾水田，这几处荒坟，

　　它们永说不清谁是这一切主宰

　　我折一根枯枝看下午最长的日影

　　要等待十一月的回答微风中吹来。

　　弟弟林恒牺牲后，林徽因对一个叫林耀的飞行员特别关爱。他来自澳门，是林恒的朋友，林徽因称他是一个"有思想的人"，林耀也常给梁思成夫妇写信。

　　1941年，他作战负伤，左肘被射穿，打断了大神经。医生知道他酷爱西方古典音乐，便劝他买架留声机，用音乐来镇静。他最终还是恢复了手臂功能，又驾起了新型驱逐机。归队前夕，利用短暂的假期，他专程到李庄。临走时，他把唱机和唱片都留给了林徽因，说自己用不着了，竟是一语成谶。就这样，梁思成夫妇失去了又一位飞行员朋友。发潮的唱片，在留声机转盘上流泻出走调的贝多芬、莫扎特的音乐，就像那些苦难的时光，浸透着林徽因不尽的哀思。她的病越发严重了。

　　梁、林的学生，后来成为梁妻子的林洙在《梁思成之死》一文分析说："事实上林先生的早衰正是抗战时期后方恶劣的环境所造成的。"这"早衰"一词，正中要的。

　　三十六岁是本命年。但徐志摩就在三十六岁失事。如果说三十六岁的林徽因进入李庄时的韵致让时代记忆犹新的话，那么，在五年以后她离开之时，她一步就跨入到老境，这中间似乎没有舒缓的过渡。抗战胜利后她到达重庆时，医生对梁思成说："来太晚了，林女士肺部都已空洞，这里已经没有办法了。"

　　在林徽因陷入李庄的岁月里，不知道有多少人在为之牵挂。著名文学评论家李健吾之于林徽因，就颇值得一记。其实，比林徽因小两岁的李健吾与她只有一面之晤，但对一个有朦胧情怀的男人来讲，已经够了。

　　听到林徽因病故的消息，身在上海的李健吾立即表达了对林徽因和其他三位女作家的情感。他在《咀华记余·无题》中说:"在现代中国妇女里面,有四个人曾经以她们的作品令我心折。好像四种风,从四个方向吹来……时时刻刻被才情出卖的林徽因,好像一切有历史性的多才多艺的佳人,薄命把她的热情打入冷宫……""四位作家,死的死(据说林徽因和萧红一样,死于肺痨),活的活。都在最初就有一种力量从自我提出一种真挚的,然而广大的品德,在她们最早的作品就把特殊的新颖的喜悦带给我们……"

后来,李健吾确切得知林徽因尚在人世,喜出望外,立即写了一篇《林徽因》。这篇文章几乎不为世人所知,斫轮老手李健吾只用了千余字就说明了一切,用"赤热、口快、性直、好强"清楚勾勒了林徽因的性格特征。但是,李庄时代的林徽因,显然已经从这些特征旁边绕过去了,宛如她从来没有一幅在李庄的玉身长立的照片,更没有留下在修篁摇曳的背景下微笑的镜头。她已经绕过了这些风月,在疾病的边缘坐下来,看那些模糊而斑驳的石板、雕刻、垂花、衬枋,如同在日记里打量自己的足迹。我估计她根本没有见到李健吾的文章,即使见到了,那又如何? 走出了客厅的主人,已经不需要再说什么了。眼下,她甚至觉得:"不断缝补那些几乎补不了的小衣和袜子……这比写整整一章关于宋、辽、清的建筑发展或者试图描绘宋朝首都还要费劲得多。"

林徽因口中常喃喃地念着莎剧《哈姆雷特》里那句著名的台词:"To be or not to be,that is the question! "(生存还是毁灭,这是一个值得考虑的问题!)逗得大家开心一笑,他们很自然地将这句台词的意思理解为:研究还是不研究,那是一个问题! 其实,这并不是"玩笑",未尝不是她心绪的流露。

小小的印泥瓷盒

这里,有一个大人物自然绕不过去,那就是金岳霖。金前后两次从昆明赶到李庄,说是来写文章,其实主要是为照顾林徽因。早年,林曾半开玩笑地送了他一只公鸡做伴,不想竟培养了逻辑学家养鸡的终身爱好。风尘仆仆的他,1941年秋天来到李庄,就张罗着买小鸡雏,在林家后院拉开了行家架势。王荣全老师提供给我一张从梁从诫家里翻拍的老照片——在梁家的后院里,金岳霖弯着腰，左手挽个竹篮子，右手伸出，摊着手在喂鸡。他的身后，刘康龄（刘致平之女）、梁思成、梁再冰、梁从诫，错落成两排，全都盯着鸡们欢快地进食。可以看到，院子周围扎着半人高的篱笆，篱笆外还有一棵大树，绿荫倒挂而下。只是如今，这棵树如同往事已不存。站在后院里，听到尖锐而悠长的蝉鸣，似乎把明晃晃的阳光，提到更高的速度，垂直的光照在青石板上乱溅……

按照金岳霖的说法，他一生共写了三本书，比较满意的是《论道》，写得最差的是《逻辑》，而花费精力最多的是《知识论》。1939年他到昆明不久，六七十万字的《知识论》已经杀青。后在一次跑警报的路途中不慎丢失。金岳霖到达李庄后，很为营造学社的纯正学风所感，他借了营造学社一张桌子开始重写《知识论》。

大家互不干扰工作到下午，梁思成和同人们放下工作，一些人开始在空坝上爬竹竿，借此锻炼身体。梁思成找来一个大茶壶，与金岳霖闲聊，林徽因躺在马架椅上，被人抬到坝子上来透透气。

1941年8月，林徽因写信给费慰梅、费正清，用了一个奇特的比喻："思成是个慢性子，愿意一次只做一件事，最不善处理杂七杂八的家务。但杂七杂八的家务却像纽约中央车站任何时候都会到达的各线火车一样冲他驶来。我也许仍是站长，但他却是车站！我也许会被辗死，他却永远不会。老金（正在这里休假）是那样一种过客，他或是来送客，或是来接人，对交通略有干扰，却总能使车站显得更有趣，使站长更高兴些。"信后还有金岳霖的附笔："当着站长和正在打字的车站，旅客除了眼看一列列火车通过外，竟茫然不知所云，也不知所措。我曾不知多少次经过纽约中央车站，却从未见过那站长。而在这里既见到了车站又见到了站长。要不然我很可能会把它们两个搞混。"

在"车站""站长"和"过客"之间，身份时而清晰，有时又是互嵌的。也许，"过客"比所有人都更坚守职责，成为车站永久的居民。

前不久看过一个资料，是对暮年金岳霖的访谈，谈到林，垂垂老矣的金岳霖说："我所有的话，都应该同她自己说，我不能说。我没有机会同她自己说的话，我不愿意说，也不愿意有这种话。"每读至此，我就无法再读下去了。

王荣全老师告诉笔者，2003年以前，他一家就住在张家院子里的几间偏房里。1954年搬进去时，他还是个孩子。他说："书架上有英文书，哪个也看不

位于宜宾李庄古镇的梁思成、林徽因故居一角　宜宾李庄文传供图

懂。后来也不知道哪里去了。家具旧得很，后来也打来当柴烧……"如今，唯一的遗物，只剩一个小小的印泥瓷盒，成为承载他们手泽与心迹的凭证。

1945年8月10日，日本通过中立国瑞典、瑞士发出请降照会，接受《波茨坦公告》，无条件投降。当天傍晚，李庄在外电广播中得到这个消息，这个夜晚，李庄跟重庆、成都，跟全中国一样沸腾。当夜人们走出家门，同济大学的师生以及中央研究院各所的学者们情不自禁地奔向街头，游行欢庆。四年来，林徽因第一次离开她的居室，是坐着滑竿去的。她形销骨立，只能强撑着病体，模糊着泪眼，默默地立在街边，看着欢呼的人群，分享着胜利的喜悦。在一座破茶馆里，她喝了一杯茶，以茶代酒，和着自己的眼泪……

自此开始，林徽因那一种"出门"的愿望开始被激活了。费慰梅在《梁思成与林徽因》一书里回忆说："她后来写信给费正清欢迎他去，还说：'告诉费慰梅，我上星期日又坐轿子进城了，还坐了再冰的两个男朋友用篙撑的船，在一家饭馆吃了面，又在另一家茶馆休息，在经过一个足球场回来的途中从河边的一座茶棚看了一场排球赛。头一天我还去了再冰的学校，穿着一套休闲服，非常漂亮，并引起了轰动！但是现在那稀有的阳光明媚的日子消逝了和被忘却了。从本周灰色多雨的天气看，它们完全不像是真的……"后来，就是为了"玩玩"，一有了航船，她就和梁思成一起去了重庆，这是五年来她第一次离开李庄。

梁思成返回李庄后，写信来告诉费慰梅及林徽因："为了治理长江险滩，一系列的爆炸已使重庆和李庄之间的班轮停运。就是邮递也只能靠步行的邮差来维持。徽因要回李庄已不可能。"显然，当时准备到重庆"玩玩"的林徽因，就这样离开了李庄，永不再回来……

唐朝的宋璟在《梅花赋》里说："艳于春者，望秋先零；盛于夏者，未冬已萎。"明白这个道理并不难，但从来没有"艳"过"盛"过的人，又如何知道灿烂之后的平静，与一潭死水的云泥之别呢？所以啊，这话应该是经历者自况，而不是旁观者言。想想杜牧的诗句："砌下梨花一堆雪，明年谁此凭栏杆？"心里不由得一惊，月亮田没有梨花，倒是后院唯一的一棵柑子树的小白花，庶几近之。林徽因留心过砌下的那堆雪吗？

在笔者看来，隐隐的还是觉得有些怅然。但对一个庇护了自己五年的穷乡僻壤，直到她离开，仍然没有找到答案。当林徽因跨进离开李庄的下水船的一刹那，斜照，最后一次将她的身影写在水上……

六十年弹指一挥，沉到漩涡的往事，又浮出水面。中央博物院的旧址张家祠堂已改建成李庄小学，那扇被梁思成称赞过的白鹤窗，被钉上了学校五花八门的标语；同济大学医学院的旧址祖师殿，除了前庭高阔，演绎着往昔的气度，其他的建筑基本上都成了混乱的民居，院子的几棵树之间扯了几条塑料绳，蔬菜的藤蔓爬满了中庭；同济大学东岳庙现在是李庄中学所在地……一切都物是人非，那些人和那些往事，已在光阴的冲刷下，不是再见告别，而是永诀。

（本文原载于2017年7月5日、7月12日《华西都市报》

作者：蒋蓝　摄影：蒋蓝）

朱自清的背影
消失在成都

江苏北部小城东海，古时称海州。小城历史悠久，城址几经变迁，辛亥革命后海州改为东海县，属徐海道。始建于光绪年间的陇海铁路终点就建于此。

1898年11月22日，东海县承审官朱则余的宅邸里，红烛高烧，一个生命呱呱坠地。这个小孩之前原有两个哥哥，叫大贵和小贵，相继夭亡，他的出生给朱家带来了无比欢愉，因此备受宠爱。这个孩子就是朱自清，家里人迷信，怕他不易长大，特地替他耳朵穿孔，戴上钟形耳饰。根据朱家后人回忆，朱自清幼年有一个小名，叫"囡囡"，文静如女也。

朱自清原名朱自华，1917年报考北京大学时改用朱自清，典出《楚辞·卜居》"宁廉洁正直以自清乎"，意思是廉洁正直使自己保持清白。朱自清选"自清"作为自己的名字，其意是勉励自己在困境中不丧志，不同流合污，保持清白。他同时还取字"佩弦"，出自《韩非子·观行》"董安于之性缓，故佩弦以自急"，意为弓弦常紧张，性缓者佩弦以自警。

朱自清是新文学诗歌和散文大家，著名学者，他的《背影》《荷塘月色》《春》等作品在新文学史上具有里程碑意义。1940年夏至1946年夏，他断断续续在成都度过了一段清贫而忙碌的时光。

第一任妻子病逝

朱自清

朱自清先生的第一任妻子武钟谦，出身于扬州著名中医世家。1929年，三十二岁的武钟谦因肺病病逝于扬州朱家，给朱自清留下三子三女。

肺病是民国的梦魇，不可收拾，简直是时代病。国人对待肺病的处方，是增加营养、清新的空气与神秘的偏方，但肺病依然长驱直入夺走了无数人生命。朱自清陷入了绝望的深渊，性格本就内向的他，在打击下进一步缄默了。武钟谦逝世三年后，朱自清作散文《给亡妇》，字里行间盘踞回翔着他对妻子的绵绵爱意与思念。

有着这样一位爱妻在前，朱自清发誓不娶，但之后一年的时间里，要独自抚养六个子女让他觉得力不从心，思想摇摆了一段时间，他决定接受其他女子。这才有了他生命中的第二个女人，也是一直陪伴他到生命最后的女人——陈竹隐。

陈竹隐1903年7月14日出身于成都平民家庭，父亲陈正清有子女十二人，陈竹隐最小，全家依靠父亲教私塾以及在估衣铺的工作为生，比较清苦。

她是当时成都导引风潮的新女性。成都新女性，首先要"从头做起"：成都出现了最早剪短发的三女子——陈竹隐、李倩云和秦德君。

女子剪发引起了轩然大波。秦德君回忆说："我们女同学也积极参加活动。但是人们每天天蒙蒙亮就要起床，点起油灯梳长辫子，又做早操，又上自习，再吃早饭，那太匆忙了。为了节省时间，我索性就把长辫子剪掉了。同班同寝室的杜芝裳，看见我剪掉长发以后清爽利落，十分羡慕，叫我帮她也剪掉了。

没想到她的妈妈跑来又哭又闹，找我拼命。她撒泼打滚地要我一根一根把她女儿的头发接好。后来又把杜芟裳抓回去锁在屋里不许出门。"抵制剪发的势力很大，借口什么"身体发肤受之父母，不敢毁伤"，家长们吵的闹的，纷纷把女儿关起来，斗争很是激烈。可是剪长辫子的女学生仍然是一天多似一天，形成了女子剪发运动。

女子剪发，成为新鲜活泼细胞，在陈腐朽败的社会里是要付出代价的。

不久，秦德君给北大校长蔡元培写信，请求进入初开女禁的北大。蔡元培回信说："女子实业学校学生，恐怕未必合格。"这封信被成都四川省立女子实业学校当局扣留，并借机开除了秦德君。

朱自清画像

在无望之际，成都学生联合会介绍秦德君到重庆去找搞联省自治和妇女运动的著名人物吴玉章。

1921年春天，桃花开了，成都四川省立女子实业学校的秦德君、李倩云和益州女校的陈竹隐三位"直觉社"的女社员，女扮男装在成都东门外锦江码头，坐木船东下重庆。

四川《国民公报》登载了《三女士化装东下》的消息，描述她们蓄短发、梳"拿破仑"发式、着男装的情形，引起社会各界关注。

当时吴玉章领导成立了"全川自治联合会"，四川一百多个县都有代表参加。有一千多个座位的重庆总商会大礼堂，是"全川自治联合会"的活动基地。每场演讲都是挤得满满的，门窗外也拥挤着伫立听讲的人。

吴玉章热忱欢迎这三位来自成都的女学生，安排她们三位上台演讲，宣传妇女解放。秦德君、陈竹隐、李倩云在大会上作了关于女子剪发、妇女解放的演讲。她们的慷慨陈词引起了极大的反响。

重庆女子第二师范和巴县女中的许多女学生会后纷纷仿效剪发。重庆女子第二师范学生自治会还组织排演了《剪发辫难》的新剧。重庆女二师七位女生剪发后，还专门到照相馆合影留念。

看女生们所剪的两种样式，即偏分式和中分式，这正是当年流行的男子发式。为什么女学生也清一色地剪成这两种发式呢？有没有符合女性审美特征的样式呢？

据秦德君和钟复光回忆，初剪发时，都不知该梳什么发式好，连理发店的师傅也很感为难，因从来没有设计过妇女的短发，故只好按当时最流行的男发样式来剪理了。

陈竹隐回忆说："有一个警察厅的巡官叫汪颁波的，他在街上发现有剪短了头发的妇女行走，便诚惶诚恐地给成都警察厅上了一个呈文，大意是'女子剪发，形类优尼'，并且说有碍'风化'甚大。建议'已剪者令其复蓄'，'未蓄长前不得在街上行走'，没有剪发的女子，叫父兄严加管束，若不遵守命令，则'罪及父兄'云云。"

不过这一场女子剪发的风波不久就平息了。显然，官方的道德告示并没有生效，成都新女性纷纷蓄起了短发，仍然在街上昂然行走。

两次相见交情日深

到1921年以后，剪发的女子不仅在成都、重庆日益增多，泸州、内江、自贡、宜宾、达县等地也能看到不少剪发的新女性了。

1920年，即陈竹隐十六岁那年，她的父母相继病亡，沉重的打击使得陈竹隐明白，今后只能靠一己之力去打拼。她考入四川省第一女子师范学校，开始了独立生活。从女子师范校毕业后，她就考入了青岛电话局，做女接线生。工作了一年多，又到北平，考入了北平艺术学院，师从于齐白石、萧子泉、寿石公等先生，专攻工笔画；同时还兼学昆曲，显示出她的多方面才能，但也显示出她尚未找准人生目标的心态。1929年，陈竹隐毕业后，到北平第二救济院工作，因不满院长克扣孤儿口粮，辞职做家庭教师，继续在红豆馆主浦熙元门下学昆曲。

当时，朱自清的心情颇为晦暗，尽管他写诗感谢给他做媒的顾颉刚。他还写了一首诗，表达了心情："此生应寂寞，随分弄丹铅。双梁惹人嫌，美文在心间。"也就是说，这辈子拉倒了吧，就不再作家室之思了，随便写点文章教教书吧。应该是一种很灰暗的心情。

浦熙元颇为关心陈竹隐的终身大事，一次和清华外文系教授叶公超闲谈时提起陈竹隐，叶提起了当时孤身一人带着六个孩子的朱自清，两人一拍即合。1931年4月的一天，朱自清与陈竹隐见面了。

而根据姜健、吴为公先生合著的《朱自清年谱》记载，这一流行的见面时间明显有误。包括陈竹隐自己的回忆，也有失误。

根据清华大学教授、朱自清好友浦江清回忆："佩弦认识她乃浦熙元先生介绍，第一次（今年秋，即1930年秋季）浦熙元先生在西单大陆春请客，我亦被邀。后来本校教职员工会娱乐会，她被请来唱昆曲。两次的印象都很好，佩弦和她交情日深。不过她对佩弦追求太热，这是我们不以为然的。"

1931年1月25日中午，朱自清、陈竹隐应邹树椿邀请赴宴，在座有浦江清等人。浦江清回忆说："佩弦与陈女士已达到互爱程度。陈能画，善昆曲，亦不俗，但追求佩弦过于热烈，佩弦亦颇不以为然。"（浦江清《清华园日记西行日记》）

看起来，目睹别人的恋爱，旁观者倒是念念不忘。

陈竹隐在《朱自清：情如潭水》一文中，记录了见面当天的情形："我与佩弦的相识是在1931年。这一年4月的一天，浦熙元老师带我们几个女同学到一个馆子去吃饭，安排了我与佩弦的见面。那天佩弦穿一件米黄色绸大褂，他身材不高，白白的脸上戴着一副眼镜，显得文雅正气，但脚上却穿着一双老式的双梁鞋，显得有些土气。回到宿舍，我的同学廖书筠笑着说：'哎呀，穿一双双梁鞋，土气得很，要是我才不要呢！'我并不以为然。他写的文章我读过一些，我很喜欢，很敬佩他，以后他给我来信我也回信，于是我们便交往了……"

自此以后，三十四岁的朱自清陷入了恋爱波涛之中。他写作《竹隐以红叶见寄，赋此奉达》三首等大量诗作，表达了对心上人的衷心感谢和深情厚意。青鸟传书，更有上百封书信，这就是后来结集由江苏教育出版社于2001年2月出版的《朱自清爱情书信手迹》。试看两则：

朱自清和夫人陈竹隐

1931年6月12日，朱自清的情书中写道："隐：一见你的眼睛，我便清醒起来，我更喜欢看你那晕红的双腮，黄昏时的霞彩似的，谢谢你给我力量。"

1931年8月8日，朱自清已对陈竹隐换了亲昵的称呼："亲爱的宝妹，我生平没有尝到这种滋味，很害怕真会整个儿变成你的俘虏呢！"

两人见面，一道参会、赴宴、郊游、看电影是常事，爱情的轨道并不曲折，似乎一路顺畅。

1931年5月16日，陈竹隐与朱自清正式订婚。朱自清说："十六那晚上是很可纪念的，我们决定了一件大事，谢谢你！想送你一个戒指，下星期六可以一同去看。"

1932年朱自清访学回国，带给陈竹隐的礼物是一台留声机和几张胶木唱片。1932年8月1日，朱自清乘船抵达上海码头。4日，他与陈竹隐在上海杏花楼酒家举行了简朴的婚礼，在一家广东餐馆备了酒席，邀请有茅盾、叶圣陶、丰子恺等文艺界名流作见证。当日，朱自清酒醉狂吐不止……9月，他即被聘请为清华大学文学系主任。

1933年早春，在陈竹隐怀上第一个孩子时，也是他俩结婚六个月。为此，朱自清写下了散文名作《春》："盼望着，盼望着，东风来了，春天的脚步近了……"言语之中，喜不自胜。

1937年七七事变之后，北大、清华和南开、同济等渐次南迁，朱自清先后在长沙临时大学和昆明西南联大任教。

1938年7月至9月，朱自清在清华大学的月薪水为三百六十元，实领二百六十七元。

1940年3月25日，他不得不向吴宓借款三百元以解燃眉之急，5月31日赶紧归还。

朱自清日记里，不断出现大量借款的记载。1940年的昆明、蒙自物价飞涨，校方给教师的工资也只能打折，教授们不得不签署稿酬律令，以米直接折算稿酬。

朱家人口众多，陈竹隐这时又怀孕了，扬州一地还有父亲和几个孩子要赡养，生活陷入极度困境之中。大后方成都的物价比昆明便宜，夫妻俩商量后决定举家赴成都。当时，为凑足家人到成都的路费，朱自清把他从英国带给陈竹隐的礼物——留声机和两张唱片，以三百元的价格卖给旧货铺，全家才得以来到蓉城。

陈竹隐回成都

宋公桥和报恩寺原是成都的古迹，临近沉默的锦江，与望江楼隔江对峙。清代末期此处街道形成，逐渐成为宋公桥街（南起古佛寺街，北止化城寺街南口），具体位置在今天452空军医院大门右侧"江东民居"一带。

明朝初年，被朱元璋称为"开国文臣之首"的大学者宋濂，因长孙宋慎牵涉胡惟庸案而获罪，全家被朱元璋贬四川茂州（今四川茂县），途中宋濂病故于夔州（今重庆奉节）。朱元璋第十一子蜀王朱椿因感宋濂系开国功臣，乃将宋墓迁到华阳县。成化年间，蜀惠王又将其迁葬于成都净居寺侧，净居寺又名报恩寺，祀以宋濂，故有报恩寺街。

宋墓之南有一座桥，后人亦因之称之为宋公桥。清顺治三年（1646），"大西皇帝"张献忠退出成都，报恩寺毁于兵燹。成都荒废十八年后，重新建城，到清乾隆年间，在寺址建有以宋濂之号为名的潜溪书院。民国时期，著名学者、诗人、书法家谢无量凭吊报恩寺遗址时曾有诗云："报恩元古寺，小隐作茅堂。竹外无墙壁，花间得卧床。江声终日在，云意坐时凉。何必寻丘壑，郊原乐事长。"可见旧时的报恩寺一带是江郊野趣盎然、景色宜人的去处。加上临近锦江码头，那里本就是成都最大的生活市场，购买生活物资十分便利，商品价格低廉。

1940年5月，陈竹隐携朱乔森、朱思俞从昆明回到成都，在朋友金拾遗推

宋公桥街今日早已不存

荐张罗下，安顿在东门外宋公桥报恩寺。报恩寺当时已成为一座尼姑庵，坐南向北。

根据多人回忆，以及笔者走访老人的口述，复原朱家的布局如下：

朱家住房共三间一厨，右卧室，左饭厅，厅之左边为书房。住房皆为泥壁草顶，阴暗潮湿，地面也是泥地。室内家具全借于朋友，无任何摆设装饰。书房里倒是悬有条幅，上书朱自清游衡岳时寄竹隐女士的一首诗："勒住群山一径分，乍行幽谷忽于云。刚肠也学青峰样，百折千回只忆君。"1941年秋天，朱先生返回昆明后，生活倍加困难，陈竹隐不得不就职于四川大学图书馆。

挚友叶圣陶记录说："佩弦所赁屋简陋殊甚，系寺中草草修建以租于避难者也。"另一则史料有更详细的描绘："居民院内面向出东门的大路，门内有一口古井，井旁有棵大柳树，里面是传统的两进庭院，前院住满了贫苦的百姓和逃亡的人家，穿过前院可见几丛竹林和几棵橘树。朱家住的是林边新搭建的三间茅草屋，泥土地，竹篱笆墙，茅草顶，阴暗潮湿，冬冷夏热。这里条件艰苦，特别是下雨天，屋里屋外全是稀泥，屋顶还是常漏雨。"

油盐柴米的忧烦

1940年6月27日，清华大学第八次评议会通过了朱自清、浦薛凤等六位教授1940年度"休假国内研究案"。朱自清在致友人吴组缃的信件里阐明了自己当时的心情："今年请求休假，一半为的摆脱系务，一半为的补读基本书籍。一向事忙，许多早该读的书都还没有细心读过；我是四十多了，再迟怕真来不及了。"

朱自清有此紧迫的想法非常自然。他有些像一只钻入风箱的小动物，在现实的飓风与梦境的雷鸣电闪夹击之下，倍感丝毫不得喘气。可问题是，成都并没有为他安放一张安静的书桌。他等于从繁杂的公务中，又移身于另外一场油盐柴米的忧烦。

1940年8月4日，朱自清乘汽车由重庆抵达成都，首次开启了他的蓉城之旅。从铺就碎石路面的东大路一进城，他对成都的印象并不坏，但绚丽的西南城市风光仍然无法抵消他的经济苦境。在10日致校长梅贻琦的信里他写道："蓉市风光繁盛，地域恢宏，确有似北平处。近时物价上涨甚速，日来且有购米不得之苦。但日常生活仍较昆明舒适甚多。唯自昆明来，旅费所需殊不赀耳……"

毕竟朱自清是洁身自好的谦谦君子，在成都期间，他从不愿向外人吐露自己的窘况。夜晚，为节约电费开支，他就在20瓦的白炽灯下看书写作。那时成都工业落后，电力不足，灯光昏暗可想而知。他在1941年4月28日日记里描述自己眼力出现问题："出现复视，怕是老年的信号，但此症状可治。曾在油灯下工作几夜，光线摇曳不定，复视可能由此引起。"

成都米价开始疯涨，还发生"吃大户"事件。朱自清在日记中道："闻西门外亦有吃大户者，皆甚激烈。"这一印象挥之不去，七年后他在《论吃饭》中追述："（民国）三十年夏天笔者在成都住家，知道了所谓'吃大户'的情形。

那正是青黄不接的时候，天又干，米粮大涨价，并且不容易买到手。于是乎一群一群的贫民一面抢米仓，一面'吃大户'。他们开进大户人家，让他们煮出饭来吃了就走。这叫作'吃大户'。"

他同情饥民，激愤地说道："没饭吃会饿死，严刑峻法大不了也只是个死，这是一群人，群就是力量。谁怕谁！"

"谁怕谁"是豪气的方言，朱自清写写，就罢了。文人的干天豪气，被生存的石磨一推一转，就碎裂了。

他在1941年3月的一天日记中写道："本月支出五百七十元，数目惊人。"到了4月，他用埋怨的口吻写道："米价高达四百元，甚可畏，生活越来越困难了。"5月25日，接父亲信，说已负债七百元矣。两天后，他说："我尝到经济拮据而产生的自卑感。"因为他在成都金城银行领取的离校休假月薪为四百一十八元四角六分……

在这样清苦、忧烦的环境里，朱自清拼命写作、参加会议、举行讲座，不敢有稍微停歇。

因舞步生疏而尴尬

成都经常受到日本飞机的空袭，困境中的他和家人经常得到亲朋好友的接济，这让朱自清夫妇大为感动，他在日记中写道："张志和夫妇送上一百元食品，我们受不起如此厚重礼物；金拾遗夫妇赠送铺地砖八百块，还打发工人来安装，工钱也支付了，实在令人感激；余中英夫妇赠米一担……"

张志和（1894—1975），邛崃人，幼学陆军，辛亥参与革命，升任师长，驻江津，颇得民望。卸军职后，游历各国，悉心文化，对朱自清十分仰慕。1950年以后，张志和担任政务院（国务院）参事、民盟中央委员、全国政协第三届委员、川盟主委。

闲暇之时，浓浓的友情不时冲淡着朱自清的忧烦。他还常与朋友们一起聚会饮酒、游览品茗，望江楼、草桥寺、文殊院、少城公园、百花潭、青羊宫、都江堰、青城山、新都桂湖都是他和友人们驻足之地，留下大量行吟诗词。他对成都的印象很好，认为成都气候温润，物产丰富，最宜居家。其实，这些认识只是相对于物价而言的。而对于一个学者而言，难道仅仅是渴望填饱肚皮吗？

他应邻居金拾遗、金襄七之邀请去参加家庭舞会。朱自清对舞会并不陌生，早在欧洲游学期间就参加过不少。他散文中的女性意象有数十处，有"正如跳舞着的仙女的臂膊"等充满感性的妙句。可是，他的舞姿并不高明，多次因舞步生疏而感到尴尬；有时，遇到沉闷之夜，他也参加张家举办的舞会，受好奇心驱使，学习新式的舞步，可惜步伐错误颇多……

朱自清跳舞经历里记忆最深的一次，是一个周六去参加张君夫妇举办的舞会。这是一个大场面，十二对舞伴同时翩翩起舞。他后来又去过张宅参加舞会，朋友金拾遗对他的跳舞姿势委婉地提出了意见：身子不直，腹部凸出，步伐单调……面对有点发木的朱自清，金拾遗热心传授跳舞的秘籍。

偶有闲暇，他就带夫人与孩子在锦江一线漫步，最爱的去处自然是对岸竹林掩映的望江楼。锦江的流水携带着岷山的寒意与野味，伴随薄雾漫溢而起，行舟点点，宛如动画。这往往催动朱自清的诗情。1941年5月30日，他和陈竹隐特意去望江楼观看一年一度的端午龙舟竞赛。屈原已随流水去，是否还待后来人？朱自清的目光穿过水面的喧嚣，斜刺入水，他的眼睛湿润了……

《朱自清年谱》里，没有一字涉及1942年朱自清突然返回成都的情况。

1942年，朱自清的大女儿朱采芷，已是四川大学教育系学生，一天路遇悍匪，身受重伤。朱自清听说，在昆明焦急异常。

朱乔森撰写的《一点零星的回忆》指出：当时大姐朱采芷在四川大学读书。川大在成都城外望江楼旁，那时学校四周有些地方还相当荒凉。大姐与同学走到学校附近时，遇土匪拦劫，因为没钱给他们，被土匪在大腿上捅了一刀，伤势较重。

为了解决回成都的路费，朱自清把他珍藏的清代名书法家包世臣所写的条幅，向银行作抵押贷款。银行以条幅不是不动产为由头，拒绝接受。这事为西南联大读书的学生迟镜海所知，他立刻筹措三万多元法币给朱自清。朱自清感动莫名，执意要把包世臣条幅拿给迟镜海，迟镜海坚辞，这样一来二去送了数次。

朱自清最后表示：学生不要他的画，他决不要学生送来的钱。迟镜海这才勉强把那画接受了下来。这事已过去了几十年，大约在1992年，已在巴西定居的迟镜海才把此事的经过说了出来，并把原画赠给母校，由清华档案馆保存（孙哲《迟镜海学长和朱自清师的一段感人故事》）。

朱自清与冯月樵的友情

朱自清日记里，唯一一次提及了著名的"金街"春熙路，不是去逛街买百货，而是去那里的书店帮友人购买资料。寻访图书与友人，成为他步出书房的主要原因。

姜健、吴为公著《朱自清年谱》里，记录1940年12月朱自清行踪："同年，作《普益图书馆记》。稿已佚。"但此稿并未失传。

普益图书馆是民国成都的一家私立图书馆，主人是冯月樵先生。冯月樵（1900—1971），原籍四川南充，幼年丧父，随教育名家黄树滋先生受学。黄家学渊源，藏书甚富，冯月樵如入宝山手不释卷，学问根基渐渐扎实，大有精进。成人之后，他先后在成都、汉口、上海的聚兴诚银行、隆泰钱庄工作。20世纪20年代初，他受"五四"新文化传播的熏陶，思考以图书启迪民智，促成国家富强。

20世纪20年代，他同几位好友集资，在成都祠堂街少城公园对面的牌坊巷口处，办了一家普益阅报室，免费为读者提供省内外十几种报刊。1926年，冯月樵与毕业于四川国立高等师范（四川大学前身）英语部的李畹青结婚，夫妻俩同心协力，改普益阅报室为"普益协社"，发展为销售四川省内外各地书刊的大书店，经销左翼作家、进步作家的作品，近似于"五四"前陈岳安在成都地区所办的"华阳书报流通社"。普益后成为上海开明书店在成都的特约经销处，冯月樵也顺理成章成为开明书店股东之一。由于新书畅销，祠堂街新书店渐次跟进，最终形成了著名的新文化一条街。

1935年，冯月樵离开金融界，回到成都，一心一意打理书店、出版。抗战之前，他想把私家藏书公诸同好，在少城公园内租有一间房屋，取名为普益图书馆，兼营书刊出版与发行。

早在上海繁兴银行工作时，冯月樵就认识刚从欧洲游学归来的朱自清。

当时，陈竹隐赶到上海去迎接朱自清，恰与冯月樵相会。老乡见老乡，分外亲切。

抗日战争爆发后，冯月樵愤于日寇入侵，国家民族危亡，在成都与黄启明（中共地下党员）合办《救亡日报》，宣传抗战，唤起民众救亡图存。为了普及读物，他们用铅字排版，选用夹江土纸印刷"活页文选"，成本低廉，传播广泛，"活页文选"风靡全川。当时，他与在上海开明书店编辑部结识的叶圣陶、胡墨林夫妇在成都重逢。自此，冯月樵与之过从较密，曾请圣陶夫妇编写语文教材，印成国文活页文选，供学校师生之用。抗战初期，月樵先生又在少城公园内租得一间房屋，开办一个小型图书馆，取名为"普益图书馆"，并将其历年所藏新旧书刊和字画等，公开陈列，任人取阅。

著名的"活页文选"，人们都以为是老开明即叶圣陶等主办的开明书店的出版物。其实，冯月樵才是最早编印甚至是精雕刻印"活页文选"的出版家。早在1924年左右，冯月樵就开始自行创制"活页文选"了。这一价廉物美、开启民智之举后来才被开明书店、中华书局等普遍采用。

1940年8月，朱自清由昆明到成都探视家眷，长住一年时间，其间偶然得知冯月樵在少城公园内举办小型图书馆阅读活动消息，主动前往，自此二人交往频频。朱自清对冯月樵历经世变却锲而不舍的学人本色十分钦佩，尤其对他"普益"民众、"不孳孳为利而惟启迪民智促进学术是务"的善举非常激赏。因为，他刚刚经历了一场图书的浩劫，已经让他悲痛欲绝。

普益图书馆

南迁途中，朱自清由湖南经巴蜀至昆明时，曾为清华大学运送一批图书，好不容易运来四川，抵达重庆了，恰值日机轰炸，大部分图书毁于一旦。朱自清痛失图书，加上痛失良友，至昆明清点余物时，图书已所剩无几。他回到报恩寺，当夜动笔写出《普益图书馆记》。

普益图书馆记　二十九年十二月　朱自清记

古今藏书者众矣，或集精椠，或搜秘籍。大抵有所得则什袭而纳诸箧笥，不轻以示人。间有共雅量者，亦只辑印书目，传列善本。所以为人者，如是而已。若范氏天一阁略具图书馆规模者，盖绝无仅有。

图书馆之盛，肇自代近。所以网罗群籍，供应群览。其启迪民智促进学术之功，远在藏书家上。然必群策群力，始克观成，公家为之，其势顺而易，一二人为之，其势逆而难。其有以一二人之力集事者，则必位尊而多金者也。而冯君月樵则不然。君，今之有心人也，其办开明书店垂二十年。沪上新书日出，君毕力致之，以飨学子。其经营也，不孳孳为利，而惟启迪民智促进学术是务。故人争趋之。

君有意于图书馆久矣。身为布衣，又非素封之家，虑无以成其志。则就得书择其尤精者，各储副本，日往月来，所积遂多。此普益图书馆之始基也。设馆之义，甫定于抗战前年。历经世变，荏苒至今。君念兹在兹，锲而不舍，卒底于成。自经始以迄于乐成，皆君一人也。其发愿之宏，立意之坚，盖所谓能而贵者。岂彼沾沾自喜之藏书家所可同日而语哉！

成都固有图书馆而所藏者多旧籍。往求新书者入宝山，空手而返，君今设此馆，足以弥此缺憾。所谓独具只眼者非耶？普益之称，诚哉名副其实矣。国中乏有心之士，有闻冯君之风而兴起者乎？余日望之矣。

朱自清随即抄了一份寄给时在乐山的叶圣陶。1940年12月24日，叶圣陶日记记载："晨得佩弦书，抄示所作《普益图书馆记》及和萧公权诗三首。"在诗中朱自清流露了沉郁的心境："堂堂岁月暗消磨，已分无闻井不波。八口累人前事拙，一时脱颖后生多。东西衣食驴推磨，朝夜丹铅鼠饮河。剩简零编亦何补？且看茅屋学牵萝。"

此前的12月1日，叶圣陶应冯月樵先生约请，写过了一篇《普益图书馆序》，可惜此稿已佚。1941年6月30日，此文发表在《中华图书馆协会会报》第十五卷六期"论著"栏目内，署名朱佩弦。在此引述的全文，系成都诗词大家黄稚荃女史保存，得以流传。她写有《抗战期中冯月樵对成都文化事业的贡献》，刊载于1985年《成都文史资料选集》总第九辑。但黄稚荃抄录的《普益图书馆序》与《中华图书馆协会会报》刊发的文章颇有出入，估计是朱自清后来润色过才提供给杂志发表，造成了这一差异。

冯月樵没有辜负朱自清的希望。

黄稚荃回忆："1950年，冯月樵响应政府号召，走联营的道路，与北新书店等五家联合成立新川图书公司，由新闻出版处领导。1965年合营为成都书店，最后合并入成都市新华书店。"（1985年《成都文史资料选集》总第九辑）

值得一说的是，成都普益图书馆从20世纪20年代一直开办到1952年。其间还出版了《子恺近作散文集》（1941年）等大量优秀读物。如今四川大学图书馆、四川师范大学图书馆里，至少有数百种珍贵书刊来自冯月樵的购置。"普益图书馆"的贴标至今还保留在这些书刊上，睹物思人，岂不让人感念……

在成都诸友中，叶圣陶与朱自清情义最为深厚，交往最为频繁。叶圣陶住在城西，朱自清在城东，少城公园刚好在两者中间，这里的茶社成为他们碰面之地。暮春时，他到少城公园鹤鸣茶社等候叶圣陶，一次突遇空袭警报大作，就按事先说定的，约会取消。

1941年晚秋，休假结束，即将回昆明上课。朱自清考虑再三，还是将家眷留在了成都，只身返滇。叶圣陶闻讯赶来相送。在九眼桥码头，遥看望江楼，两人相视，默然无语。从此天涯一方，不知何时再得相晤？看着滔滔江水，彼此心生无限惆怅。

叶圣陶临别有赠诗《送佩弦之昆明》：

> 平生俦侣寡，感子性情真。南北萍踪聚，东西锦水滨。追寻逾密约，相对拟芳醇。不谓秋风起，又来别恨新。
>
> 此日一为别，成都顿寂寥。独寻洪度井，怅望宋公桥。诗兴凭谁发？茗园复孰招？共期抱贞粹，双鬓漫萧条。

在成都一地，朱自清与叶圣陶关系最为亲密，也许是两人性情相投的缘故，他们的唱和、合作、聚会极多。

直到1946年8月28日，朱自清与张志和一道，去城西罗家碾王家岗的叶圣陶居所辞行，此为他们人生的最后诀别。

为闻一多遇害拍案而起

1945年，昆明直飞成都的航班终于开通，朱自清感到了特殊的便利。6月29日他顺利飞抵成都。7月4日去书院正街餐厅出席为陈竹隐生日而举行的庆祝会。他在成都这几年，连续应邀出席作家、教授在成都著名的北方味餐厅宴宾楼、总府路的明湖春酒楼、荣禾园酒家、不醉无归家酒家、吴抄手的招饮，并应邀参加过四川省主席张群在励志社的宴请以及军界要人邓锡侯的生日宴会。

他毕竟囊中太过羞涩，中学老同学丰子恺来成都举办画展，他竟然连请一顿酒也做不到，最后只好写了四首诗送去祝贺。次日，心中不安的他委托朋友去画展现场代购了丰子恺两幅画。

1946年7月16日，针对有读者对《荷塘月色》里晚上蝉鸣现象的质疑，朱自清在昆明以及在锦江边就很容易找到答案，闷热夏日的上半夜，蝉的确是要鸣叫的。朱自清多次陈述过这样的写作观，应"于一言一动之微，一沙一石之细，都不轻易放过"，"每事每物，必要拆开来看，拆穿来看；无论锱铢之别，淄渑之辨，总要看出后而已，正如显微镜一样。这样可以辨出许多新异的滋味。"（《朱自清全集（第1卷）》）

朱自清很快写出《关于"月夜蝉声"》一文，算是回答。第二天他起床略迟，翻翻当日的报纸，一看，他就呆住了：闻一多先生于前天在昆明遇害！他霍然拍案而起。

朱自清和闻一多曾被誉为清华中文系的双子星座，二人情深义重。

在报恩寺的居室里，他无心茶饭，陷入了无限悲痛。好友的鲜血，让他无法入眠。他在《日记》中写下了如此看法："此诚惨绝人寰之事。自李公朴被刺后，余即时时为一多之安全担心，但绝未想到发生如此之突然与手段如此之卑鄙！此成何世界！"表达了他对黑暗制度的极度痛恨。闻一多事件对于朱自清而言是一个性格的分水岭，他彻底变了。他不再是温文尔雅的循循儒者，他要呐喊，他要燃烧……

他顾不上别的了。奔走呼号，参加了在成都举行的一系列悼念活动。

1946年8月16日，写新诗《悼一多》。这是朱自清新诗搁笔二十年来的第一首力作，该诗最后一节写道："你是一团火，/照见了魔鬼；/烧毁你自己，/遗烬里爆出新中国！"

18日，朱自清决定立即返回昆明，要立即担负起"整理闻一多先生遗著委员会"召集人的责任。当天，由民主人士张澜主持，成都各界人士齐聚西顺城街蓉光大戏院，召开纪念李公朴、闻一多追悼大会。朱自清抱病赶往会场，有人提醒他要注意暗杀，他愤怒不已："谁怕谁！"他在会上义愤填膺，悲极而泣，演讲完毕中途退场。会后，张澜即遭到暴徒袭击，头部血流如注……

第二天一早，朱自清带家属从牛市口东门汽车站乘车，奔赴重庆。这一天，也是他与成都的诀别之日。

到达重庆后，他仍然到处讲演闻一多功绩，宣扬他"不怕烧毁"的抗争精神。如果说，真诚是朱自清散文的最高圭臬，那么，反帝爱国精神和决不与黑暗势力同流合污的清洁精神，勇于反思和扬弃的人格，构成了朱自清的文化向度。这恰恰是如今的文化人最应该缅怀、反思、汲取的骨中之钙。

朱自清回报成都的力作

朱自清《外东消夏录》这篇文章与他后来所写的《我是扬州人》一样，具有划时代意义。

这个题目是仿高士奇的《江村消夏录》。文章写毕于1944年8月31日的昆明。费时五日。原文计六节，初次发表于《新民报》时，竟被编辑大笔一挥删去一节。当时流行"只有大编辑和小作家"的编辑观，由此也窥见民国时期报刊编辑的刚健之气。文章分"引子""夜大学""人和书""诗境的成都"和"蛇尾"五节，叙述了他对成都的印象。朱自清毕竟文笔老辣，"持中"叙述中，对成都做了细腻入微的描述。亲历的苦难总会反刍为一种泪水浸泡的温情。他认为成都是与北京很相似的古城，且气候温润，物产丰富，最宜家居。

在其中一节《成都诗》中，他写道："据说成都是中国第四大城。城太大了，要指出它的特色倒不容易。"笔者就没能找出这个"据说"的另外出典，这分明是历史上第一次提出成都为"中国第四城"之说。

现在，我们承认朱自清是"中国第四城成都"的命名者，毫不过誉。

一个城市的特点往往与古迹具有藕断丝连的关系。由于张献忠之乱，成都城内的古迹几乎被荡涤一空。即便不容易找，朱自清还是找到了成都的一大特色，那就是回荡在大街小巷里的"闲味"。这种"闲"，似乎潜移默化地浸入了他内心深处。他体味出成都的"闲"，既为一种银杏落叶飘在地面、被微风带动兀自而舞的"闲"；又为一种"早睡早起身体好"的农耕时代的"闲"。而对于朱自清来说，这种"闲"是一种很难细诉的状态，犹如蜀地无处不在的薄雾，是一种只能意会不可言说的群体氛围。尽管他已竭力以老道的文笔表达了这种飘浮在空气里的气氛，但还引用了被誉为"现代游记写作第一人"的易君左先生的《成都》一诗，来进一步佐证这种感觉："细雨成都路，微尘护落花。据门撑古木，绕屋噪栖鸦。入暮旋收市，凌晨即品茶。承平风味足，楚客独兴嗟。"朱自清对市井里这种闲到乏味的生活是有看法的。他特意对这首诗进行了一番阐释，仍然采用的是借他人酒杯浇自己块垒之法："易君左'兴嗟'于成都的'承平风味'。但诗中写出的'承平风味'，其实无伤于抗战；我们该嗟叹的恐怕是另有所在的。我倒是在想，这种'承平风味'战后还能'承'下去不能呢？在工业化的新中国里，成都这座大城该不能老是这么闲着罢。"

　　他仍觉得，只有"住过成都的人该能够领略这首诗的妙处。它抓住了成都的闲味。北平也闲得可以的，但成都的闲是成都的闲，像而不像，非细辨不知"。北平的闲，似乎还掺杂有皇城根儿的隐然傲意；成都的闲，是平民们开源节流、想方设法舒适自己的气场。成都人从河边捡回几块大石头，在院子里随意一摆，再种上几棵泡桐树，就可以美其名曰地欣赏"园林梦"了。这在江南人或北平人看来，惊诧莫名。

　　文章结尾，朱自清的笔再次回到了树：

　　　　成都旧宅于门前常栽得有一株泡桐树或黄桷（葛）树，粗而且大，往往叫人只见树，不见屋，更不见门洞儿。说是"撑"，一点儿不冤枉，这些树戆粗偃蹇，老气横秋，北平是见不着的。可是这些树都上了年纪，也只闲闲的"据"着"撑"着而已。

看起来，他固然实现了"消夏"，但如何才能实现"消愁"呢？朱自清并没有找到答案。

朱自清的三个梦

朱自清写有大量日记，生前并没有公开发表的打算。翻阅这些日记，更能近距离地了解先生真诚、朴实、单纯的内心世界。1931年到1936年的日记里，有三则都是写他夜里做梦的情况。奇怪的是，这些日记所记的三个梦，竟然指向同一个沮丧的内容：

1931年12月5日："……梦里，我被清华大学解聘，并取消了教授资格，因为我的学识不足……"

1932年1月11日："梦见我因研究精神不够而被解聘……"

1936年3月19日："昨夜得梦，大学内起骚动。我们躲进一座大钟寺的寺庙，在厕所偶一露面，即为冲入的学生发现。他们缚住我的手，谴责我从不读书，并且研究毫无系统。我承认这两点并愿一旦获释即提出辞职。"

这三则日记分别写于不同年份，前两则是在英国游学时所写，后一则写于清华大学。这期间，他也由中文系代理主任正式担任系主任之职。不同的时间，不同的地点，不同的境遇，而竟做着同一个内容的梦。足以发现，他内心承受着巨大的压力。朱自清做事做人本就极其认真严谨，从日记中可看出他永远觉得自己资质一般，不够聪敏，也不够勤奋努力。他不时地自我反省，自我审视。到清华大学后，心理压力就更大了……巨大的压力，清贫的生活，繁重的工作，使得他的健康状况越来越差。

朱自清孙子朱小涛认为，祖父之所以有如此巨大的压力，应该有如下三个原因：

第一，教非所学。朱自清是学哲学的，但教的却是国学。第二，他只是本科生，而清华大学却是名流荟萃、大师云集之地。第三，清华大学严格的用人机制和学术竞争环境。再加上他自己由中学教师升格为教授，由教授又任系主任，他自觉"盛名之下，其实难副"，因而压力越来越大。他担心自己在学术研究上落伍，曾几次提出辞职，想专心治学。他不断地自我要求，自我完善，大量阅读各种书籍，每隔一段时间就制定一个读书计划。他虚心向语言学家王力，诗词专家黄节、俞平伯等人请教，借来他们的著作阅读学习。自己的日记，他也用中、英、日三种文字甚至汉语拼音书写，以此来巩固和提高自己的外语水平。

当然，朱自清记梦里，并非一律暗无天日的愁绪，他也有怡然之梦。

1941年11月19日，朱自清住在叙永县李铁夫家里，吃得太好，他一夜尽在梦境中度过。第二天起床，朱自清写成《好梦·再叠何字韵》诗："山阴道上一宵过，菜圃羊蹄乱睡魔。弱岁情怀偕日丽，承平风物殢人多。鱼龙曼衍欢无极，觉梦悬殊事有科。但恨此宵难再得，劳生敢计醒如何？"梦境与现实的判然疏离，反而更让人觉得，不如不做这样的梦。

让人伤感的是，这般"娱目畅怀"，他只有在梦里可以窥见了。而且，好像仅有这么一次。

1947年除夕，清华大学国文系举办了一场师生同乐晚会，当时朱自清的肠胃病已经颇为严重，他是带着一脸病容参加。学生们给他化了妆，穿上一件红红绿绿的衣服，头上戴了一朵大红花，他还和同学一起跳舞。余冠英、李广田教授也来了，大家高唱《青春进行曲》："我们的青春像烈火一样鲜红，燃烧在战斗的原野。我们的青春像海燕一样的勇敢，飞跃在暴风雨的天空……"

1948年夏天，在肠胃病折磨下，朱自清的体重越来越轻，最轻时才38.8公斤，真是身轻如燕了。也就是这个时候，他在拒绝领取美援面粉的声明上签下了自己的名字，以区区不足八十斤的身躯托举起国家和民族的尊严。但他由于胃病原因，仍然渴望吃东西，甚至暴饮暴食……这进一步加剧了病情。也就是说，朱自清不是被饿死的。

翻开1948年的日记，我们没有看到他为食物短缺而苦的记载，相反，多的倒是下面一些文字："饮藕粉少许，立即呕吐"；"饮牛乳，但甚痛苦"；"晚食过多"；"食欲佳，终因病患而克制"；"吃得太饱"……

就在他逝世前十四天的1948年7月29日，也就是他在拒领美国"救济粮"宣言上签名后的第十一天，他还在日记里提醒自己："仍贪食，需当心！"

1948年8月12日，朱自清辞世。

朱自清去世后，夫人陈竹隐在整理他的遗物时，看到他的钱包里，整齐地放着六万元法币，可惜，这点钱连一块小烧饼都买不到……清华大学第一次降半旗致哀；追悼会上，校长梅贻琦致辞时哽咽得说不出话来；数月之内，社会各界纪念诗文多达一百六十余篇，形成了轰动一时的文化事件。

（本文原载于2017年8月9日、16日、23日、30日《华西都市报》

作者：蒋蓝　摄影：蒋蓝）

巴金与大哥
幸存的四封信

自是浮生无可说，人间第一耽离别。

离别的滋味，竟是这样的凄凉。1929年7月末，李尧枚乘坐的江轮远去，望着送别的四弟巴金与表弟惠生，强烈的伤感笼罩着他，"眼泪不知不觉流下来，把许多要说的话也忘记了"。

告别弟弟渐远的背影，李尧枚回到船舱里哭，一直到船起锚，才走出来，望着灯光闪闪的上海，他不住地说："别了，上海！别了，亲爱的弟弟们！"

别了！这一次相见，竟是巴金与大哥最后一次见面。1931年春天的一个早晨，巴金大哥李尧枚在成都自杀身亡。

兄弟情与《小宝贝》

时间就像幻梦，流逝百年，依然让人间的感情郁郁葱葱。

2019年，成都的初冬，最是橙黄橘绿，却也茅檐霜冷。城西一小区住宅三楼。九十岁的李致望着窗外零星的落叶，想念着离去八十八年的父亲，想念着离开了十四年的四爸巴金。1929年夏天，父亲与四爸的那次相见，有着怎样的喜悦与哀愁？

1929年7月，李尧枚与巴金分别六年后，在上海相见。对于新鲜的上海，李尧枚喜欢的是电影与音乐，因为这也是巴金喜爱的。

看英文电影时，巴金会在旁边替大哥解释剧情；听音乐，巴金有时会哼唱起*Sonny Boy*（小宝贝）；兄弟俩也时常去"三和公"吃西餐，结账时，李尧枚还会给点小费——笑嘻嘻的堂官喜欢这样大方的食客。

兄弟俩在一起愉快地度过了一个月时光。也许是不太适应"海派"和快节奏，也许是第一次远离四川，思念家乡，思念几个幼小的孩子。七月底，李尧枚决定回家了。

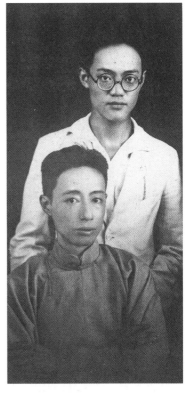

李尧枚与巴金（后）在上海

关于这次别离，巴金在《呈献给一个人——纪念我的大哥李尧枚》里有细致的描述："我还记得三年前你到上海来看我。你回四川的那一天，我把你送到船上。那样小的房舱，那样热的天气，把我和三个送行者赶上了岸。我们不曾说什么话，因为你早已是泪痕满面了。我跟你说一声'路上保重'，正要走上岸去，你却叫住了我。我问你什么事，你不答话，却走进舱去打开箱子。我以为你一定带了什么东西来要交给某某人，却忘记当面交了，现在要我代你送去。我正在怪你健忘。谁知你却拿出一张唱片给我，一面抽泣地说：'你拿去听。'"

这张唱片正是格蕾丝·菲尔滋的*Sonny Boy*，两个星期前，巴金在谋得利洋行替哥哥买的。

"你知道我喜欢听它，然而我知道你也是同样喜欢它。在平日里我一定很高兴接受这张唱片，可是这时候，我却不愿意把它从你手里夺去。"在这分别的时候，巴金不愿意再不听大哥的话而让大哥伤心，他接过了唱片，心境是忧伤的，"我不曾说一句话，我那时的心情是不能够用语言来表达的"。

告别大哥，巴金坐上划子回岸边，在黄浦江的风浪颠簸中，在外滩灯光的暗影中，巴金流泪了："我当时何尝知道这就是我们兄弟最后一面。"

那张《小宝贝》，在巴金的书斋中孤寂地躺了三年后，于淞沪抗战中被炸成了灰烬。

深情的四封信

尺素在鱼肠，寸心凭雁足。

从巴金1923年离开成都，到南京读书，之后1931年寓居上海，大哥李尧枚给三弟李尧林和四弟巴金写了一百多封信。李尧林去世后，这些信都由巴金保管。

巴金把这些珍贵的信，装订成三册，保存了四十多年。1966年，风云突变，8月底或9月初，巴金为避免某些人利用信中一句半句，断章取义，造谣诽谤，"只好把心一横，让它们不到半天就化成了灰"。

1980年，巴金回想起这些被烧掉的信时，说："毁掉它们，我感到心疼，仿佛毁掉我的过去，仿佛跟我的大哥永别。"

"十年浩劫"以后，出乎意料，巴金竟然找到大哥写给他的未曾烧掉的四封信。

李尧枚妻子张和卿与子女们

"这四封信是我父亲从上海回成都后写的，前三封写于1929年，后一封写于1930年。可以想象，四爸发现这四封信，是多么的珍惜和喜悦。"李致说，"1982年5月，我到上海，四爸把这四封信给我看。这是我第一次看见他们的通信，我为他们深厚的兄弟友谊所感动，含着泪水读完它。我把这些信带回成都复印，然后又寄回上海。原件后来捐给了中国现代文学馆。1986年4月2日，我出差到上海，就有关信中的一些问题，向四爸请教，并做了录音。"

　　时隔多年，李致拿出那卷录音带播放，"录音的质量不错，四爸谈笑风生，声音十分清晰，使我重温了和四爸在一起的愉快时光"。

　　在这次谈话中，李致记忆深刻的是："四爸两次动情，痛哭失声。他说：'我感到痛苦的是，我的两个哥哥对我都很好。他们两个都是因为没有钱死掉的。后来我有钱也没用……他们都不愿意死，结果死掉了，就是因为没有钱……所以我也不希望过什么好的生活。他们如果有点钱，可以活下去，不至于死掉，但是偏偏我活下来……'"

　　1986年，巴金已是耄耋之年，谈及两位哥哥，依然潸然泪下，有歉疚也有深情。

　　所以，巴金会在《家》中写下"觉新"，"觉新不仅是书中人物，他还是一个真实的人，他就是我的大哥。他是我一生爱得最多的人"。以至于写到《秋》的结尾，巴金既想给读者希望，更不忍心觉新在他笔下死去。

对父亲的理解

　　现年九十岁的李致，不会记得父亲李尧枚离去的情形，那时，他才一岁零五个月。

　　但他记得："有记忆的时候起，母亲卧室里就挂着一张颇大的照片，我天天看见它。照片上的人眉清目秀，身着西服。不管我站在什么地方，他的眼睛都望着我，使我既感到陌生，又感到亲切。母亲说他就是我的父亲。"

　　1929年7月，李尧枚离开上海回成都，只为在中秋节赶回和家人团聚。他八月初三抵达重庆后，又坐"汽划"到合川，之后由陆路回成都。

父与子 [李尧枚与李致] 一九三零年夏

李尧枚与幼子李致

八月十五晚上8点钟，李尧枚的轿子方才归家。门外，遇见正在玩耍的大女儿，李尧枚一下轿，就摸了摸她的头。

"我没有这些经历和感受。听母亲说，父亲去世前，我只会为他提鞋。我看见过一张旧照片，父亲抱着大约半岁的我。我用嘴含着自己的指头。父亲用右手顶着我的脚，用左手抱着我的腰。我当然看见过父亲的很多遗物，包括我用来玩的父亲打针的用具。除此之外，再无其他。"李致至今保存着这张父与子最亲密的照片，拍摄于1930年夏天。

带着零星的记忆，带着父亲离去的苦难与深沉，幼小的李致，走进了人生风雨——

"抗日战争时，学校搬到乡下踏水桥，离城五六里。每遇下雨，满地泥泞，我和四姐在风雨中戴着斗笠，举步维艰。有几次风大，斗笠被吹走，人跌在地上。许多同学有父亲来接，令我们羡慕不已。如果有父亲多好！"

上中学时，李致读了巴金的小说《家》和散文《做大哥的人》，才对父亲有所了解。"我对父亲有了一定的认识，他是好人，是旧社会的受害者。但在很长一段时间内，我不满他采用自杀的办法。父亲离开人世，把母亲和五个子女留在人间，让母亲独自承受莫大的痛苦和灾难。"

为父亲，李致和四爸巴金有过辩论："1964年9月，我第一次去上海，在去三爸（李尧林）墓地的三轮车上谈到父亲。我第一次向四爸表示了对父亲的看法，说他丢下母亲和子女去自杀，太不负责任。我当时年轻气盛，用语相当激烈。我们谁也说不服对方。只记得四爸感慨地说：'连你都不理解，小林他们就更难说了。'"

李尧枚与四个女儿

对父亲的"谴责",在李致心中保留了几十年。1997年春天,父亲李尧枚诞辰百年之际,李致打电话给在华东医院住院的四爸巴金,巴老那时已有语言障碍,只说:"庆祝一下。"

怎么庆祝?李致的儿子李斧在网上设立了一个李尧枚的资料库,收录了巴金、李济生、李采臣的文章等。李致说:"老友刘多成会用计算机修复照片。他帮我把父亲抱着我的那张照片修复了一新。我在旁边加上'父与子(李尧枚与李致)一九三零年夏'。望着照片,我享受到父爱,感到他身体的温暖。几十年了,经历了一个漫长的过程,我终于理解父亲。只是这理解来得过迟了。请你原谅,我的父亲!"

这是一次漫长的"理解",也是李致与自己内心的和解。也许这一切,正如亨利·戴维·梭罗所说:"时间决定你会在生命中遇见谁,你的心决定你想要谁出现在你的生命里,而你的行为决定最后谁能留下。"

春天的黄昏,沉浸在火红的晚霞中。

他舞动着两把短刀,两道白光连接成一根柔软的丝带,蛛网般盖住他的身子。刀风霍霍,他就像一颗偌大的珠子,在地上滚动。

得益于三叔带回成都的两个镖客,李尧枚学得一身好武艺。他灵活的舞刀姿态,甚至博得了严厉祖父的赞美。

巴金很惋惜这位文武双全的大哥:"大哥当时对化学很感兴趣,希望毕业后再到上海或北京有名的大学去念书,将来还想到德国留学。"

但幻想的神奇之手,终究没能拉起面纱,掩盖住命运的暗面。

弹风琴的绅士

"一表人才，十足漂亮的绅士。"

胞弟纪申（李尧集）回忆起大哥李尧枚的样子，极具赞赏。

从上海回来后，李尧枚改穿起洋服，西装是在成都北新街"恒谦"西服店定做的。

夏季，李尧枚会着太阳呢上装，白色翻领衬衫，下穿白色法兰绒起蓝色小方格长裤，白帆布皮鞋，头戴法式白色面盆帽。有时还特别拿一根"司提克"——学习西方绅士的文明杖。

李尧枚与祖父李镛

出类拔萃，温文尔雅。

李尧枚的绅士精神还体现在对进步的追求：学习外语，他委托巴金在上海买《法文初范》；日常到售卖新书刊的"群益书报社"购买阅读新书籍；帮助堂兄弟和表弟妹成立读书会——驰驱学会。

李尧枚还爱看京戏，纪申回忆："自从春熙路新建了个春熙大舞台（据说是凤祥银楼老板投资兴办），大哥就常去那儿看京戏，家里还有一把京胡放着。"

踢皮球，打网球，晚清的西方潮流也涌现在正通顺街的旧公馆里，李尧枚的房间里更有样式新奇的木制体操用具。

1929年从上海回成都后，李尧枚还带回了两架钢针、钻石针的新式方盒留声机，近百张唱片，包括胜利、高亭、蓓开三大唱片公司灌制的京戏、大鼓、流行歌曲等，其中外国唱片最让大家耳目一新。

李尧枚喜爱新的音乐歌曲，在家里购置了一架贵重的风琴，他让上了学堂的九妹唱歌，他按琴键伴奏，那一首哀婉的曲子，时常在堂弟李尧东的耳际回荡："太阳，太阳他记得，照过金姐的脸，照过银姐的衣裳，也照过我可怜的秋香……"

突如其来的婚姻

鸿鹄志高却难遂，深宅青年，何尝没有心怀远方。

"失魂落魄。"1929年11月9日，李尧枚写给巴金的第三封信中，叙述着自己从上海回来的心情。

从上海回成都后，李尧枚养成了吃茶看书的习惯，看到一两点钟也没人催促——

"因为大嫂月份大了，总是十点前后就睡了。我还是朝深夜看去。往往掩卷而泣，悄悄地睡了。"

巴金的大嫂张和卿，当年与李尧枚结婚时颇为戏剧。

在父亲为他选择姑娘的前几天，李尧枚刚刚拿到中学毕业文凭。

因为上中学成绩优良，四年课程修满毕业时又名列第一，李尧枚毕业归来的那天，弟弟妹妹们聚在房里，为他庆祝光辉的前程。

然而，漂洋过海的留学梦只存留了几天，就被残酷地打破了——父亲给他订婚了。

订婚前，李尧枚隐约猜到一些，但没有想到这么快。

而且父亲选择姑娘的方法很奇怪——巴金在《做大哥的人》一文中详细记录了这次亲事：

"当时给大哥做媒的人有好几个，父亲认为可以考虑的有两家。父亲不能够决定这两个姑娘中间究竟哪一个更适宜做他的媳妇，因为两家的门第相等，请来做媒的人的情面又是同样的大。后来父亲就把两家的姓写在两方小红纸块上面，揉成了两个纸团，捏在手里，到祖宗的神主面前诚心祷告了一番，然后随意拈起了一个纸团。父亲拈了一个'张'字，而另外一个毛家的姑娘就这样被淘汰了。（据说母亲在时曾经向表姐的母亲提过亲事，而姑母却以'自己已经受够了亲上加亲的苦，不愿意让女儿再来受一次'这理由拒绝了，这是三哥后来告诉我的。拈阄的结果我却亲眼看见。）"

李尧枚结了婚，祖父有了孙媳，父亲有了儿媳妇，众多弟弟妹妹有了嫂嫂，一时间，深宅大院增添了许多欢乐。而李尧枚也深感幸福，妻子温柔体贴，读过书，会作诗，会画画。在这短时期的温柔乡里，他忘记了他的前程，忘记了升学的志愿。

这样幸福地过了两三个月。一天晚上，父亲把李尧枚唤到面前吩咐道："你现在接了亲，房里添出许多用钱的地方；可是我这两年来入不敷出，又没有多余的钱给你们用，我只好替你找个事情混混时间，你们的零用钱也可以多一点。"

巴金（左一）与兄长合影

见父亲含着眼泪温和地说下去，李尧枚唯唯地应着，没有说一句不同意的话。可是回到房里，他却倒在床上伤心地哭了一场。他知道一切都完结了！

不满二十岁的李尧枚，没有处世经验的李尧枚，像一只孤舟，被抛进了茫茫大海。

在妥协中求生存

冬日的阳光，努力地投射进成都商业场，印下稀疏的光斑。

小小的光影，像一面深镜，反射于老成都记忆深处。

这里，曾是成都最早的现代商业街，密密麻麻装了百十家店铺。

因为堂伯李道江是这里的大股东，李尧枚的第一份工作，是在成都商业场电灯公司当高级职员，月薪二十四元。

但一年以后父亲突然去世，这一房的重担陡然压在他的肩上，上面有一位继母，下面还有几个弟弟妹妹。

因为父亲的离去，大家庭进行了第一次分家，李尧枚这一房除了父亲购置的四十亩田外，还从祖父那里分到了两百亩田。

衣食暂时无忧，然而，其他各房的仇视、攻击、陷害、暗斗却使李尧枚难于应付。

譬如，有一次巴金得罪了一个婶娘，她诬陷巴金打肿了独子的脸颊——其实是婶娘盛怒之下打肿了她独子的脸颊。在巴金不肯道歉的情况下，李尧枚本想找二叔主持公道，没想到却被二叔训斥，李尧枚只好代巴金向婶娘赔礼道歉。

诸如此类的事情发生过很多，都是李尧枚代兄弟们受过，他以处处让步来换取暂时平静的生活。

那时的巴金认为，大哥一方面信服新的理论，一方面顺应旧的环境生活下去。"他赞成刘半农的'作揖主义'和托尔斯泰的'无抵抗主义'。他把这种理论跟我们大家庭的现实环境结合起来"。

作家杨字心认为李尧枚的垫背和吃亏，其实是"蜡烛精神"，燃烧出来的是爱。"在妥协中求生存，最后换来了三弟李尧林和四弟巴金的远走高飞"。

但这种方式，在当时不被三弟李尧林和四弟巴金理解，他们对家里一切不义的事情都要批评，因此常常得罪叔父婶娘，这也为李尧枚招来祖父的更多责备与各房更多的攻击和陷害。

一方面，李尧枚不能够祖护弟弟们，另一方面，弟弟们又不谅解他。

陷于两难，也就陷于孤独。李尧枚开始了一个人的挣扎与战斗，而他不知道的结果是——

一个人不能和自己战斗，因为这场战斗只有一个失败者。

岁月的指针拨到2019年的冬天，年届九十的李致谈起父亲李尧枚，有太多复杂的情感。从谴责到理解，这是一个漫长的过程。

20世纪90年代中期，李致第一次去杭州看望巴金先生，巴老说："一个人做点好事，总不会被人忘记。我时常想起你父亲，他对我有很多帮助。你三爸对我的帮助也很大。我要帮助他们，结果没有机会了。我知道，我可能并不会被人忘记，但我希望他俩也被记住。"

两年后，李致再次去杭州看望巴老。巴老再一次谈到大哥与三哥，他说："我们兄弟有一个共同点，就是愿意多为别人着想，作出自己的奉献。"

"奉献"，正是解开李致心结的密钥，也是李尧枚人生的注脚。

1930年，是李尧枚人生的转折点。祖父死后，他做了"承重孙"。

按照中国古代宗法制度，如长房长子比父母先死，那么长房长孙在他祖父祖母死后举办丧礼时要代替长房长子（即自己的父亲）做丧主，叫"承重孙"。

承重一个封建大家庭，本应有钢铁之躯、铿锵之志，奈何李尧枚只是一个柔软的灵魂。

祖父死后，大家庭彻底分家解散了，田产收入减少了。不能坐吃山空，还得想办法增加收入。

金融投资的风险

为了填补开支，李尧枚开了一个新书店，叫"启明书店"，从上海进货，但是抹不开情面用了三叔的儿子，结果经营不善，亏本收摊关门了。心太善良的李尧枚，甚至替合伙人承担了亏损的费用。

经济上的窘迫已使李尧枚难以应付，另一个更大的打击很快来了：不到四岁的儿子李国嘉，患脑膜炎死掉了。儿子的去世，也标志着他"在儿子身上实现他那被断送的前程"的愿望落空了。

命运，就此急转直下，一寸一寸扼住李尧枚的咽喉。

此后，李尧枚精神抑郁，偶尔还出现过精神错乱的现象。

压在李尧枚身上的最后一根稻草，依然是经济问题。李尧枚给巴金的第四封信里，显出他的窘境："我一定要寄点钱给你看电影，不过要稍缓几天，这几天有点窘。"

其实，已不只是窘，而是产生了财务危机。因为身体不好，李尧枚已辞去电灯公司的事。

如何转变当前的窘境？接受过新思潮的李尧枚，毅然卖掉田产转入早期的金融。当时，在军阀统治下的成都，谁都可以开办银行、发行钞票，李尧枚也希望用贴现的办法取得较高的利息。

李尧枚的金融投资，初期小有成功，远亲近邻们都托他代为投资。投资总会有盈有亏，但李尧枚总是把盈利给别人，亏损自己摊，找李尧枚投资的人多了起来。

但不久，李尧枚害了一场大病。等他病好后，才知道好几个银行倒闭，投资的钱损失了一大半。

二十多页的遗书

回到家里，李尧枚趁夜深人静拿出票据细算，一时气恼，又急又悔，把票据撕碎了。

第二天想起来，字纸已经被倒掉了。

所有的财产，这一房人赖以活命的财产，完蛋了，洗白了。

埃利亚斯·卡内蒂说："痛苦的人眼里必定有火花闪耀，如果那火花熄灭，他就毫无价值了。"

火花，本来包含着希望，但最后一个希望破灭了。

清醒后的李尧枚，觉得对不起投资人，也对不起热爱他的亲人，他要以死承担全部责任。

他企图自杀，但舍不得家人，写了三次遗书又三次毁掉。

第四次写下遗书后，李尧枚做了最后的安排：借自己的生日，请全家人看了一场戏，以示惜别。

二十多天后，一个有雾的清晨，李尧枚走了。小女儿睡在他身边，而他已经身体冰凉。

2002年春，李致写下《终于理解父亲》一文，描述了那个悲伤的清晨，"全家乱成一团。我和二姐三姐四姐人小不懂事，唯大姐痛苦不已。她拼命地喊爹爹，多次用手扳开父亲的眼睛，希望把父亲叫醒。"

——半个世纪以后，大姐才向李致讲起父亲当年有多么爱她：

父亲给她订了《小朋友》和《儿童世界》，对她有很大影响；父亲爱带她出去玩，买糖果招待她的小朋友。

她永远记得，1929年的中秋节，父亲从上海回来，她在大门外玩，父亲一下轿就摸了摸她的头。

李尧枚的远行，是无法言语的悲痛与损失。好长一段时间内，不少亲戚朋友都觉得自己也失去了什么似的。就连街坊近邻，包括摆摊卖花生橘子的小贩，提篮叫卖香油卤兔玫瑰大头菜的小生意人，都出声叹息："你家的大少爷真是个好人，多可惜！"

李尧枚离去两个月后，巴金才接到了二十多页的遗书：

"卖田以后……我即另谋出路。无如我求速之心太切，以为投机事业虽险，却很容易成功。前此我之所以失败，全是因为本钱是借贷来的，要受时间和大利的影响。现在我们自己的钱放在外边一样收利，我何不借自己的钱来做，一则利息也轻些，二则不受时间影响。用自己的钱来做，果然得了小利。……所以陆续把存放的款子提回来，作贴现之用，每月可收百数十元。做了几个月，很顺利。于是我就放心大胆地做去了。……哪晓得年底一病就把我毁了，等我病好出外一看，才知道我们的养命根源已经化成了水。

"好，好！既是这样，有什么话说！所以我生日那天，请大家看戏后，就想自杀。但是我实在舍不得家里的人。多看一天算一天，混一天。现在混不下去了。我也不想向别人骗钱来用。算了吧。如果活下去，那才是骗人呢。……"

从《春梦》到《激流》

李尧枚离去时，恰是巴金的《激流》写到第六章时，"读完电报，我怀疑是在做梦"。

发痴一样过了一两个钟头，巴金独自一个人到北四川路，在灯火辉煌的人行道上走来走去。

巴金痛苦、愤怒，不肯认输，"我的努力刚开始就失败了，又多了一个牺牲者！我的眼前不断出现我祖父和大哥的形象，祖父是在他身体健康、大发雷霆的时候，大哥是在他含着眼泪向我诉苦的时候。死了的人我不能使他复活，但是对那吃人的封建制度我可以进行无情的打击。"

回到宝光里的家，巴金拿起笔写下了《激流》的第七章《旧事重提》，他向封建旧家庭开战了。

这部作品，正是巴金经典作品《激流》三部曲中的《家》，而取名《激流》之前，这部作品叫《春梦》。在上海《时报》连载时，巴金写完"总序"后，决定把《春梦》改为《激流》。

1928年11月，从法国回国途中，巴金就有了写《春梦》的打算，到1929年7月，巴金与大哥在上海相见，闲谈中，巴金提到写《春梦》的想法，李尧枚极力支持。后来李尧枚回到成都，巴金又在信里讲起了《春梦》。

1930年3月，李尧枚给巴金寄来了一封信：

"《春梦》你要写，我很赞成；并且以我家人物为主人翁，尤其赞成。实在的，我家的历史很可以代表一切家族的历史。我自从得到《新青年》书报，读过以后，我就想写一部书来，但是我实在写不出来，现在你想写，我简直欢喜得了不得。弟弟，我现在恭（敬）向（你）鞠躬致敬，希望你有暇把他（它）写成罢。怕甚么罢。"

从1931年到1940年，巴金写完了《激流》三部曲。回忆这十年的写作，巴金始终牢记最大的敌人——封建制度和它的代表人物，"下笔的时候我常常动感情，有时丢下笔在屋子里走来走去，有时大声念出自己刚写完的文句，有时叹息呻吟、流眼泪，有时愤怒，有时痛苦"。

1980年，整整五十年过去了，时年七十六岁的巴金先生记忆力大大衰退，但他的脑海里依然是"大哥消瘦的面貌至今没有褪色"。"我常常记起在成都正通顺街那个已经拆去的小房间里，他含着眼泪跟我谈话的情景；我也不曾忘记一九二九年在上海霞飞路一家公寓，我对他谈起写《春梦》的情景"。

在海外的家族后人

奋斗、孤独、黑暗、幻灭。

坚强、勇敢、叛逆、新生。

生活的激流奔腾向前，带着《家》的孕育和成长，也带着"家"的血脉交融，在海外开枝散叶。

波特兰，位于美国俄勒冈州，是美国西北太平洋地区仅次于西雅图的第二大城市。因为气候特别适宜于种植玫瑰，也称为"玫瑰之城"。

在李尧枚孙子李斧心里，波特兰有瑰丽与美艳，而成都有温暖与柔软——这里不仅有九十岁高龄的父亲李致，更有李氏家族的百年光影。

李斧，1985年毕业于四川大学，1990年在美国罗德艾兰大学获电气工程博士学位，后在美国波特兰州立大学执教至今，现为电气与计算机工程学终身教授。他长期致力于家族史的发掘整理，在北京潘家园，在台北故宫博物院，抑或是托朋友在日本早稻田大学、明治大学、法政大学寻访家族长辈的史料。他常在飞机横跨太平洋时，完成一篇篇家族史考略。

正因为李致、李斧父子的努力，巴金家族许多真挚感人的故事才得以呈现。

1992年，李致带着一份特别的礼物——《家》的连环画，飞往美国波特兰。

《家》的赠送对象是上小学的孙女珊珊，也正是通过李致的讲述，珊珊对太爷爷巴金更感兴趣了。后来，珊珊给太爷爷写了三封信，出人意料，太爷爷回了一封短信，勉励珊珊学好中文。

七岁的珊珊到学校，把太爷爷给她写信的故事讲给小朋友们听。有小朋友又把故事带回了家，甚至小朋友的父亲打电话到李斧家里求证："巴金真的是珊珊的太爷爷吗？"

其实在这之前的1985年，一岁多的珊珊在上海见过巴金，不过，珊珊对太爷爷感觉有点陌生，合影时，她将头扭向了一边。至今提起这张照片，李致、李斧父子俩都还觉得有趣。

此后，1997年在杭州，2001年在上海，珊珊又见过太爷爷两次。直至2005年巴金先生去世，珊珊专程从纽约飞抵上海，与巴金先生做了最后的告别。

三次短暂的相见与相处，给成长中的珊珊留下了什么？她用英文翻译了《家》的前八章，以此表达对太爷爷的致敬与念想。她的翻译，也得到了巴金先生好友、著名翻译家杨苡的认可。

百年弹指，深情眷眷。生命是一条美丽而曲折的幽径，但我们一直在追赶阳光。

2004年诺贝尔文学奖得主埃尔弗里德·耶利内克说:"一直用睁开的双眼眺望,只为寻找自己,然后努力生长,力争成为森林。"

内心坚毅,努力生长,每个人都是自己命运的开拓者。

附:

李尧枚致巴金的信(一)

亲爱的弟弟:

当你们送我上其平轮的时候,我的弱小的心灵实在禁不起那强烈的伤感,眼泪不知不觉地流下来,把许多要说的话也忘记了。我们哭了一阵,被他们将你同惠生(巴金的表弟)唤走,我送也未送,但是我也不忍送你们。你们走后,我就睡在舱里哭,一直到三点半钟船开始抛(起)锚,我才走出来,望着灯光闪闪的上海,嘴里不住地说:"别了,上海!别了,亲爱的弟弟们!"上海,我不大喜欢,但是我的弟弟住在那里,我也爱他了。

一直看不见了,眼泪也流得差不多了,我才回舱睡觉。直到八月初三后方抵重庆,初七乘汽划到合川赶早回省,十五夜八(点)钟方抵家,从七月二十八日由宜昌起,每日不住地下雨,一直把我送回成都。十六日却又天晴了,一路平安,请释念。归家即读你七月十七日写的信(八月初十到的),又使人伤感不已。弟弟,沪上一月的团聚,使我感到极大的安慰,不料匆匆又别了,相见不知何日。弟弟,我真舍不得离开你呵。我回来到今已经六天了,但吃饭也吃不得,精神也不如以前了,甚(什)么事也不想做了。弟弟,并不是我懒,或是我病,只是心中像损失了一件甚么东西一样。弟弟,我真苦啊!弟弟,我在上海把你耽搁了一个月,甚么事都使你不能做,真是对不起你得很。但是,我还觉得我们未好生快乐过一天,太短了。我觉得你在我的面前太少了。亲爱的弟弟,我还觉得你是我一个最小的弟弟,难得有我这个老哥子在你面前时时拥抱你。弟弟,我想你时时在我怀中。弟弟,我人虽回到成都来,弟弟,我的灵魂却被你带去了。弟弟,我时时刻刻在你的身边,我是一刻不离你的。弟弟,前数夜,我同妈妈、大嫂、九妹他们摆龙门阵,我说四弟同高惠生他们俩在我的面前，简直比一些寻常的儿子在老子面前还好，我实在舍不得他们，不放心他们。我含泪地说，却把他们的眼泪惹下来了。弟弟，你的哥哥是爱你的，你也是爱你的哥哥的。但是，你的哥哥实在不配你爱呵！唉！

弟弟，我托你一件事，是你已经答应的，就是照顾高惠生弟的事。请你照应照应一下呵。那天立约虽是我们三人一时的游戏，但高惠生他很愿意的。他有志于文艺，希望你指导指导罢。

今天又接着你的第二封信。谢谢你的美意，怎么你又送我的书？弟弟，你说你硬把我的《小宝贝》（格蕾丝·菲尔滋唱的《小宝贝》）要去了，你很失悔。弟弟，请你不要失悔，那是我很愿意送你的。其所以要在船上拿与你，就是使我留下一个深刻的映（印）象，使我不会忘记我们离别时的情景，借此也表出我的心情，使我的灵魂附着那张小小的唱片永在你的身旁。

弟弟，还有许多话是说不完的，只好打些……代表了罢。本来，我要再等两天才写的（因为我实在不舒服），却因接着你的信，很念我，所以勉强写点给你。但是，我并没有大病呵，只不过我太懒和心中难过罢了。请了，下次再谈，敬祝健康！

枚　八月二十一日夜书于灯下

李尧枚致巴金的信（二）

弟弟：

好久没有接你的信了，很念你的。知道你的事情忙，所以我先写封来，有空请复我，没空也就算了。好在我的灵魂是在上海的，在你身旁的。你的身体好么？你不要太劳苦了，总得要休息休息和运动运动一下，一天到晚伏在桌子上，很痛苦的。请你听我的话罢。

你近年来还爱看电影么？我知道你进了电影院一定不高兴，因为你的哥没有坐在你的旁边了。但是，弟弟，你只管看你的电戏（影）罢，你的哥还是在你的左右。他不过是爱听悲哀的音乐，坐在前面罢了。弟弟，他还是在等他的弟弟，解释着悲哀的剧情给他听呢！就是听不见他的弟弟唱Sonny Boy，心里不免有些酸痛罢了。

弟弟，你对现代社会失之过冷，我对现代社会失之过热，所以我们俩都不是合于现代社会的。现代社会所需要的是虚伪的心情，无价的黄金，这两项都是我俩所不要的、不喜的。我俩的外表各是各的，但是志向却是同的。但是，我俩究竟如何呢？（在你的《灭亡》的序言，你说得有我俩的异同，但是我俩对于人类的爱是很坚的。）其实呢，我两个没娘没老子的孩子，各秉着他父母给他的一点良心，向前乱碰罢了。但是结果究竟如何呢？只好听上帝吩咐罢了。冷与热又有什么区别呢？弟弟，我的话对不对？

弟弟，我向你介绍一个人罢了，就是高惠生，胖大娘是也。他是个富于感情的人，希望你时时指导他。他前天与他的妈妈有封信，信内有几句话："大哥在上海时，有什么事情，还可同他商量商量，现在呢，我还有什么人来商量呵，唉！"弟弟，你看他说得多么可怜呵！弟弟你安慰他一下罢。

弟弟，我是不再看电影了。因为没有他弟弟在他旁边替他解释剧情了。弟弟，他要他的弟弟来了，他才得快乐呵！弟弟，这次我回川，我失掉我两个小弟弟：你和惠生。我是如何的痛苦。唉！请了，祝你健康！

枚　双十夜

李尧枚致巴金的信（三）

四弟：

一连接着你两封（信）：九月二十八日一封，本日一封。二十八日那封信接着时，我的二女正患着极重的气管肺炎，离死神不远了。好容易才由死神的手里夺回来，现在还调养着，所以当时没有给你写回信。

弟弟，我此次回来，一直到现在，终是失魂落魄的。我的心的确掉在上海了。弟弟，我是多么的痛苦呵！弟弟，我无日无夜的不住思念你。弟弟，我回来，我仍在我屋里设一间行军床，仍然不挂帐子，每夜仍然是照在上海时那个样子吃茶看书。然而在上海看书过迟，你一定要催促我。现在我看书往往看到一两点钟，没有人催促我，因为大嫂月份大了，总是十点前后就睡了，我还是朝深夜看去，□□过迟，往往掩卷而泣，悄悄地睡了。

弟弟，我常常的当是你在我身旁一样，即（及）至警觉你不见（在）我的面前，我总是十分的难过。我每天吃了饭，我总是到处乱跑地混午饭，总不愿意在家吃，因为我总想你回来吃晚饭。弟弟，我诚然不对，因为我甚么事都不想做了。

弟弟，我自己（我）都不知道我要怎么才对。

弟弟，我万不料我这一次把我的弱小的心灵受着这剧（巨）大创痕。弟弟，我这创痕不知何时才医得好？弟弟，更不料我这次使你也受着极大痛苦，弟，我恨不得……种种……

弟弟，你说的"如果你还不曾忘记你的弟弟"。弟弟，我如何会忘记你？弟弟，我如果忘记你到（倒）好了，因为我无论甚么事我总是闷在心头，越筑越紧。弟弟，我多年来未曾胖过的，受不住热天，即（及）至我回来，我却胖了。家里人这样说，我不信，我把我以前的衣裳穿起，果然胖了。但是现在却大瘦了许多了。弟弟，我是时时刻刻地思念你呵！

弟弟，你不要以为我难得写信来是忘记你了，那是错了。因为我写信给你，总是悲哀话多。我想我已经难过，如何再使你难过。所以每次提起笔又放下了，甚至有一两次写好了，我又（把）他（它）撕了。弟弟，如果你今天的信不来，还不知那（哪）天我受不住才写呵！

弟弟，白天我都好混过，夜间最糟，我真痛苦极了。我想我有一架飞机，那就好办了。

弟弟，我一天到晚都是鬼混唐朝的，希望你也将空时候，给我写一点信来，总之，我俩互相安慰着罢。

弟弟，我的神经是慌糊（恍惚）的，这是为甚么缘故？

弟弟，我托你一件事：请你代买一本《法文初范》，用快邮寄来。务必费心，因为成都多年没有了，天主堂邓梦德牧师那里也去问过了。弟弟，请你不要忘记，费心，费心。

弟弟，我是时时刻刻地在你身旁的，你也是时时刻刻在我的身旁的。请你时时放宽心罢，因为忧愁是很不好的。

弟弟，好好地过去罢，不要太伤感了。弟弟，我接你这封信，不知道要使我难过多少天。弟弟，我也放心些。弟弟哟，请你不要忘记我罢。

弟弟，天气冷了，你的大衣做起了么？不要受凉。弟弟，《小宝贝》你在唱么？弟弟，假如你要吃西餐，请人照顾一下三和公罢，因为他对我和你两个很好的。茶房我走时一共给了三块钱，但是对于那笑嘻嘻的堂官（倌）和那几个山东人，我很抱歉的。你照顾他一下也好，因为我俩是时常在那里一块吃饭呵！

话是说不完。弟弟，我是忘记不了你的，请你也不要忘记我罢。我想你决不会忘记我，只有越更想我的。弟弟你说对不对？请了。敬祝健康！

枚　十一月九日

李尧枚致巴金的信（四）

小弟弟：

连接你好几封信，知道你一切情形，但是实在没有空复你。很使你失望，实在的对不起呵！望你原谅。自从回来，再没有比去年冬月腊月忙的了。忙到腊月二十把我的胃病疼一切发了，好不扫兴。但是事实上不容许我安静，只好撑着病体与他（它）奋斗了。把幺妹的事办完，年也完了，所以病也没有好。这两天事情到（倒）少些，精神却委顿了，所以你的信只是一封一封地接着，没有精神与你写回信，只怕你要疑我把你忘了。

读了你二月六日（邮局戳）的"我对于生活早就没有一点兴趣"一段，不觉使我异常悲痛，我也是陷于矛盾而不能自拔之一人，奈何！来函谓"哥来函……未及弟痛苦于万一也"。

此时，暂不自辩，将来弟总知道兄非虚语，恐到那时，弟都忘却兄了。唉！《春梦》你要写，我很赞成；并且以我家人物为主人翁，尤其赞成。实在的，我家的历史很可以代表一切家族的历史。我自从得到《新青年》书报，读过以后，我就想写一部书来，但是我实在写不出来，现在你想写，我简直欢喜得了不得。弟弟，我现在恭（敬）向（你）鞠躬致敬，希望你有暇把他（它）写成罢。怕甚么罢。《块肉余生》（《大卫·科波菲尔》）过于害怕就写不出来了。

现在只好等着你快写成了在《小说月报》上发表，你尚没有取名的小说罢。

我一定要寄点钱给你看电影，不过要稍缓几天，这几天有点窘。

代出版合作社收的账，他们答应阴历年底交付。成都的习惯，三十晚上给钱，都算漂亮的。那（哪）知到了初一都不给。问他们，他们反说我的怪话。现在钱他们决定是不给的。我只好将收条寄上，请你转交，并代答歉意。你有空吸点新鲜空气，最好早上早一点起，去到小咖啡店喝一杯热牛奶，于你很有益。希望你听我这一个小小的要求罢。

以后你写什么东西，务请你将他（它）的名字告诉我。出版时你签名给我一部。我把（它）汇存着拥抱着，就像我的小弟弟与我摆龙门阵一样。这个要求，想来总可以允许罢。我的小弟弟。

枚　三月四日

（本文原载于2019年12月2日、16日、23日《华西都市报》
封面新闻记者：仲伟　老照片翻拍：李斧）

伊莎白与柯鲁克的大渡河之恋

|人物简介|

伊莎白·柯鲁克，加拿大人，1915年12月15日出生于成都华西坝。北京外国语大学创办人之一，著名人类学家。伊莎白的童年和少女时代，有一半光阴在华西坝度过。成年后，回加拿大多伦多大学专攻心理学，1938年获硕士学位。随后，她回成都探望双亲，并且深入中国西部农村开展调查。最后留在中国，任教于北京外国语大学，为中国培养外语人才，将毕生献给了中国的革命和教育事业。

著有《兴隆场——抗战时期四川农民生活调查1940—1942》（与俞锡玑合著）、《十里店——中国一个村庄的革命》、《十里店——中国一个村庄的群众运动》（与其丈夫大卫·柯鲁克合著）。

2015年6月1日，在成都红专西路小学举办的百年庆典上，我再次见到了柯马凯，他是著名国际友人伊莎白的儿子。红专西路小学的前身是成都弟维小学，1947年秋季，我也就读于这所小学。

柯马凯说："大约20世纪20年代，我的曾外祖母就来中国，帮助我姥姥带孩子。这样，算起来我们家族前前后后有六代人在中国生活和工作。姥姥饶珍芳创办了蒙特梭利幼儿园、弟维小学；妈妈在中国主要做人类学研究、英语教学，抗战期间也从事过幼教工作；加上我的女儿，在北京从事幼教，六代人中有六代人在中国从事或正在从事幼儿教育，真是天大的缘分啊！"

柯马凯家族的中国情缘，得追溯至他的姥姥饶珍芳，一个胸怀壮志的传教士。饶珍芳在成都认识了同样毕业于多伦多大学的传教士饶和美，与之结为夫妇。饶珍芳在四川倾尽全力办教育，不仅创办了弟维小学，还创办了中国第一所蒙特梭利幼儿园，并担任CS（加拿大学校）的校董。

饶和美，曾任华西协合大学教育系主任。一战爆发之后，赴欧洲战场当翻译，负责与中华劳工团的协调工作。一战之后又回到华大任教，直到1942年回到加拿大，前后为中国教育事业工作了近三十年。

走近伊莎白

2016年4月，北京外国语大学的老家属院，密密匝匝挤满槐树，趁最后一场春雨洒过之后，一团团槐花开得遮天蔽日。暖风一吹，雪白的花瓣，带着山野的香气，扑面而来。

加拿大老照片组的负责人向素珍引领我去北京外国语大学家属院，拜访伊莎白老奶奶。她住在1955年建成的仅有四层的教工家属楼，在新楼林立的家属院中显得又老又旧。学校曾给补贴，让伊莎白入住现代商品房，她不愿意，一直留在六十年难离舍的老屋。

下午三时，柯马凯准时站在三单元门口，迎接我们。他身穿T恤，脚蹬北京布鞋，一口纯粹京片子，若不看面孔只听声音，绝对想不到他是外国人。

刚打开单元门，一只小白狗汪汪叫着，冲着我们欲做攻击状。柯马凯轻轻喊道："冰粥，别嚷嚷，这是客人。"

伊莎白

冰粥果然听话，呜呜两声，嗅嗅客人，"安检通过"，放行。

老楼房没有电梯，伊莎白每天还要上下三楼，散步和做体操。在一楼到二楼的拐弯处，柯马凯指着一张椅子说："这是给妈妈准备的，让她上下楼可以歇一歇脚。"

伊莎白住三楼，三室一厅，大约九十平方米，相当拥挤。长条形的客厅放着一张方餐桌和两个长沙发，书架上密密挤着书籍与相册。靠着沙发的墙上挂着柯马凯的中国书法楹联"鞠躬尽瘁""死而后已"，楹联中间是周恩来的画像。靠餐桌的墙上挂着"四海翻腾云水怒""五洲震荡风雷激"楹联，楹联中间是1949年北京解放时的毛泽东的画像。

刚刚午休过的伊莎白，容光焕发，双眼清亮，一进门便与向素珍拥抱，再与我握手。她皮肤白皙，腰板挺直，头发浓密，口齿清楚，全然看不出是百岁老人。

伊莎白有一串令人敬重的头衔：北京外国语大学荣誉教授、加拿大多伦多大学荣誉博士、人类学家。一见面，就感觉到她有一种亲和力，这是长期做社会调查，在最短时间能让人掏出心里话的本事。

柯马凯问："妈妈喜欢喝下午茶，你们怎么样？也喝茶吗？"我们表示，一起喝茶吧。

伊莎白坐在餐桌旁，靠窗的一边。柯马凯轻轻拉过窗帘，不让太强的阳光直射到妈妈。

想说的太多。自然就谈到华西坝那些老房子。早已在报上读到柯马凯对北京城市大建设的意见。"我心里非常矛盾，很多老北京的风情，胡同就那么窄，把一个三五米的东西扩展到十几米、二十几米，就像一个热带森林里开了一条路，把生态分成两块，破坏了。原来这一个院里父母在这儿工作，全家在这儿居住，娱乐就是在大礼堂放电影，洗澡有澡堂，生活的方方面面都集中在一处。大院的生活我挺留恋，人的关系特别密切，感情特别深。新北京的生活让人不习惯，也许你买了套房子离上班的地方很远，离孩子上学的地方也会很远。"

在华西坝，伊莎白家人住过多年的小洋楼险些被拆掉。

我告诉他们："这栋老房子，已经正式定为成都市历史建筑保存下来。保护下来又如何使用呢？有人建议搞小型博物馆或纪念馆，也有人建议将校友俱乐部设在此地。你们觉得如何使用最好？"

柯马凯认真考虑之后，又跟伊莎白商量了几句。

柯马凯说："由于北京大学并掉了燕京大学。原来的燕大有些小洋楼，是历史建筑不能拆除，如何使用它，北大方面也是动了不少脑筋。有的小洋楼，就成了适合它体量的研究所所在地。有一栋，是北大跟斯坦福大学合作项目办公场所。后来，房子不够用了，修了地下室。地下室设计得很好，采光，通风都不错。原来的建筑也保护下来了。北大的经验可供参考。我们建议：将华西坝校南路7号这座老建筑修葺之后，作为访问学者住所。因为它风格独特，有怀旧的韵味，让访问学者可以触摸到华西辉煌的历史。"

真是一个不错的建议！

柯马凯一边说话，一边削苹果。他嚓嚓嚓削掉苹果皮，将果皮塞嘴里吃掉，将果肉切成小块，请我和向素珍吃。

这个六十四岁的男子汉，真是心细如发。他将小块苹果再切成薄片，递给妈妈，让牙口不太好的伊莎白，几乎不用咀嚼就可将苹果片咽下。

一会儿，柯马凯抱出两本厚厚的精装书，皆为刚出版的伊莎白丈夫的摄影集：《大卫·柯鲁克镜头里的中国　1938—1948》。由于书比较厚，伊莎白签名题词时胳膊肘儿悬空，手有些抖。柯马凯立即找来一本精装书，垫着妈妈的胳膊肘儿，写字立刻就顺畅了。

给我的那本书，伊莎白题词是：

> 谢谢你，谭楷
> 为了保护我们的成都房子
>
> 　　　　　　　　　　伊莎白

欢乐的"老虎"

来北京之前，我考虑再三，匆匆为伊莎白画了一张熊猫画，并题款："常乐者长寿。在我们这个蓝色星球上生活了八百万年的大熊猫无疑是老寿星，其长寿的秘诀无非是一个乐字也。谨祝伊莎白健康长寿。"

当我将画轴展开时，伊莎白笑得合不拢嘴。

不知不觉就过了一个多小时。柯马凯说："四点半，开始遛弯了。"

刚下楼，遇到了柯马凯的女儿。柯马凯立即向我们介绍：这是文杨兰，在英语幼儿园当教师。

文杨兰穿深绿连衣裙，从着装看已提前进入夏天。她身材匀称，笑容甜美，一看就是娃娃们忒喜欢的那种又活泼又可爱的阿姨。

匆匆忙忙见了一面，文杨兰骑上单车走了。

柯马凯兴奋地说："文杨兰生了双胞胎女儿，三岁多了！取名叫冰冰、粥粥。她们的名字，来自我们家的小狗冰粥。十年前，我儿子在停车场发现了一只流浪狗，呜呜叫着，非常可怜。家里就开了个会，民主商定收养它，还办了养狗证，这就是冰粥。冰粥、刨冰、冰茶都是北京人爱吃的夏季饮食，念起来，就有一种滑溜溜的，忒舒服的感觉。我的一对孙女叫冰冰、粥粥，叫起来多舒服啊！"

我们要去看大卫·柯鲁克——北京外国语大学东院校园一处绿树环绕的大卫半身铜像。柯马凯开来了一辆紧凑的奇瑞QQ小车，载着伊莎白、我和向素珍在校园林荫道上缓行。拐了几道弯，车突然停下来。他要让我和向素珍看一看冰冰和粥粥——在中国生活的家族第六代。

幼儿园已经放学，娃娃们回到北外，在花园中乱跑疯耍。柯马凯指着穿红花衣裳的两个娃娃说："看，那就是我的外孙女！"

柯马凯将车停靠在路边，大声喊："冰冰！粥粥！"

听见了外公的呼唤，两个娃娃不但不迎面飞奔而来，一转身竟然朝小树丛中钻去。

"嗷—呜！嗷—呜！"柯马凯学着老虎的吼声，大手张开如利爪，猫着腰朝小树丛扑去。两个小孙女东钻西藏，终于一手一个被"老虎"抓住了。

"老虎"立刻张开大口，咬向小手。两个小孙女毫不留情地咬着"虎爪"和"虎脸"，咬得"老虎"哈哈大笑，滚了一裤子泥巴。

坐在车上的伊莎白，看到六十四岁的儿子跟三岁的曾孙女如此嬉戏，笑成一朵花。

伊莎白是否想起了自己的童年？

1947年，我满四岁之后，爸爸就对我说：你要上弟维小学了。

爸爸带我走进校门，见到了邱奇才校长。他非常和蔼，让我在他手掌上写名字，写好之后，他满意地一笑，就算录取了。

记得校园里有几只小猴子，还有各种鸟；一处"农舍"水塘，喂养着鸡鸭鱼鹅。操场上有各种体育设施，还有一排不同高度的独木桥，锻炼学生们的勇气，进学校如同走进公园或游乐园。上"交通"课时，低年级同学就去锦江边看船看车，高年级的同学去太平寺看飞机；上"医学"课时，就排队上医学院参观，用显微镜看细菌。只觉得，上学挺好玩，读书很轻松。

玩归玩，学归学。痛痛快快玩耍之后，老师对学业的要求决不放低标准。比如，写毛笔字，从研墨的姿势，手握墨碇的方法，写字时如何坐直，离"九宫格"纸多远，都有要求。几乎每周都有写字展览，只要写得好的，老师就会画上一个个大红圈，然后上墙报展示，供同学欣赏、学习。我的字，从未被贴上墙报，但经这一"夹磨"，我从小懂得汉字书写是我的另一张脸，非常重要。

华西坝的好多子弟都在弟维小学上过学，却都不知道创办人是谁，直到百年校庆，才记下了这个名字——饶珍芳。

相比胸怀壮志的饶珍芳，女儿伊莎白毫不逊色。

伊莎白真是"华西坝的女儿"，童年是幸福而快乐的。她后来回忆说："最开心的是和玩伴们爬峨眉山，欢度暑期。"

当她好奇的目光掠过云海、冷杉、弹琴蛙、枯叶蝶，投向抬滑竿的苦力和那些阴暗的茅屋时，许多疑问涌上心头，连博学的父母都无法回答。这个女儿有点"另类"，总会冒出一些与众不同的想法，比如，中国社会的深层结构，如同深不可测的古井，她渴望了解。

在中国动荡中的1926年，她被送到加拿大，读了四年之后，又回到成都，在CS学校读到高中毕业，考上大学。她选择了读多伦多大学儿童心理学和人类学。人类学，这是在大量的科学的社会调查基础上发展起来，研究人类社会的一门新学科。

1938年，伊莎白硕士毕业后回到成都，已经出落成大美女。这位多伦多大学的冰球运动员，在赛场上疾如闪电流星，灵活矫健，一摘下头盔，哇！太漂亮了。她个子高挑，仪态万方，一颦一笑，迷倒众人。爸爸曾给她起了一个中文名字：饶素梅——华西坝上一株惹人注目的蜡梅花。

在华西协合大学考古博物馆馆长葛维汉的支持下，伊莎白选定课题，沿岷江河谷翻山越岭，去藏区理县甘堡乡做社会调查，成为第一位走向藏区的西方女人类学者。

成都到理县，沿岷江河谷，陡峭的山路行走，一路充满风险。

饶珍芳帮助女儿备好行装，又非常担心地说："鸭妈妈生出的一只小鸭子，妈妈可以做到的，至多是把她带到河边去。"

跟着向导爬过了一座座大山，有时就睡在牛棚羊圈旁。一次，向导指着面前的一座高山问："你能爬上去吗？"伊莎白说："没问题！"后来，伊莎白对朋友说："其实，我心里在打鼓。但紧跟着他一口气爬上去了。我不想被笑话。"

在藏区，伊莎白发现手工捻羊毛线，既粗又低效。回到成都，她买了一台织羊毛线的机器，背着走了六天，送到了甘堡乡。

那时，晏阳初、蒋旨昂、吴文藻、李安宅以及葛维汉等，日后被称为"华西派"的社会学人类学家，荟萃于成都，伊莎白见到了仰慕已久的中国乡村建设运动的发起人晏阳初，感觉找到了一群志同道合的中国朋友……

完成藏区调查之后，伊莎白来到璧山县大兴镇，参加了中华全国基督教协进会创办乡村建设实验区的工作。整个项目由齐鲁大学的孙恩三教授负责。伊莎白和她的合作者的首要任务是："感知当地群众的实际需求，为即将实行的乡村建设计划打下良好基础。"

投入到这项"感知"任务的，除了伊莎白、俞锡玑，还有一位姓朱的护士和一位姓李的教员，皆为女性。他们在镇上开办了一家诊所、一所幼稚园、一个妇女识字班，并去小学教卫生学和公民学课程。

地毯式的调查

与伊莎白结伴而行的是俞锡玑，她出身书香门第，是清末经学大师俞樾的玄孙女，其父亲俞同奎曾任北京大学教务长兼任化学门研究所主任。此后，伊莎白和俞锡玑，一洋一中，两位美女，身着长衫，脚穿草鞋，手持又粗又长的打狗棍，来到了当时属于四川省的璧山县，在离县城二十多里的兴隆场，对近一千五百户人家开始了挨家挨户的田野调查。

邻县有一座晏阳初创办的、从河北正定迁来的乡村教育学院。那段时间，学院由刚从美国耶鲁大学毕业归国的社会学家蒋旨昂具体负责。蒋旨昂经常来兴隆场，同时也到其他地方做调查，使伊莎白和俞锡玑获得了一些交流与学习的机会。

伊莎白和俞锡玑总想为贫苦农民做好事，建立了食盐供应合作社，不料此举触犯了垄断商的利益，垄断商们不断搞阴谋诡计，使食盐合作社夭折了。但是，任何困难均未能阻止伊莎白和俞锡玑的调查活动。

头五个月，她们握着打狗棍，对一千四百九十七户进行了地毯式的调查，一家一户走了一遍。在逐步建立信任关系的同时，打消了压在乡民心头的疑虑。

兴隆场三天赶一次场，按习俗，已婚女人可以像男人一样出门赶场，只是不方便在公共场所逗留。但这些女人却巴不得有个地方歇歇脚，再聊会儿天。不经意间，伊莎白的住所和办公地竟成了理想去处，女人们来来往往，不会引来任何闲言碎语。随着"好客"的名声愈传愈广，客人越来越多，极大地方便了日后在全乡所进行的逐户调查。

她们办了个小诊所，唯一的"朱医生"，其实是一位经验丰富的护士，并且会接生，特别是为当地几个难产的孕妇接生之后，名声大噪。1941年9月17日，璧山附近的白市驿机场被日军轰炸，朱医生抢救三名飞行员，成功救活一名，更使协进会诊所声名远播。

这样，伊莎白和俞锡玑在调查时，有了更多的话题可谈。她俩配合默契，发挥所长，效率很高。俞锡玑快乐地回忆："我顶会听人家说了些什么。因为我这个人挺随便，挺随和。不是下江人高高在上的样子。"白天，俞锡玑出去，所见所闻，就跟伊莎白说，伊莎白就熬夜用打字机详细记录下来。

这样，以日记形式写下的，长达三十六万字的抗战期间四川农民生活调查，在夜以继日的打字声中成为一本书——《兴隆场》。全面、客观地记录了抗战时期川中一个小场镇的历史沿革、政治、经济、家庭、婚姻、法律、诉讼、袍哥组织、宗教信仰等方方面面的信息，保存了大量的鲜活事例，现场感极强，具有珍贵的史料价值与现实意义。特别是那些细腻的情节，匪夷所思的故事，原汁原味的民俗描绘，冷静客观的笔调，让人拍案叫好。

比如，对壮丁之苦有多处记录：

1940年10月30日

一名壮丁，设法用自己被绑着的胳膊抱住他年仅两岁的儿子，异常激愤在说什么。据他讲，自己并不是这一次应当征兵的三个保里的人，昨天却在集市上被莫名其妙地抓了进来。

1940年11月26日

征来的壮丁总共有五十多个，清一色穿着单薄的土黄色卡叽布军装，在寒风里冻得瑟瑟发抖。

壮丁们八个一组蹲在路边，围着一瓦盆菠菜汤吃早饭。旁边煮了一大锅糙米饭，每个人都狼吞虎咽，生怕不够吃似的。有一个壮丁的媳妇每天送来一碗菜，被他拿来和同组兄弟分食了。另一个壮丁的女人带着俩孩子——其中一个尚未满月，哭哭啼啼，求乡长放还自己的丈夫。

1941年3月17日

第二保第六甲的傅贤才，儿子才十四岁，还不到征兵年龄，却在去年12月去璧山赶场时被抓了壮丁。现在年逾六十的老两口靠已出嫁的闺女养活。

书中还对乡长、保长、团丁、贫民、雇工、土匪、烟民、孤寡等各阶层的各种人物作了简要的勾画；对发生在兴隆场的事，如修坟争吵、饥民闹事、端公跳神、社交礼仪、鬼怪传说、赌博方式、庸医治病等作了异常生动的记录。

1942年初，兴隆场的合作实验陷于停顿，伊莎白的资助期届满。她带着人类学家的梦想，来到伦敦，几位著名的人类学家都鼓励伊莎白继续追梦。已故人类学泰斗马林诺夫斯基的继承者弗思，读到《兴隆场》丰富细腻的调查资料之后，同意在战争结束后，指导伊莎白攻读人类学博士。1943年，弗思向英国著名的社会学家卡尔·曼海姆推荐出版《兴隆场》。曼海姆亲自登门拜访了年轻的伊莎白，同意在他主编的"社会学与社会重建国际文丛"中，出版这部尚待完成的《兴隆场》。

《兴隆场》与费孝通的《江村经济》、杨懋春的《一个中国村庄，山东台头村》、林耀华的《金翼：中国家族制度的社会研究》并列为中国人类学的先驱之作。

2013年，《兴隆场——抗战时期四川农民生活调查（1940—1942）》在中国出版。这是二十多岁的伊莎白和俞锡玑当年在兴隆场所作的英文原始记录，经过整理之后翻译成中文的原始资料。这是伊莎白和俞锡玑共同立下的不朽的"青春里程碑"。

泸定桥的海誓山盟

美国记者杰克·贝尔登，说起曾追求过的伊莎白时，不无感慨："她确实不错。但老实说，个性太鲜明，吓跑了我。"

没有被吓跑的是帅哥大卫·柯鲁克，1935年入党的英国共产党党员，美国哥伦比亚大学毕业的高才生。

出身于英国犹太富商之家的柯鲁克经历颇为传奇。大学毕业后，正值弗朗哥与希特勒、墨索里尼呼应，在西班牙发动暴乱，法西斯主义甚嚣尘上之时。他放弃了一切唾手可得的物质利益，投身于保卫马德里的国际纵队英国营。可惜，一上战场就负了伤，住进了战地医院。

在医院里，他读到埃德加·斯诺的《西行漫记》，引起了他对中国革命的强烈关注。1938年的一天夜里，柯鲁克被召唤到一辆豪华轿车上。轿车在黑夜的掩护下兜着圈子，车上两个俄国人问他愿不愿意到中国去工作，任务是监视一位托派分子。他明白，这是共产国际的任务，几乎不假思索就答应了。

1938年夏天，大卫·柯鲁克到了上海，在上海圣约翰大学担任教职。除了监督那位托派记者，教书之余就是玩相机。他的镜头，始终对准了底层：码头搬运工、黄包车夫、苦力。之后，到了解放区，他的镜头便对准了农民：干活的农民，集会的农民，投入土改运动的农民。一本厚厚的摄影作品集，记录了民间疾苦、觉醒与抗争。朋友们认为，大卫是一位很杰出的教授，还是一位技艺超群的摄影家。

伊莎白与柯鲁克

1940年，柯鲁克应内迁的金陵大学之聘，作为教师进入了大后方，在成都与伊莎白相识。按中国人的说法，这是"千里姻缘一线牵"。柯鲁克始终关注社会的底层，从战乱的西班牙到上海，对淌着鲜血的反法西斯战士和牛马一样卖苦力的中国劳工抱有最深的同情；伊莎白在中国社会的苦海下潜得很深，一直触摸到贫穷与愚昧之根。

他们俩有太多的共同语言。1941年暑期，柯鲁克、伊莎白和他们的朋友，经过六个星期的艰难行程，到达康定城。大约五年前，红军曾在横断山脉的皱褶间艰难前行，在饥饿与寒冷的折磨中，走过长征中最险恶的路段，不断写下气壮山河的标语。他们一路读着红军标语，终于走到了泸定县，来到斯诺曾描绘过的铁索桥头。

突破了群山层层包围的大渡河，一河怒涛如群狮咆哮，震撼两岸山谷，也震撼着伊莎白、柯鲁克两个年轻人的心。他俩手抚冰凉的铁链，踩着摇晃的木板，一起走上了让人心惊肉跳的铁索桥。

真是一生中最难忘的一段路程。山风狂嘶，让人难以张嘴。在雷鸣般水声中，他们用手势用目光对话。夕阳落山了，晚霞如火。大渡河的每一朵浪花在燃烧。

他们说了些什么？以后数十年，漫长的人生之旅，他们携手并进，共渡艰危，证实了那无须用语言表白的海誓山盟。

一回到成都，他们便订婚了。伊莎白表示，愿随柯鲁克去战火纷飞的英国结婚。

当年12月，太平洋战争爆发。柯鲁克立即意识到，必须投入反法西斯战争。他和伊莎白先后分别参加了英国和加拿大的军队。柯鲁克在皇家空军服役，被派往南亚，在那里度过了战争时期。伊莎白在此期间加入了英国共产党。

1946年，伊莎白和柯鲁克在伦敦重逢。伊莎白在弗思的指导下，开始攻读人类学博士；柯鲁克则在亚非学院学习中文。1947年，大卫·柯鲁克在办理空军退役手续时获悉，从哪里到英国报名参军，就可以免费被送回到哪里。真是个好消息！去中国的往返旅费，是一笔不小的开销。柯鲁克毫不犹豫写上他和妻子的名字，以便一起去他俩心中时刻牵挂的中国。

在晋冀鲁豫边区

1947年10月，英国皇家空军退役军官大卫·柯鲁克，带上英国共产党的介绍信，和伊莎白一起从天津进入中国。几经周折，柯鲁克到联合国救济总署当上了临时司机，"顺便"将一辆满载物资的吉普车直接开到了沧州，进入解放区。后来，他在给朋友赠书的扉页上写道："踏上华北辽阔的土地，一个新世界就展现在我们面前。"

在晋冀鲁豫边区驻地武安县十里店村，他俩受到了边区领导人薄一波、杨秀峰等同志和当地军民的热烈欢迎。

当时，解放区土地革命第一阶段已经结束，复查尚未开始，柯鲁克作为记者，伊莎白作为人类学家，都希望继续埃德加·斯诺的工作，记录中国近代史上最剧烈的变化。

他俩在河北省武安县十里店住下，享受着特殊的伙食待遇，有白米粥、白面馒头，核桃之类的干果，还有四五个菜。经他们反复"抗争"，终于被批准和村干部吃同样的饭：一天两顿，就像当地农民那样。当地农民习惯将吃食盛在一大碗里，在墙下"一圪蹴"（蹲下），跟邻里边聊边吃。柯鲁克和伊莎白也学着"一圪蹴"，进入蹲着吃饭的人群。他们连说带比画，尽量让干部和农民知道他们在说什么。久而久之，大家对这一对外国夫妇的"加入"习以为常了。只是有人说："伊莎白说的中国话，带着很浓的四川口音。"

一身笔挺的英国呢子军装，变成了肥大的解放军的土布军装，有时还学着老乡样，将双手插在袖筒里。伊莎白从外表到内心世界，都发生了巨大的变化：从一个受到基督教"社会福音"思想影响的研究者，成为一个自觉的革命者。

不过，伊莎白没有舍得退学，她仍然定期向导师弗思定期汇报在十里店调查研究的情况。这些材料，经解放区的接待干部暗中送往天津，然后转寄英国。而伊莎白作为注册研究生，继续接受资助。伊莎白没想到，就是这笔研究生资助，为"十年动乱"遭到诬陷，失去自由的三年埋下伏笔……

"1947年，从英国第一次进入解放区时，我们充满幻想。初次接触到这个英雄的新时代，真使我们为之目眩。经过三十多年后，我们才体会到在这个人口最多的国家建立社会主义的艰巨性和复杂性。"

这是大卫和伊莎白合著的《十里店》一书中一段发人深省的话。

在土地革命复查尚未开始之前，他俩便深入调查研究，首先走进孤寡老人王书福家。王书福的丈夫出走，病死在关东；大儿子参加了解放军；小儿子在灾荒中卖给了外地人。王书福从没有遇到过这样愿意倾听她诉说一生苦难的知音，絮絮叨叨地讲了半天，由翻译李棣华将极其难懂的土话译成英文，他们再详细记下来。之后，不管天寒地冻，不管屋破炕脏，他们都怀着极大的兴趣倾听、询问、交谈。讨过饭的王魁明、打油工付长亭、村干部王喜、村会计王福星等，越来越多的十里店的村民向他们敞开心扉。

柯鲁克还学着用扁担，挑起一担担草秸粪，送往地头；伊莎白拿起了针线，学习妇女们做军鞋。清晨，老乡们还没有起床，他俩就起来把院子扫得干干净净，把水缸挑满。雪晴之后，他们不仅把房东房上和院子里的雪扫干净，还去帮助有困难的邻居扫雪。从房东到邻居，没有一个不夸他们夫妇好。

当十里店的调查接近尾声时，伊莎白和大卫·柯鲁克接到了邀请，到石家庄西边一座名叫南海山的小村子。他们见到了叶剑英、王炳南。

作者谭楷（中）向伊莎白（右一）赠送熊猫画，
图中左一为伊莎白之子柯马凯

叶剑英亲切和蔼地说："新中国即将诞生了。我们非常着急，在为新中国做准备。需要一大批外事人才，想聘请你们参与创办中国共产党的第一所外事学校。"

握着叶剑英温暖的大手，他们不再是冷静、客观的观察家，而是中国革命的直接参与者，这是他俩非常乐意的事。原准备在中国待上十八个月就离开，就因为这一决定而终身奉献于中国。

在中央外事学校草创阶段，柯鲁克和伊莎白一身土布军装，跟学生们同吃同住。他俩喜欢端上一碗饭，在院子里一蹲，用英语与学生对话。进京之后，学校更名为北京外语学院，这习惯仍然未改。多年来，每周至少有三次到食堂与学生们一起吃饭、对话。

他俩完全适应了简朴的生活。再粗糙的食物，也能咽下；再糟糕的住地，也能入睡。炎热的夏天，在房东家，柯鲁克卸下坚硬硌人的门板当床，在门道一铺，便呼呼大睡。那几天，他没有刮脸，胡子一大把。有同学路过笑道："你们看，像不像是济公活佛？"

家族六代之缘

"济公活佛"也有闹肚子疼的时候。那一天，柯鲁克疼得难以忍受，经华北军大的校医检查，疑是急性阑尾炎。叶剑英校长立即指示，马上送白求恩国际和平医院。

那是1948年8月，盛夏的暴雨哗哗下了一上午，学校负责民运的林念祖带着八名青年轮换着抬担架，在泥泞的路上疾行了五六小时，终于将柯鲁克送进了医院，及时做了手术。第二天一大早，伊莎白骑着毛驴来了，她看到柯鲁克腹腔的"定时炸弹"被摘除，脱离了危险，一再感谢林念祖和所有同志朋友们。

当时，最伤脑筋的是没有教材。柯鲁克夫妇想方设法搜集一些英文报刊，从新闻、文学、经济各方面挑选范文。每天晚上，打字机嗒嗒嗒响个不停，一本本简洁、实用的英语教科书，是柯鲁克夫妇的心血之作。

叶剑英校长还叮嘱师生们，为了安全，白天隐蔽，减少活动。

一次国民党空军来袭，飞机几乎是擦着屋顶飞。重机枪一阵扫射，将柯鲁克夫妇的房顶打穿，露出几个大窟窿。柯鲁克笑着说："我看得见飞行员，他看不见我，当然打不中我啰！"

又一次，学校接到紧急通知，傅作义的骑兵要来突袭。师生们紧急集合，星夜从获鹿向赞皇县转移。柯鲁克刚做了手术一个月，身体尚未完全康复，仍然坚持急行军。一百多人组成的一支手无寸铁的队伍，在茫茫黑夜中向南疾行，不久与上级失去了联系。沿途的村庄一片沉寂，想到在这坦荡如砥的大平原，是敌人骑兵驰骋的好地方，更让人心情紧张。经过摸索，走到晨光微熹之时，看到了一些树影。在光秃秃的平原，有树必有村庄。一路走去，发现了一条小溪，又渴又累的队伍，在小溪边散开。这时，领队的与大部队联系上了——原来，经过一夜急行军，到家了！

那个美丽的早晨，伊莎白和柯鲁克出现在小溪边，满脸欢笑跟同学们用英语打招呼。四十多年之后，他们的学生陈理回忆起那难忘的一夜："他们俩和我们同甘苦、共进退，始终沉着、镇静、乐观。那种临危不惧的精神，深深打动了我。"

学生的水平参差不齐，有的基础相当差。怎能担负外事、外交重任？这让

北京外国语大学里位于东院校园的柯鲁克铜像

柯鲁克夫妇暗自着急。不管干扰再多，教学绝不能耽搁。小马扎上一坐，膝盖就是课桌，农家小院、河边路边、军需仓库，从河北南海山到北平西苑老兵营，处处是课堂，随时随地学习。

学生们说："我们吃最粗粝的食物，学最纯正的英语。"

1948年只有六七名教师，四十多名学生的外事学校，如今已是拥有数万师生的鼎鼎大名的北京外国语大学。

1949年10月1日，柯鲁克和伊莎白目睹五星红旗在天安门冉冉升起，与数十万群众一起欢呼雀跃。那一刻，他俩完完全全感觉自己是中国人。

我们一步步向柯鲁克走去。

在北京外国语大学，一块小小的广场，四周有长青的松柏拱卫着，教学楼传来很轻很轻的读书声。"柯鲁克"微笑着，面对着过往的行人，既有英国皇家空军的威严仪表，又有资深教育家的亲切感。雕像下面，用中英文镌刻着几行字：

大卫·柯鲁克（1910—2000）
英国人，犹太人，共产党人
中国人民的朋友
从1948年起在北京外国语大学及其前身任教

这是柯马凯经常陪着伊莎白遛弯，最后到达的目的地，也是柯鲁克众多的中国朋友来看望他的地方。

学生们说："柯鲁克夫妇，是我们心目中白求恩式的教师。"

柯鲁克夫妇20世纪五六十年代的学生，已经成为遍布世界和中国各地的外交官、知名教授。更早一些，一位曾就读于圣约翰大学的学生杨振华，后来是安徽大学教授，古稀之年回忆起柯鲁克时这样写道：

"他讲课内容丰富多彩。讲课时，像一股清泉潺潺流淌。他所讲的说服力强，简洁典雅的英语十分流利，这一切使我们叹服。而听他的诗歌朗诵才真算得上是一种享受……"

柯鲁克夫妇的儿子柯马凯也继承了父母从事的教育事业。1994年，柯马凯学成归来，和朋友一道在北京创办了京西学校，为来华的外籍人士子女提供国际教育。

2010年，在华西协合大学创办一百周年之时，伊莎白的孙子柯晨霜从北京大学医学院毕业，来到祖辈生活和工作过的华西医院，学习烧伤整形外科专业。在华西坝，保留至今的祖屋，气势恢弘的历史建筑以及钟楼荷塘、塔柏花径，让他领略到百年老校的迷人风采。源远流长的加中友情故事，正由一代新人续写。

我们走到柯鲁克塑像前，合影留念。

柯晨霜与姐姐文杨兰在华西坝钟楼前合影

柯马凯指着塑像两边的长椅子说："这是学生们捐赠的。坐一坐吧！"

我们坐在椅子上，仰看永远向世界微笑的柯鲁克。伊莎白对着柯鲁克一笑："他，当然想让我们留下来，多坐一会儿。"

"留下来，留下来。"这是柯鲁克和伊莎白在人生的关键时的选择。1948年，外事学校需要教师，他们留下来了；1960年，英国利兹大学给他们安排了很好的工作，当时因为苏联专家撤走，他们考虑，这时离开中国容易让人误认为他们投向了苏联，会对中国产生负面影响，他们再次决定留下来；"十年动乱"之后，他们永远留下来了。

曾在华西坝生活与学习过的英籍女作家韩素音说："一个人的生命从祖先那里就开始了，又向后延续到他的子孙那里。"

从伊莎白外祖母，到她的曾孙女，六代人的生命在华西坝、在十里店、在北京延续。整个家族像一棵参天大树，长出了很深很深的根，紧紧拥抱着中国的大地。

准备离开时，向素珍提醒柯马凯："明天，我要接伊莎白去参加中国书法家为她举办的一个活动。"

柯马凯说："明天的事，我知道的。后天，我妈妈还要参加学校的团体操比赛。"

伊莎白会意地一笑。

夕阳熔金，晚霞中的校园人来人往，更显得生气蓬勃。回头望柯鲁克，塑像下镌刻的文字特别耀眼。

我注目于"中国人民的朋友"那一行文字，光芒四射。

（本文原载于2017年12月20日、2018年1月3日、10日《华西都市报》

作者：谭楷　供图：谭楷）